Juliane Rebentisch

Der Streit um Pluralität

Auseinandersetzungen
mit Hannah Arendt

Suhrkamp

Dieses Buch wurde klimaneutral produziert.

Klimaneutral
Druckprodukt
ClimatePartner.com/14438-2110-1001

2. Auflage 2022

Erste Auflage 2022

Satz: Satz-Offizin Hümmer GmbH, Waldbüttelbrunn
Druck: Pustet, Regensburg
Printed in Germany
ISBN 978-3-518-58781-2

www.suhrkamp.de

Inhalt

1. Intellektuelle in finsteren Zeiten

Es besteht kein Zweifel, dass die Schriften von Hannah Arendt heute nicht zuletzt aufgrund der Aktualität ihrer Themen wieder mit großem Interesse gelesen werden. Ihre schonungslosen Beschreibungen von Flucht und Staatenlosigkeit, ihre klarsichtige Analyse der Aporien der Menschenrechte sowie ihre eindrücklichen Überlegungen zum Verhältnis von Politik und Wahrheit haben Eingang in die öffentlichen Debatten unserer Zeit gefunden. Arendts Lebenswirklichkeit war bekanntlich geprägt durch die Erfahrung von Antisemitismus, Staatsterror, Flucht und Staatenlosigkeit und, in den USA, durch die Enthüllungen einer von unwahren Behauptungen, von Täuschung und Selbsttäuschung seitens der US-Regierung durchzogenen Geschichte des Vietnamkriegs. Trotz der historischen Differenz scheinen Arendts Versuche, ihre eigene Gegenwart zu verstehen, in unsere hineinzusprechen. Noch nicht einmal ein halbes Jahrhundert nach Hannah Arendts Tod im Dezember 1975 finden wir uns in einer Situation wieder, in der eine ethnonationalistische Rechte global Triumphe feiert, in der wir bezeugen mussten, wie ein US-Präsident von Anfang bis Ende seiner Amtszeit alles daransetzte, die Unterscheidung zwischen Wahrheit und Unwahrheit zu untergraben, und in der die schlimmen Zustände in den immer zahlreicheren und immer größeren Flüchtlingslagern – der Arbeit internationaler Hilfsorganisationen und NGOs zum Trotz – jeden Tag aufs Neue den brutalen Kern nationalstaatlicher Souveränität demonstrieren. »Liest man Hannah Arendt heute […]«, schreibt Richard J. Bernstein, »überkommt einen ein fast schon unheimliches Gefühl zeitgenössischer Relevanz«.[1]

Sosehr also die Themen begründen, warum Arendt heute posthum als »Denkerin der Stunde« erscheint: Die gegenwärtige Arendt-Renaissance erklärt sich nicht im alleinigen Blick auf die Themen. Es gibt darüber hinaus eine Faszination für die Person der Denkerin selbst, die sich zum einen Hannah Arendts bewegter Biographie im Strudel der politischen Geschichte des 20. Jahrhunderts verdankt,[2] zum anderen aber auch dem intellektuellen Temperament einer Frau, die dieses Jahrhundert in Weisen gedeutet hat, die keineswegs unwidersprochen geblieben sind. Von diesem Temperament zeugen nicht nur einige Bild- und Tonaufnahmen, zum Beispiel das berühmte Fernsehinterview mit Günter Gaus.[3] Es steckt auch im Ton all ihrer Texte, in der außerordentlichen Unabhängigkeit ihrer Urteile und in der großen

1 Vgl. Richard J. Bernstein, *Denkerin der Stunde: Über Hannah Arendt*, Berlin 2020, S. 15.

2 Arendt als Denkerin und Figur des 20. Jahrhunderts war das Thema einer großen Ausstellung im Deutschen Historischen Museum in Berlin 2020, zu der auch eine umfangreiche Begleitpublikation erschienen ist: Dorlis Blume, Monika Boll, Raphael Gross (Hg.), *Hannah Arendt und das 20. Jahrhundert*, München 2020. Das Leben Hannah Arendts im Horizont ihrer Zeit wurde überdies Gegenstand einer Graphic Novel von Ken Krimstein: *Die drei Leben der Hannah Arendt*, München 2019. Ein Portrait Arendts als paradigmatischer Frau des 20. Jahrhunderts (neben Simone de Beauvoir, Ayn Rand und Simone Weil) zeichnet Wolfram Eilenberger in *Feuer der Freiheit. Die Rettung der Philosophie in finsteren Zeiten 1933-1943*, Stuttgart 2020. Eine wesentliche Quelle für all diese jüngeren Unterfangen ist indes die ältere, 1982 im Original erschienene Biographie von Elisabeth Young-Bruehl, *Hannah Arendt. Leben, Werk und Zeit*, Frankfurt/M. 1991.

3 Das Gespräch ist auf YouTube anzusehen und wurde dort – Stand Juli 2021 – mehr als eine Million Mal aufgerufen. Transkribiert ist es als »Fernsehgespräch mit Günter Gaus«, in: Hannah Arendt, *Ich will ver-*

Konsequenz, mit der sie diese trotz zum Teil erheblichen Gegenwinds und persönlicher Kosten in der Öffentlichkeit vertrat. Die geistesgeschichtliche Bedeutung Hannah Arendts bemisst sich nicht zuletzt an den zum Teil heftigen Kontroversen, die ihre Publikationen in der Öffentlichkeit auslösten.

Arendt war eine streitbare Intellektuelle, und diese Streitbarkeit hat einen Rückhalt in ihren Überzeugungen. Einen regelrechten Bärendienst würde man dem Erbe Hannah Arendts erweisen, würde man ihren Schriften die Autorität heiliger Texte zusprechen und sie so aus dem Raum der lebendigen Auseinandersetzung entfernen. Eine solche Heiligsprechung zu versuchen, wäre vermutlich ohnehin kein sonderlich aussichtsreiches Unterfangen, denn es ist eine der wesentlichen Qualitäten von Arendts Arbeiten, dass sie sich genau dagegen sperren: zu provokativ oft die Thesen, zu sarkastisch häufig der Ton, zu eigensinnig die Argumentation. Zwischen diesem Eigensinn der Texte und den darin entfalteten Thesen besteht ein interner Zusammenhang. Denn dass vom Werk die Person der Autorin nicht abzuziehen ist, dass sie in ihm auf spezifische Weise präsent bleibt, ist keine Äußerlichkeit, wenn es um ein Motiv geht, das sich wie ein roter Faden durch all ihre Publikationen zieht: Pluralität.

Tatsächlich steht die Überzeugung, dass menschliche Würde nicht ohne Pluralität gedacht werden kann, im Hintergrund ihrer umstrittensten Interventionen. So grundiert diese Überzeugung ihre Verurteilung der Gedankenlosigkeit als einer banalen, aber darum besonders weitreichenden

stehen. Selbstauskünfte zu Leben und Werk, München 1998, S. 44-70. Im Folgenden zitiert als GG.

Form des Bösen im Eichmann-Buch ebenso wie ihre eigenwillige Verteidigung sozialer Diskriminierung im Kontext ihrer Auseinandersetzung mit den staatlichen Maßnahmen zur Desegregation an Schulen im US-amerikanischen Little Rock. Sie ist auch zentral für ihre Hauptwerke *Elemente und Ursprünge totaler Herrschaft*, *Vita activa* und *Über die Revolution*. Die Überzeugung, dass die Entfaltung menschlicher Würde auf Pluralität angewiesen ist, bestimmt ihren Begriff der Öffentlichkeit und ihre Unterscheidung von Macht und Herrschaft; sie motiviert Arendts Kritik der modernen Arbeitsgesellschaft ebenso wie ihre Aversion gegen die Gleichsetzung von Souveränität und Freiheit sowie den Sog der Brüderlichkeit. Sie ist in ihrer frühen Kritik der Assimilation ebenso präsent wie im Spätwerk über das Denken und Urteilen. Kurz: Arendts Texte können in wesentlichen Zügen als Beiträge zu einer »Apologie der Pluralität«[4] gelesen werden.

Hebt man das Arendt'sche Begriffsnetz von der Seite der Pluralität hoch, wird jedoch nicht nur ein Zusammenhang des Gesamtwerks deutlich, vielmehr gewinnt der Begriff der Pluralität auch umgekehrt durch die unterschiedlichen Beleuchtungen und Bezüge an Komplexität. Wie ich im Folgenden zu zeigen hoffe, eröffnen sich auf diese Weise überdies Perspektiven auf das Werk Hannah Arendts, die sich im Horizont gegenwärtiger Debatten als einschlägig erweisen, und zwar nicht zuletzt dadurch, dass sie es erlauben,

4 So Matthias Bormuths treffende Charakterisierung eines 1954 gehaltenen und kürzlich erst auf Deutsch zugänglich gemachten Vortrags von Hannah Arendt über Sokrates. Vgl. Matthias Bormuth, »Einleitung«, in: Hannah Arendt, *Sokrates. Apologie der Pluralität*, Berlin 2016, S. 7-33, hier S. 8. Der Vortrag selbst (S. 34-85) wird im Folgenden zitiert als S.

Arendt gegen Arendt zu diskutieren. Dass Arendts Schriften zu einer solchen – mit der Autorin gegen sie streitenden – Lektüre einladen, hat indes nicht nur etwas mit dem Gedankenreichtum ihrer Schriften, sondern auch mit der Qualität der Präsenz der Autorin in ihnen zu tun. Denn diese wirkt einer unbedachten Übernahme der Thesen entgegen und fordert stattdessen zur aktiven Stellungnahme heraus. In diesem Effekt zeigt sich, dass sich das Motiv der Pluralität auch noch in der Weise manifestiert, wie Arendt ihre Publikationen, wie sie ihre eigene öffentliche Rolle verstanden hat.

Ihrem Selbstverständnis als öffentliche Intellektuelle kommt man vielleicht dort am nächsten, wo sie über das intellektuelle Profil eines anderen spricht. In ihren »Gedanken zu Lessing«, die sie anlässlich der Entgegennahme des Lessing-Preises der Freien und Hansestadt Hamburg 1959 vortrug, zeichnet sie ein Bild Lessings, in dessen Konturen sich die von Arendt selbst erkennen lassen. Lessing wird hier charakterisiert als jemand, der noch dort, wo er sich zum Denken zurückzog, zu anderen hinsprach.[5] Das Denken, das die westliche philosophische Tradition seit Platon zumeist dem Handeln kontrastiert, weil es mit einem Rückzug von der Welt verbunden ist,[6] zeichne sich bei Lessing durch einen »heimlichen Bezug« (GL 19) zum Handeln und auf die Welt aus. Bei Arendt ist dieser Bezug freilich nicht heimlich geblieben. Ihre Liebe zur Welt ist sicher ein wesentlicher Grund, weshalb sie sich angesichts des traditionellen

5 Vgl. Hannah Arendt, »Gedanken zu Lessing. Von der Menschlichkeit in finsteren Zeiten«, in: dies., *Menschen in finsteren Zeiten*, München 2019, S. 11-45, hier S. 19. Im Folgenden zitiert als GL.

6 Vgl. Hannah Arendt, *Vom Leben des Geistes. Das Denken. Das Wollen*, hg. von Mary McCarthy, München 1998, bes. S. 75-85.

Spannungsverhältnisses zwischen Philosophie und Politik, zwischen Denken und Handeln trotz ihres Studiums der Philosophie nicht als Philosophin, sondern als politische Theoretikerin (vgl. GG 45) verstand, der es im Denken um die Welt (des Handelns und der Politik) selbst geht. Arendts Selbstverständnis als politische Theoretikerin bezieht sich aber nicht nur auf die Gehalte ihres Denkens oder auf dessen impliziten Bezug zur Öffentlichkeit. Vielmehr geht es auch um die Idee davon, wie dieses Denken in ihren Schriften erscheint, wie es öffentlich auftritt. Auch in diesem Punkt gibt es eine gewisse Resonanz mit ihrer Charakterisierung Lessings.

Mehr noch als der eigenen Position sei Lessing nämlich, wie Arendt betont, dem intersubjektiven Raum verpflichtet gewesen, in dem die eigene Position von anderen verhandelt und also auch bestritten werden kann. Es wäre ein Missverständnis, aus dieser Haltung einen erkenntnistheoretischen Relativismus oder gar eine frivole Indifferenz den eigenen Überzeugungen gegenüber abzuleiten. Lessing war überaus parteiisch und geradezu obsessiv detailversessen in der Sache. Aber jede noch so leidenschaftlich vertretene und hart erarbeitete Überzeugung richtete sich an die Öffentlichkeit als derjenigen Instanz, vor der sie sich zu bewähren hat, ja, die Leidenschaft der Argumentation speiste sich nicht zuletzt aus dieser Adressierung. Dem entsprach ein Denken, das hinsichtlich seiner programmatisch vorläufigen Resultate nicht nur mit Einwänden aus erwarteten wie unerwarteten Richtungen rechnete, sondern aus der Möglichkeit solcher Bestreitung sein Lebenselixier bezog. Der polemische Ton, der Lessings Texte zum Teil auszeichnet, ist nach Arendts deutlich sympathisierender Deutung Ausdruck weniger von Rechthaberei denn eines Wissens um die Beschränktheit der Perspektive des Einzelnen (vgl. bes. GL 39-45).

Lessing war davon überzeugt, dass es die eine, von solchen Perspektiven unabhängige Wahrheit nicht gibt, sondern dass es Wahrheit im Gegenteil nur durch den Vergleich der Perspektiven selbst geben kann. Denn im Streit der Meinungen, im Prozess des Austauschs von Gründen, ist es möglich, dass die jeweiligen perspektivischen Bestimmungen der Wahrheit durchaus an Allgemeinheit gewinnen, dass sie mehr werden als subjektive, willkürliche Bestimmungen oder bloße Meinungen. Dennoch aber, und auch das war Lessing durchaus bewusst, kann keine Bestimmung der Wahrheit die Bedingung der Endlichkeit aufheben. Auch die jeweils als allgemein gültig akzeptierten Bestimmungen bleiben prinzipiell an die Möglichkeit ihrer Bestreitung ausgesetzt. Nichts, auch das, was sich als Wahrheit etablieren mag, ist vor dieser Möglichkeit sicher oder sollte es sein. In diesem Sinne, so war Lessing überzeugt, kann die Wahrheit bei jedem Streit nur gewinnen. Denn noch jeder Streit hat »den Geist der Prüfung genährt, [...] Vorurteil und Ansehen in einer beständigen Erschütterung erhalten; kurz [...] die geschminkte Unwahrheit verhindert, sich an der Stelle der Wahrheit festzusetzen.«[7]

Die Begeisterung für ein derart »unorthodoxes« (GL 39) oder genauer: nachmetaphysisches Wahrheitsverständnis verbindet Arendt nicht nur mit Lessing, sondern auch, allerdings nicht ganz so ausdrücklich, mit Nietzsche.[8] Gleiches

7 Gotthold Ephraim Lessing, *Wie die Alten den Tod gebildet. Eine Untersuchung*, in: ders., *Werke in drei Bänden*, München 2003, Bd. III, S. 189-245, hier S. 190.

8 So bemerkt Nietzsche, Lessing sei der »ehrlichste theoretische Mensch« gewesen, weil er »es auszusprechen gewagt« habe, dass »ihm mehr am

gilt für das nonkonformistische Misstrauen allem gegenüber, was gemeinhin für objektiv und unverrückbar wahr gehalten wird, für die Bereitschaft, gewohnte Perspektiven und Wertungen umzukehren, und für einen gewissen Zug zur sprachlichen Zuspitzung. Bei allen dreien – Lessing, Nietzsche, Arendt – nährt sich der polemische Geist aus der Überzeugung, dass kein Mensch jemals im Besitz der Wahrheit sein kann. Den »eingeschränkten Göttern«, wie Arendt Lessing zitiert (GL 39), ist Wahrheit nur im Medium des intersubjektiven Vergleichs ihrer Perspektiven möglich: »[J]e mehr Augen, verschiedne Augen wir uns für dieselbe Sache einzusetzen wissen«, so Nietzsche in *Zur Genealogie der Moral*, »um so vollständiger wird unser ›Begriff‹ dieser Sache, unsre ›Objektivität‹ sein«.[9] Die beschränkten Perspektiven der Einzelnen erscheinen dann nicht, wie es die philosophische Tradition häufig gesehen hat, als unüberwindbare Hindernisse, wenn es darum geht, zur Objektivität der Welt vorzudringen, sondern im Gegenteil als die einzig verfügbaren Werkzeuge, diese Objektivität zu erschließen – gesetzt den Fall, das aus der beschränkten Perspektive der Einzelnen jeweils als wahr Erscheinende wird der Prüfung durch andere unterzogen.

Ein solcher erkenntnistheoretischer Perspektivismus geht,

Suchen der Wahrheit als an ihr selbst gelegen sei«. Vgl. Friedrich Nietzsche, *Die Geburt der Tragödie*, in: ders., *Kritische Studienausgabe*, hg. von Giorgio Colli und Mazzino Montinari, München, Berlin 1967ff., Bd. 1, S. 9-156, hier S. 99.

9 Friedrich Nietzsche, *Zur Genealogie der Moral. Eine Streitschrift*, in: ders., *Kritische Studienausgabe*, Bd. 5, S. 245-412, hier S. 365. Zur überzeugenden Verteidigung von Nietzsches Perspektivismus gegen den Vorwurf eines erkenntnistheoretischen Relativismus vgl. James Conant, *Friedrich Nietzsche. Perfektionismus & Perspektivismus*, Konstanz 2014, S. 179-333.

wie Arendt immer wieder hervorgehoben hat, philosophiegeschichtlich auf Sokrates zurück. Seinen Ausspruch »Ich weiß, dass ich nichts weiß« versteht Arendt als Ausdruck einer tiefen Einsicht in die beschränkten Perspektiven der Sterblichen. Entgegen der seit Platons Höhlengleichnis etablierten Unterscheidung von philosophischer Wahrheit und bloßer Meinung nimmt Arendt entschieden für Sokrates Partei. Denn Sokrates wendet sich eben nicht im Namen einer vermeintlich höheren Wahrheit von den gewöhnlichen Sterblichen und ihren Meinungen ab, sondern legt in den Meinungen selbst ein Wahrheitspotenzial frei. Seine Mäeutik, die sokratische Hebammenkunst, zwingt die Gegenüber im Gespräch dazu, ihre Meinungen im Spiegel anderer möglicher Sichtweisen zu betrachten und so auf ihren Wahrheitsgehalt zu prüfen. Ebendarin war Sokrates skandalös: dass er die gewöhnlichen Bürger zur Philosophie verführte – mit dem Ergebnis, dass sich die »unbedarfte Sittlichkeit« Athens, wie Hegel das vorkritische Verhältnis der Athener zu den geltenden Gesetzen und Geboten nannte, zersetzte.[10] In Hegels Augen ist das sokratische Prinzip jedoch von einem entscheidenden Mangel gezeichnet: So helfe Sokrates' Gesprächsführung zwar dabei, Vorurteile infrage zu stellen, und motiviere zum ernsthaften Nachdenken, jedoch führe sie nicht auf das positive Resultat einer neuen Wahrheit, wie dies ein ordentliches philosophisches System beanspruchen müsse. Für Hegel beginnt deshalb auch erst mit Platon die »philosophische Wissenschaft als Wissen-

10 Georg Wilhelm Friedrich Hegel, *Vorlesungen über die Geschichte der Philosophie I*, in: ders., *Werke in zwanzig Bänden*, hg. von Eva Moldenhauer und Karl Markus Michel, Frankfurt/M. 1969-1971, Bd. XVIII, S. 445.

schaft«.[11] Auch Arendt bemerkt, dass es »[n]ach all dem, was wir von Sokrates' Wirkung wissen, [...] offensichtlich [ist], dass viele seiner Zuhörer nicht mit einer wahrhaftigeren Meinung nach Hause gegangen sind, sondern mit gar keiner« (S 64). Doch sieht sie in Sokrates' Abstinenz gegenüber jeder Festlegung auf eine positive Wahrheit gerade die Bedingung der Möglichkeit für das eigentliche Projekt des Sokrates, nämlich »alle um ihn her und zuallererst sich selbst wahrhaftiger zu machen« (S 65).

Dieses Projekt ist ebenso philosophisch wie politisch. Denn die »Bürger wahrhaftiger zu machen« bedeutet, die »*doxai* [zu] verbessern, die Meinungen, welche das politische Leben bildeten, an dem [Sokrates] teilnahm« (S 49). Die *doxa*, die Meinung, bezieht sich auf das, was »mir scheint«, sie erfasst die Welt, wie sie sich dem Einzelnen – in seiner beschränkten Perspektive – darbietet. Sie ist darin weder einfach willkürlich noch aber etwas Absolutes und Allgemeingültiges (vgl. S 47). Wahrheitsfähig, also »besser«, wird sie jedoch erst in dem Moment, in dem die Bürger, die sie vertreten, wahrhaftig werden, in dem Moment also, in dem sie in ein reflektiertes Verhältnis zu ihren Meinungen treten. Denn diese Form der Reflexivität speist sich aus der Erfahrung, dass die Welt anderen anders erscheint und dass die Wahrheit der *doxa* sich deshalb einzig in der Übereinstimmung der verschiedenen Perspektiven zeigen kann.

11 Georg Wilhelm Friedrich Hegel, *Vorlesungen über die Geschichte der Philosophie II*, in: ders., *Werke in zwanzig Bänden*, Bd. XIX, S. 11. Zu Hegels Kritik der sokratischen Ironie (und den Möglichkeiten ihrer Verteidigung gegen Hegel) vgl. auch Juliane Rebentisch, *Die Kunst der Freiheit. Zur Dialektik demokratischer Existenz*, Berlin 2012, S. 91-149.

Selbst wahrhaftig zu werden kann dann nur heißen, gerade auch in der Einsamkeit des die eigenen Meinungen überprüfenden Denkprozesses noch auf die Welt und die sie auszeichnende Pluralität hin orientiert zu bleiben. Die »Signatur dieser Pluralität« (S 60) zeigt sich daher nicht zuletzt im denkenden Selbstgespräch. In dem von der impliziten Anwesenheit anderer gezeichneten Selbstgespräch kommt der Denkende, so Arendt, zwar gar nicht umhin, sich selbst eine Meinung, also eine eigene *doxa*, zu bilden (S 81 f.). Auch eine solche in der Einsamkeit des prüfenden Selbstgesprächs entwickelte *doxa* aber kann niemals einen abschließenden Wahrheitsanspruch erheben. Vielmehr ist die Wahrhaftigkeit denkender Selbstkritik die Voraussetzung einer funktionierenden politischen Öffentlichkeit (vgl. S 62), in der sich deren Resultate – als dennoch »nur« endliche – aufs Neue erst als wahrheitsfähig zu erweisen haben.

Orientiert man sich an Sokrates statt an Platon, so liegt die besondere Stellung des Philosophen gerade nicht in einem gegenüber dem Feld der Meinung substanziell verschiedenen Zugang zur Wahrheit; auch er kann schließlich die Bedingung der Endlichkeit nicht überwinden. Sie liegt vielmehr in einer Bereitschaft zur staunenden Infragestellung der eigenen Überzeugungen sowie in einer Verpflichtung auf die Pluralität der Meinungen selbst, in deren vergleichender Konfrontation allein die Wahrheit erschlossen werden kann – und dies immer wieder neu. Denn in ihrer Abhängigkeit vom Abgleich der Perspektiven muss die Wahrheit geschichtlich und also als fallibel gedacht werden. Das heißt aber auch, dass das Wahrheitspotenzial der *doxai* immer wieder dem »Dogmatismus des *doxazein*« (S 82), dem »Dogmatismus derer […], die lediglich über Meinungen verfügen« (ebd.), abgerungen werden muss: Weil der einzige Ort der Wahrheit, die Intersubjektivität der Sprache, zugleich auch der Ort des Geredes, der unbedacht übernommenen Meinung ist, muss die Wahrheit dieser Dimension immer wieder neu abgewonnen werden; und zwar durch Fragen und die von solchen Fragen provozierten Begründungen von dem, was jeweils für wahr gehalten wird. Genau hierin liegt die Rolle des Sokrates als des ersten *public intellectual*: »Die Rolle des Philosophen besteht [...] nicht darin, den Staat zu regieren, sondern dessen Bürger permanent zu irritieren (mit dem von Sokrates gebrauchten Bild: wie eine lästige summende Bremse) [...].« (S 49)

Es fällt nicht schwer, im sokratischen Modell des Intellektuellen als »lästige[s] Insekt« (S 63) einen Vorläufer des »Ahnherr[n] und Meister[s] aller Polemik in deutscher Sprache« (GL 41) zu sehen – einen Vorläufer Lessings. Dennoch ist die Lage für Lessing eine grundsätzlich andere als für Sokrates. Denn Lessing ist nach Arendts Diagnose bereits mit einer Situation konfrontiert, in der der plurale Raum der Öffentlichkeit gegenüber der Antike deutlich an »Leuchtkraft« (GL 12) verloren hat, in der die durch die öffentliche Diskussion der verschiedenen Perspektiven erzeugte Gemeinsamkeit der Welt im Schwinden begriffen ist (vgl. GL 19f.). Dies ist zugleich eine Situation, in der sich die Erschütterung etablierter Wahrheiten weniger einem durch Kritik angestoßenen öffentlichen Diskurs verdankt denn einem Zerfall des fragilen intersubjektiven Raums, in dem Wahrheit überhaupt ihren Ort haben kann. »In den zweihundert Jahren, die uns von Lessings Lebenszeit trennen«, bemerkt Arendt, »hat sich in dieser Hinsicht manches geändert, aber weniges zum Besseren« (GL 19f.): »Die Welt liegt zwischen den Menschen, und dies Zwischen [...] ist heute der Gegenstand der größten Sorge und der offenbarsten Erschütterung in nahezu allen Ländern der Erde.« (GL 12) Man muss heute feststellen, dass sich die Lage in den rund 60 Jahren, seit Arendt diesen Satz vortrug, ebenfalls nicht zum Besseren verändert hat.

Schlagwörter wie »postfaktisches Zeitalter« oder »alternative Fakten« weisen auf die jüngste Krise der Wahrheit hin. Doch erweist sich die damit nahegelegte Diagnose vor dem Hintergrund des eben skizzierten Wahrheitsverständnisses als irreführend. An der Rede von den »alternativen Fakten« ist dann nämlich weniger der Umstand skandalös, dass bestritten wird, was allgemein als Tatsache erwiesen scheint, etwa dass zu Donald Trumps Amtseinführung im Januar 2017 deutlich weniger Menschen anwesend waren, als vom Pressesprecher damals behauptet, oder dass Joe Biden – und nicht Trump – die Präsidentschaftswahl 2020 gewonnen hat, sondern dass sich die Falschbehauptung aus dem Raum der Beweisführung meinte herausnehmen zu können. Der Skandal liegt nicht schon in der Behauptung einer alternativen Tatsachenwahrheit, sondern in der Abkehr von jenem Raum des Gebens und Nehmens von Gründen, an dem jeder Wahrheitsanspruch seinen Prüfstein findet. Und diese Abkehr findet ironischerweise gerade unter Berufung auf einen positivistischen Begriff der Tatsachenwahrheit statt. Mit anderen Worten: Das Problem der Rede von »alternative facts« liegt nicht bei »alternative«, sondern bei »facts«. Denn diese werden ohne jede Beweisführung, nämlich im Gestus schlichter Faktenfeststellung behauptet. Es geht in solchen Fällen jedenfalls offenkundig nicht darum, die Gegenseite argumentativ von der Evidenz einer alternativen Wahrheit zu überzeugen. Vielmehr werden die anderen als Gegenüber entwertet, wird ihr Einsatz im Feld der Gründe von vornherein diskreditiert. Die Berechtigung der öffentlichen Gegenrede wird – sozusagen gegen alle Evidenz – kategorisch bestritten. Davon zeugt die auch hierzulande erschreckend um sich greifende Rede von der manipulativen »Lügenpresse« ebenso wie die von den politischen Gegnern als »korruptem Establishment«. Hier, in der Bestreitung des Streits um die Wahrheit, liegt die Ungeheuerlichkeit des Vorgangs: Die »alternativen Fakten« werden als Alternativen präsentiert, zu denen es selbst keine mehr geben soll. Genau deshalb wird die positivistische Sprache der Fakten immer dann gesprochen, wenn die Orientierung der Öffentlichkeit an der Wahrheit mit Füßen getreten wird.[12]

12 An dieser Situation zeigt sich, dass man Arendts Einsicht in den öffentlichen Charakter der Wahrheit auch noch auf einem Feld zur Geltung bringen sollte, das sie in ihrem Text über Wahrheit und Politik von der Möglichkeit der Bestreitung weitgehend ausnehmen wollte: dem der Tatsachenwahrheiten. (Vgl. Hannah Arendt, »Wahrheit und Politik«, in: dies., *Zwischen Vergangenheit und Zukunft. Übungen im politischen Denken I*, München 2012, S. 327-370, hier bes. S. 339.) Zwar könnten Tatsachen ausgelegt werden, aber das »Tatsachenmaterial« selbst, so Arendt hier, sei nicht Gegenstand von Interpretationen. Nun sind aber, das haben in jüngerer Zeit beispielsweise Bruno Latour und Hans-Jörg Rheinberger detailliert gezeigt, selbst noch die naturwissenschaftlichen Tatsachenfeststellungen Ergebnis von Vermittlung und Interpretation, so dass auch sie nicht aus dem Raum der Beweisführung herausgenommen werden können (vgl. Bruno Latour, *Das Parlament der Dinge. Für eine politische Ökologie*, Frankfurt/M. 2009; Hans-Jörg Rheinberger, *Experimentalsysteme und epistemische Dinge. Eine Geschichte der Proteinsynthese im Reagenzglas*, Frankfurt/M. 2006). Und auch historische Tatsachenfeststellungen sind nur innerhalb dieses Raums zu haben. Das zeigt sich z. B. daran, dass zuvor überhörte Stimmen und übersehene Perspektiven ebenso wie neu auftauchende Dokumente zuweilen eine bis auf die Ebene des »Tatsachenmaterials« durchschlagende Neuinterpretation historischer Zusammenhänge nach sich ziehen können. Dieser Einwand unterstreicht aber nur umso mehr die weitreichenden Konsequenzen von Arendts Insistenz auf

Auch die Diagnose eines »postfaktischen Zeitalters« erscheint in diesem Licht irreführend. Sie setzt nicht nur den positivistischen Begriff der Tatsachenwahrheit voraus, der in der Linie Sokrates – Lessing – Nietzsche – Arendt eher als Teil des Problems denn als Teil seiner Lösung beschrieben werden muss. Zudem stellt diese Diagnose auf den falschen Problemzusammenhang scharf. Politische Falschbehauptungen, auch Lügen, hat es schon immer gegeben. Neu ist vielmehr der Umstand, dass der Nachweis der Lüge keine großen Konsequenzen mehr hat, weil von politischen Akteuren der gemeinsame Raum bestritten wird, in dem dies der Fall sein könnte. An die Stelle eines Streits der Meinungen, der die stets prekär bleibende Wahrheit entbirgt und lebendig hält, tritt dann die Durchsetzung von Interessen. Das ist ein Rahmen, in dem auch Lessings berühmter Satz »Jeder sage, was ihm Wahrheit dünkt, und die Wahrheit selbst sei Gott empfohlen!«[13] absolut zynisch gewendet werden kann. Was bei Lessing ein Bekenntnis zu einem plural verfassten öffentlichen Raum ist, »in dem es viele Stimmen gibt und wo das Aussprechen dessen, was ›Wahrheit dünkt‹

einer plural verfassten Öffentlichkeit als Bedingung der Möglichkeit von Wahrheit. Historische »Tatsachen«, schreibt Arendt selbst in einem anderen Text, »bedürfen glaubwürdiger Zeugen, um festgestellt und festgehalten zu werden, um einen sicheren Wohnort im Bereich der menschlichen Angelegenheiten zu finden. Weshalb keine Tatsachen-Aussage jemals über jeden Zweifel erhaben sein kann – so sicher und unangreifbar wie beispielsweise die Aussage, dass zwei und zwei vier ist.« (Hannah Arendt, »Die Lüge in der Politik. Überlegungen zu den Pentagon-Papieren«, in: dies., *In der Gegenwart. Übungen im politischen Denken II*, München 2012, S. 322-353, hier S. 324. Im Folgenden zitiert als LP.)

13 Vgl. Gotthold Ephraim Lessing, »Brief an Johann Albert Heinrich Reimarus vom 6. 4. 1778«, in: ders., *Sämtliche Schriften*, hg. von Karl Lachmann und Franz Muncker, Berlin 1968, Bd. 18, S. 269.

sowohl verbindet wie voneinander distanziert, ja diese Distanzen zwischen den Menschen, die zusammen die Welt ergeben, recht eigentlich schafft« (GL 51), erscheint dann als eine Abkehr nicht nur von der Wahrhaftigkeit, sondern von der Unterscheidung zwischen Wahrheit und Unwahrheit überhaupt.

Die Effekte dieser Abkehr, die mit einer offiziellen Geringschätzung der Welt und der Öffentlichkeit einhergehen, sind dramatisch. Denn durch diese Geringschätzung wird nicht nur die Frage, ob etwas wahr oder unwahr ist, ersetzt durch die nach den eigenen Interessen; eine solche Umstellung wird vielmehr die Gemeinsamkeit der Welt, in der allein ihr Bestand gewahrt werden kann, zerfallen lassen. »In der Geschichte«, liest man bei Arendt, »sind Zeiten, in denen der Raum des Öffentlichen sich verdunkelt und der Bestand der Welt [...] fragwürdig wird, [...] nicht selten« (GL 21). Arendt nennt sie mit Bertolt Brecht »finstere Zeiten« (ebd.).

So finster eine Zeit sich jedoch ausnehmen mag, die Finsternis wird, solange es Menschen im Plural gibt, nie total sein können. Das betont Arendt unter anderem in ihrem Kommentar zu den Pentagon-Papieren, die die nachgerade atemberaubende Entwirklichung dokumentieren, von der die Washingtoner Entscheidungsprozesse im Zusammenhang mit dem Vietnamkrieg geprägt waren – eine Entwirklichung, die Arendt vor allem auf den Einfluss von PR-Beratern und Akademikern auf die US-Regierung zurückführt, welche im Namen von Imagepflege oder Theorie daran gewöhnt waren, von einer Prüfung der Wirklichkeit selbst abzusehen. Es seien nämlich vornehmlich die Agenten dieser Entwirklichung selbst gewesen, die ihr vollends zum Opfer fielen (vgl. LP 345). Das schmälert den Schaden nicht, der entstehen kann, wenn ein derart entwirklichtes Bewusstsein zugleich mit der Staatsgewalt ausgestattet ist, die Welt nach den eigenen Interessen nicht nur auszulegen, sondern diese Auslegung auch durchzusetzen. Dennoch kann auch dies nur bis zu einem gewissen Grad gelingen. Denn das entwirklichte Bewusstsein mag auch und gerade die Wirklichkeit anderer Perspektiven ignorieren; ähnlich aber dem Kind, das die Hände vor die Augen nimmt und fragt: »Siehst du mich noch?«, kann es diese Perspektiven durch Ignoranz und wohl auch durch Gewalt niemals ganz ausschalten, im Gegenteil: Was sich den anderen darbietet, ist die in gewisser Hinsicht lachhafte Arroganz einer Haltung, die so agiert, als ob ihr Sieg im Streit der Meinungen bereits gegeben sei (vgl. LP 345). So zeugen unter anderem der Mut jenes, heute würde man sagen: Whistleblowers, der Auszüge aus den Pentagon-Papieren der Presse zuspielte, sowie deren Veröffentlichung durch die *New York Times* und die *Washington Post* für Arendt von einer anderen Realität als derjenigen, welche die US-Regierung sich zurechtgelegt hatte (vgl. LP 351 f.).

Auch heute, unter dem Eindruck, dass sich die Entwirklichung der Welt durch einen Machthaber nicht nur unter aller Augen vollziehen, sondern in gewisser Hinsicht auch normalisieren kann, mag man darauf hinweisen, dass die mit einer solchen Entwirklichung einhergehende Arroganz die Öffentlichkeit und die von ihr hervorgebrachte Welt offenbar nicht vollständig zu verfinstern imstande ist. In den USA gab es auch während der Präsidentschaft Trumps noch Bestandteile eines demokratischen Systems, in dem die Möglichkeit der Infragestellung von Regierungsbehauptungen und -entscheidungen nicht nur vorgesehen ist, sondern auch geschützt wird. Es gab eine Presse, die der interessierten Öffentlichkeit Material für eine Überprüfung der von der Regierung lancierten »alternativen Fakten« zur Verfügung gestellt hat; und es gab die Opposition, die schon aus strukturellen Gründen an der Debattierbarkeit der Regierungswahrheiten festgehalten hat – und damit an einem politischen System, das Rede und Gegenrede zwischen sich wechselseitig ernst nehmenden Opponenten vorsieht. In finsteren Zeiten ist dieses realitätsverbürgende Zusammenspiel demokratischer Institutionen allerdings nicht mehr selbstverständlich, ja, es droht dessen Auflösung.[14] Zunehmend, und das betrifft keineswegs nur die Situation in den USA, in denen der Spuk des »Trumpismus« mit der Abwahl Donald Trumps keineswegs vorbei sein dürfte, geht es heute um den Konflikt zwischen solchen Parteien, die an einem gemeinsamen Raum des Streits orientiert sind, und solchen, die sich populistisch im Namen des »wahren Volkswillens« von ihm abkehren. Eine derartige Abkehr kann – wie die Delegitimierung des politischen Gegners, mit der sie einhergeht – freilich nur dort erfolgreich sein, wo von einer Feststellbarkeit des »wahren Volkswillens« vor allem Streit ausgegangen wird.[15] Die Sorge um die Möglichkeit eines öffentlichen Streits der Meinungen und damit einer gemeinsamen Welt betrifft jedoch nicht nur die Gefahr, die in dieser Hinsicht von populistischen Parteien und Bewegungen ausgeht, sondern auch die Effekte, die ihre asymmetrischen, nämlich den Streit der Meinungen verlassenden Polarisierungsbestrebungen auf die »traditionelle« Medienlandschaft haben – sei es dergestalt, dass die einzelnen Zeitungen und

14 Vgl. zu diesen Effekten der Ära Trump Masha Gessen, *Autokratie überwinden*, Berlin 2020.

15 Vgl. Jan-Werner Müller, *Was ist Populismus? Ein Essay*, Berlin 2016, bes. S. 130.

Rundfunkanstalten schon gar nicht mehr damit rechnen, eine andere als die eigene Klientel überzeugen zu können; sei es dergestalt, dass die alte Neutralitätsidee der medialen Gleichbehandlung von politischen Opponenten unter Bedingungen asymmetrischer Polarisierung sich zugunsten derjenigen auswirkt, die kein Interesse mehr haben an der Bewährung ihrer Behauptungen in der öffentlichen Debatte und damit auch keines an der Institution der Presse als vierter Gewalt.[16] Die Sorge um einen Verlust des öffentlichen Raums betrifft schließlich auch die explosive Mischung, die dieser Verlust mit dem Potenzial der neuen Technologien zur Manipulation der Meinungen bilden kann.[17]

Angesichts der politischen Gefahren, die mit einem Verlust des öffentlichen Raums einhergehen, reicht es nicht aus, auf der Ebene des Streits von Meinungen zu verbleiben und etwa den von den Populisten behaupteten Wahrheiten andere entgegenzusetzen, wie dies derzeit häufig in etwas technokratischer Manier geschieht. Für Arendt in finsterer Zeit am dringendsten geboten ist eine Insistenz auf Menschlichkeit – allerdings nicht einer menschelnden Menschlichkeit, sondern einer Menschlichkeit à la Lessing, die der Möglichkeit des Streits der Meinungen Vorrang einräumt vor dem jeweils zu erfechtenden Sieg der eigenen

16 Zur Diagnose der »asymmetrischen Polarisierung« und ihren Konsequenzen für das Selbstverständnis der Presse vgl. Jay Rosen, »Asymmetrie between Major Parties Fries the Circuits of the Mainstream Press«, ⟨https://pressthink.org/2016/09/asymmetry-between-the-major-parties-fries-the-circuits-of-the-mainstream-press/⟩ (Stand: 28.10.2020).

17 Vgl. den eindrücklichen Dokumentarfilm *The Great Hack* (USA 2019, R: Karin Amer, Jehane Noujaim) über die Rolle von Cambridge Analytica im Vorfeld des Brexit-Referendums und der Wahl Donald Trumps.

Meinung, ihrer Durchsetzung als Wahrheit. »Weil Lessing ein so durchaus politischer Mensch war, hat er darauf bestanden, daß es Wahrheit nur geben kann, wo sie durch das Sprechen vermenschlicht wird [...].« (GL 45) Denn »unmenschlich im wörtlichsten Sinne«, so Arendt weiter, wird jede Wahrheit in dem Moment, in dem sie sich solcher Besprechbarkeit entzieht, sei es – politisch – durch die Gewalt, mit der allein sie dann nur durchgesetzt werden kann, sei es – philosophisch – durch ihre Lokalisierung in einem von der Bedingung der Endlichkeit befreiten Reich letzter Ideen. In beiden Fällen wäre eine »Tyrannei der Wahrheit« (S 44) die Folge. Wenn Arendt es mit Lessing und Sokrates gegen Platon hält, also für den intellektuellen Einsatz im Streit der Meinungen und gegen die Entgegensetzung von Philosophie und Politik, von absoluter Wahrheit und bloßer Meinung plädiert, so geht es dabei nicht nur um die Verteidigung eines nachmetaphysischen Wahrheitsbegriffs, sondern zugleich um die Verteidigung einer menschlichen Welt. Gerade durch die herausgestellte Parteilichkeit in der Sache – ähnlich wie Lessing war Arendt in dieser Hinsicht »keineswegs ein besonders toleranter Mensch« (GL 40) – ist jede ihrer Interventionen an die unabsehbar vielfältigen Positionen und Meinungen anderer gerichtet und von der Bereitschaft begleitet, die eigene Position dem Fortgang des Austauschs von Gründen unterzuordnen, die perspektivisch angenommene eigene Wahrheit der Menschlichkeit einer durch die Differenzen zwischen den Menschen sich erst bildenden Welt zu »opfern« (vgl. GL 40-43). Denn eine Welt, so ist Arendt mit Lessing überzeugt, in der sich alle auf eine Meinung geeinigt hätten, hörte auf, eine Welt von und für Menschen zu sein. Gleiches gilt für eine Welt, in der sich niemand mehr um die Meinung der anderen scherte, eine Welt isolierter Einzelner. Als Intellektuelle in finsterer Zeit ist Arendt wie ihr Vorbild Lessing von einer Unruhe getrieben, die den Zerfall der Öffentlichkeit ebenso wenig erträgt wie deren Schließung und die sie deshalb nach beiden Seiten hat wachsam sein lassen.

Im Horizont dieser Sorge wächst das Bedürfnis nach einer »neue[n] politische[n] Philosophie« (S 85), welche die von Platon initiierte Entfremdung von Philosophie und Politik zu überwinden hätte, indem sie, wie Arendt am Ende ihres Vortrags über Sokrates spekuliert, zu jenem Staunen zurückkehrt, das am Anfang aller Philosophie steht. Gegenstand des »*thaumazeins* [Staunens] über das, was ist, wie es ist« müsste dann »die Pluralität des Menschen« sein, »aus der die ganze Vielfalt menschlicher Angelegenheiten hervorgeht« (ebd.). In ebendiesem Sinne aber ist Hannah Arendt selbst Philosophin gewesen: Ihr Werk kann als das einer politischen Philosophie gelesen werden, die ihren Ursprung im Staunen über die Pluralität des Menschen hat.

2. Das Geschehen der Pluralität

Hannah Arendts Staunen über die Pluralität des Menschen beginnt bei zwei Gegebenheiten, nämlich (1) der »Tatsache, daß nicht ein Mensch, sondern viele Menschen auf der Erde leben und die Welt bevölkern« und (2) »daß keiner dieser Menschen je einem anderen gleicht, der einmal gelebt hat oder lebt oder leben wird«.[1] Sosehr jedoch Arendts Texte vom Staunen über diese »grundsätzliche Bedingung« (VA 213) der Vielheit und Vielgestaltigkeit des Menschen geprägt sind, so sehr ist sie doch an der Pluralität des Menschen nicht als Bedingung, sondern als Implikation menschlichen Miteinanders im Sprechen und Handeln interessiert. Und weil Sprechen und Handeln für Arendt die politischen Tätigkeiten »par excellence« (VA 18) sind, geht es ihr also um Pluralität als ein politisches Phänomen.

Auch bei den jeweiligen Mitgliedern anderer Spezies gibt es »Variationen und Verschiedenheiten«, aber nur dem Menschen ist es laut Arendt »eigen, diese Verschiedenheit aktiv zum Ausdruck zu bringen, sich selbst von Anderen zu unterscheiden und eventuell vor ihnen auszuzeichnen, und damit schließlich der Welt nicht nur etwas mitzuteilen – Hunger und Durst, Zuneigung oder Abneigung oder Furcht –, sondern in all dem auch immer zugleich sich selbst« (VA 214). Sofern der Mensch sich von anderen Spezies also dadurch unterscheiden soll, dass er seiner Verschiedenheit Ausdruck verleiht und somit zur »Einzigartigkeit«

1 Hannah Arendt, *Vita activa oder Vom tätigen Leben*, München 2001, S. 17. Im Folgenden zitiert als VA.

(ebd.) ausprägt, scheint auch das, was Arendt »Pluralität« nennt, zwar biologisch vorgespurt zu sein, sich aber erst kommunikativ, das heißt im Miteinander, zu verwirklichen. Entscheidend ist für Arendt deshalb eine »zweite Geburt« (vgl. VA 215), durch die sich das qua »erster« Geburt von anderen Menschen bereits verschiedene Einzelwesen als einzigartiger, ja erst eigentlich als Mensch zur Welt bringt. Die Welt, um die es hier geht, ist eine dezidiert menschliche Welt. Sie besteht, wie man mit Arendt auch sagen kann, in einem durch die kommunikative Vermittlung der pluralen Perspektiven entstehenden und durch diese Vermittlung sich stetig verändernden »Bezugsgewebe der menschlichen Angelegenheiten« (VA 225, vgl. auch VA 234). Konsequenterweise geschieht die »zweite Geburt«, durch die sich die Einzelnen als einzigartige in die Welt oder zur Welt bringen, im Sprechen und Handeln mit anderen. »Sprechend und handelnd«, schreibt Arendt, »unterscheiden Menschen sich aktiv voneinander, anstatt lediglich verschieden zu sein; sie sind die Modi, in denen sich das Menschsein selbst offenbart« (VA 214).

Anders als die erste Geburt vollzieht sich die zweite offenbar durch die Initiative der Einzelnen: Sie müssen sich sprechend und handelnd in die Welt »einschalten« (vgl. VA 215). Dies darf nicht, wie Arendt erläutert, voluntaristisch verstanden werden, im Sinne eines »besonderen Entschlusses« (VA 214). Schließlich könne »kein Mensch des Sprechens und des Handelns ganz und gar entraten« (VA 214). Dennoch rechnet Arendt das »Minimum an Initiative« (VA 215) zum Sprechen und Handeln, ohne die kein Mensch als Mensch existieren kann, interessanterweise nicht den intersubjektiven Prozessen des Miteinander selbst zu. Obwohl sie betont, dass »Menschen im Singular gar nicht vorstellbar« (FP 214) sind, dass sie vielmehr wesentlich soziale und damit von der Kommunikation mit anderen abhängige Wesen sind, bindet sie die Initiative zum Sprechen und Handeln an die »Tatsache« des »Geborenseins« (VA 217). Dabei geht es ihr nicht, wie man vielleicht meinen könnte, darum, dass Menschsein zunächst voraussetzt, von einem anderen Menschen geboren worden zu sein,[2] sondern es geht ihr um das »Wunder« (VA 316), dass mit jedem Kind, das geboren wird, nicht nur etwas Neues in die Welt kommt, sondern etwas Neues, das selbst Neues beginnen kann: ein »Anfang des Anfangens« (vgl. VA 216). »Damit ein Anfang sei, wurde der Mensch geschaffen« (VA 215), zitiert sie Augustinus – und überträgt, was dieser im Blick auf die göttliche Schöpfung des Menschen sagt, auf die innerweltliche Geburt jedes einzelnen Menschen: »Weil jeder Mensch auf Grund des Geborenseins ein *initium*, ein Anfang und Neuankömmling in der Welt ist, können Menschen Initiative ergreifen, Anfänger werden und Neues in Bewegung setzen« (VA 215; vgl. auch 459, Anm. 3). Wie bei ihrer These, dass sich die biologisch gegebene Verschiedenheit, die der Mensch qua Geburt »mit allem Lebendigen teilt« (VA 214), kommunikativ als menschliche Einzigartigkeit verwirklicht, scheint Arendt auch hinsichtlich des Umstands, dass mit der Geburt jedes neuen Menschen etwas Neues in die Welt kommt, davon auszugehen, dass diese »Tatsache« vom Menschen im späteren Leben eingeholt, nämlich als Neuanfangen, mit dem sie das Anfangen unter

2 So weist Adriana Cavarero auf die bemerkenswerte Abwesenheit der Figur der Mutter in Arendts Einführung der »Natalität« als eines »für politisches Denken […] Kategorien-bildende[n] Faktum[s]« (VA 18) hin: Vgl. das Arendt-Kapitel in Adriana Cavarero, *Inclinations. A Critique of Rectitude*, Stanford 2016, S. 107-120, hier bes. S. 115.

der Hand gleichsetzt, im Handeln realisiert wird (VA 217). Allerdings ist dieses Neuanfangen Arendt zufolge zunächst etwas nicht sonderlich Hochstufiges, denn jedes Handeln sei in seinem »ursprünglichsten und allgemeinsten Sinne« ein Neuanfangen: »[J]ede Aktion setzt vorerst etwas in Bewegung, sie agiert im Sinne des lateinischen *agere*, und sie beginnt und führt etwas weiter im Sinne des griechischen [*archein*].« (Vgl. VA 215) Sosehr insbesondere der Gedanke, dass nicht nur mit der Geburt eines jeden Menschen, sondern auch mit jeder (Sprech-)Handlung ein Neuanfang gemacht ist, zuweilen als der eigentlich originelle Beitrag Hannah Arendts zur Philosophiegeschichte gepriesen, gar mit zum »Unerhörtesten, was die moderne Geschichte des Denkens zu bieten hat«,[3] erklärt wird, so erläuterungsbedürftig bleibt doch die suggestive Rückführung menschlicher Spontaneität auf das »Faktum der Natalität« (vgl. VA 216), und zwar selbst dann, wenn man die ebenfalls alles andere als selbstevidente Gleichsetzung von Handeln und Anfangen einmal beiseitelässt.[4]

3 Thomas Meyer, »Hannah Arendt oder Die Revolution des Denkens«, in: Hannah Arendt, *Die Freiheit, frei zu sein*, München 2018, S. 45-58, hier S. 57. Emphatisch als revolutionäre Denkerin des Anfangs gefeiert wird Arendt auch bei Oliver Marchart, *Neu beginnen. Hannah Arendt, die Revolution und die Globalisierung*, Wien 2005.

4 Denn, so könnte man argumentieren, das praktische Vermögen zum Handeln und Sprechen muss erworben werden. Es verdankt sich dem Üben und Wiederholen allgemeiner Formen in konkreten Situationen und untersteht der Selbstkontrolle des Subjekts, d. h. auch der Bemeisterung jener Kräfte (der Spontaneität), die der Ausbildung von Vermögen vorausgesetzt sind. Vgl. Christoph Menke, *Kraft. Ein Grundbegriff ästhetischer Anthropologie*, Frankfurt/M. 2008, S. 33-37. Interessant ist allerdings, dass Arendt den Zusammenhang von Handeln und (Neu-)Anfangen vor allem im Hinblick auf die Dimension der Intersubjektivität diskutiert. Die Handlung, dabei eher verstanden

An einer anderen Stelle spricht sie jedoch davon, dass die Fähigkeit zum Neuanfang – nun durchaus anspruchsvoll als die »Begabung für das schlechthin Unvorhersehbare« verstanden – »ausschließlich auf der Einzigartigkeit beruht«. Zwar fügt sie hinzu, dass die Einzigartigkeit wiederum auf der »Gebürtlichkeit« beruhe, »kraft derer jeder Mensch einmal als ein einzigartig Neues in der Welt erschienen ist« (VA 217), und gerät damit begrifflich in Konflikt mit ihrer zuvor entwickelten These, dass die Einzigartigkeit, anders als die Verschiedenheit, eben gerade nicht bereits mit der biologischen Geburt gegeben sei, sondern sich erst im kommunikativen Miteinander verwirkliche. Aber die Stelle enthält einen Hinweis auf den fundamentalen Status, den die Einzigartigkeit – und damit die Pluralität – auch noch für das Denken der Möglichkeit des »schlechthin Unvorhersehbaren«, also des Ereignisses, einnimmt. Dieser Zusammenhang lässt sich allerdings nur dann erhellen, wenn man die von Arendt eingeführte Differenz zwischen Verschiedenheit und Einzigartigkeit, Vielheit und Pluralität schärfer stellt, als dies bei Arendt selbst der Fall ist.

Wie Sophie Loidolt in ihrer phänomenologischen Arendt-Rekonstruktion betont, meint Pluralität bei Arendt weder »eine bloß quantitative Vielheit« noch »eine quantitativ oder qualitativ benennbare Unterschiedenheit«,[5] son-

als Tat, erscheint dann vor allem in der Fluchtlinie des (vom Handlungssubjekt per definitionem nicht kontrollierbaren) Geschehens, das sie auslöst. Einen Kommentar zu den begrifflichen Unklarheiten im Verhältnis von Spontaneität und Handlung bei Hannah Arendt bietet auch Terry Pinkard, »Von Autonomie zu Spontaneität: Menke und Arendt«, in: Thomas Khurana u. a. (Hg.), *Negativität. Kunst, Recht, Politik*, Berlin 2018, S. 261-277.

5 Sophie Loidolt, »Hannah Arendt und die *conditio humana* der Pluralität«, in: Reinhold Esterbauer, Martin Ross (Hg.), *Den Menschen im*

dern etwas viel Unfasslicheres, Fragileres, Flüchtigeres: ein im Sprechen und Handeln erst als solches sich realisierendes »Pluralitätsgeschehen«.[6] Erst bei einem solchen Geschehen, in dem die Perspektive der Einzelnen sich in ihrer jeweiligen Einzigartigkeit geltend macht, kann von »menschlicher Pluralität« gesprochen werden, das heißt von einer »Vielheit, die die paradoxe Eigenschaft hat, daß jedes ihrer Glieder in seiner Art einzigartig ist« (VA 214). Diese Einzigartigkeit ist dann jedoch gerade nicht, wie Arendt zuweilen nahelegt, als Kultivierung von biologisch angelegten Eigenschaften der jeweiligen Person zu fassen; vielmehr geht es, wie Loidolt erläutert, um die Einzigartigkeit des jeweiligen »Weltzugangs«,[7] das heißt der Perspektive, aus der die Welt den Einzelnen erscheint: »Was die Einzigartigkeit [...] ausmacht, ist, dass niemand die Stelle des anderen einnehmen kann, ohne entweder sich oder den Anderen dabei zu verlieren.«[8] Die in diesem Sinne einzigartige Perspektive ist notwendig allem vorausgesetzt, was in ihr erscheinen mag. Das bedeutet zugleich, dass sie selbst nicht in der Weise objektiviert werden kann wie das, was in ihr erscheint. Die jeweilige Perspektive erscheint nicht selbst in der Welt wie andere Gegenstände, vielmehr macht sie sich mal mehr, mal weniger explizit in allem geltend, was über das, was in ihr erscheint, mitgeteilt werden kann. Weil der Weltzugang

Blick. Phänomenologische Zugänge, Würzburg 2012, S. 375-398, hier S. 384. Der Aufsatz skizziert bündig einige der Kernargumente aus Sophie Loidolt, *Phenomenology of Plurality. Hannah Arendt on Political Intersubjectivity*, London, New York 2018, hier bes. 175-189.

6 Loidolt, »Hannah Arendt und die *conditio humana* der Pluralität«, S. 387.

7 Ebd., S. 386.

8 Ebd.

stets übersteigt, worin er sich, deshalb auch immer nur vorläufig, manifestiert, kann er sich im Sprechen und Handeln nur mit zeigen, nie aber als solcher vergegenständlicht werden.

Arendt überblendet dieses Motiv mit einer Ethik der Unfasslichkeit der Person. Das »Wer der Person« könne gerade nicht durch das Feststellen ihrer Eigenschaften bestimmt, sondern nur im lebendigen Miteinander erfahren werden. Versuche man die Person qua »Was« zu fassen zu bekommen, erhalte man allenfalls »Charaktertypen«, »die alles andere sind als Personen, hinter denen vielmehr das eigentlich Personale sich mit einer solchen Entschiedenheit verbirgt, daß man versucht ist, die Charaktere für Masken zu halten, die wir annehmen, um das Risiko des Aufschlusses im Miteinander zu verringern.« (VA 223) Wenn es nach Arendt eine greifbare Manifestation personaler Einzigartigkeit gibt, so in der Nachträglichkeit, in der sie sich in einer erzählbaren Geschichte auskristallisiert – einer Geschichte, die sich aus dem »Bezugsgewebe« zwischen den Menschen generiert, also gerade nicht in der Verfügungsgewalt der Einzelnen steht, die sprechend und handelnd ihre »Fäden« in dieses Gewebe »schlagen« (vgl. VA 226). Die für solche Geschichten entscheidenden Aspekte mögen sich zwar in der Gegenwart »für den Handelnden selbst erst einmal wie nebensächliche Nebenprodukte seines Tuns darstellen« (ebd.). Gleichwohl sind die von den Handelnden unter Umständen gar nicht intendierten Geschichten für Arendt »das ursprünglichste Produkt« des (Sprech-)Handelns im Miteinander, weil sich dieses »Produkt« nicht auf die »Realisierung vorgefaßter Ziele und Zwecke« (ebd.) zurückrechnen lässt, sondern der Unvorhersehbarkeit des Miteinander selbst entstammt.

Dies legt nun eine Deutung nahe, nach der das unvorhersehbar Neue eben nicht als »Begabung« (VA 217) an die Einzelnen – im Sinne einer biologischen Mitgift – zurückzubinden wäre. Vielmehr erscheint das Unvorhersehbare und Unkalkulierbare nun als eine Implikation des kommunikativen Pluralitätsgeschehens selbst. Der Zusammenhang zwischen erster und zweiter Geburt wäre dann ein anderer als der zwischen Anlage (als Anfang- und Verschiedensein) und ihrer kultivierten Aktualisierung durch das sprechende und handelnde Wesen (als Spontaneität und Einzigartigkeit). Ein Zusammenhang zwischen erster (biologischer) und zweiter (kommunikativer) Geburt wäre vielmehr durch das gegeben, was sich den Einzelnen konstitutiv entzieht, nämlich ihre Bedingtheit durch Alterität. Peg Birmingham hat diesen Aspekt an Arendts Idee der Natalität hervorgehoben: »Durch das Ereignis der Natalität werden wir«, schreibt sie, »in einer Öffnung gehalten, die wir nicht geschaffen haben und die wir uns nie aneignen können«.[9] Wenn man die »Bedingung der Natalität« (VA 18) in diesem Sinne versteht, muss, so Loidolt im Anschluss an Birmingham, das kommunikative Pluralitätsgeschehen in seiner Produktion intersubjektiv erzeugter Unvorhersehbarkeiten als eine Aktualisierung ebendieser Bedingung vorgestellt werden: der Bedingung durch »Alterität, Entzug, Unergründlichkeit«.[10] Dieses eher negativistische Verständnis des Zusammenhangs zwischen erster und zweiter Geburt betrifft indes nicht nur die vom Einzelnen nicht zu kontrollierende Generativität des Pluralitätsgeschehens.

9 Peg Birmingham, *Hannah Arendt and Human Rights. The Predicament of Common Responsibility*, Bloomington 2006, S. 31. (So keine deutschsprachigen Quellen für Zitate angegeben sind, stammen sämtliche Übersetzungen von mir, JR.)

10 Vgl. Loidolt, *Phenomenology of Plurality*, S. 206.

Auch die Einzigartigkeit der Person erscheint dann in einem anderen Licht: nicht als die kultivierte Fassung einer biologisch angelegten Besonderheit, sondern als die in keiner handelnden und/oder sprechenden (Selbst-)Positionierung je aufgehende Offenheit des Weltzugangs. Das »Wer« der Person erweist sich dann als gerade nicht fixiert, sondern wesentlich durch Kontingenz und Unvorhersehbarkeit bestimmt. Es ist damit offen für das Sich-Ereignen von etwas, das anders ist als das, als »was« es sich und anderen gerade erscheint.

Dass sich die für die Lebensgeschichten entscheidenden Momente nicht unbedingt mit dem decken, was die Person ursprünglich im Moment ihres Handlungsvollzugs intendiert hatte, erhält zudem eine Pointe für die in diesem Zusammenhang von Arendt eigentümlich übergangene Perspektive der ersten Person. Was der aktuell Handelnden unwichtig scheinen mag, kann sich später aufgrund der Verkettung ihrer Handlungen mit dem »Bezugsgewebe menschlicher Angelegenheiten« (VA 226), wie Arendt sagt, für die Geschichten, die sich in diesem Bezugsgewebe bilden, als zentral erweisen. Aber dieser Umstand hat einen Effekt auf die Weise, wie die Handelnde sich selbst im Nachhinein verstehen wird. Nach Erfahrungen mit bisher ungekannten und unerwarteten Einflüssen kann es zu Krisen oder Wendepunkten im Selbstverhältnis kommen, die ein neues Licht auf das bisherige Leben werfen, so dass sich die Perspektive auf die Geschichte verändert, die die Person sich bislang von sich selbst erzählt haben mag. Auch in der Perspektive der ersten Person kommt mithin zum Tragen, dass etwas, das vorher wie eine Nebensächlichkeit ausgesehen hat, sich in der Rückschau als Schlüsselmoment, als Beginn eines neuen Selbstverständnisses erweist. Es lassen sich dann noch einmal andere Bögen in die eigene Biographie zurückschlagen, so dass sich die Narration des eigenen Lebens verändert. Dieser Umstand verweist auf die Differenz zwischen Leben und Erzählung, die für die ontologische Nichtfassbarkeit des »Wer« der Person entscheidend ist. Nie kann eine Erzählung unser Leben vollumfänglich erfassen. Unsere Versuche, uns unser Leben erzählend intelligibel zu machen, beschränken sich auf bestimmte Aspekte, die in einem bestimmten praktischen Zusammenhang hervortreten, wohingegen andere Aspekte unberücksichtigt bleiben. Gerade diese Beschränkung aber ist, wie Dieter Thomä gezeigt hat, eine Voraussetzung der konstruktiven Funktion, die Erzählungen des eigenen Lebens bei unseren Versuchen erfüllen, uns selbst und anderen verständlich zu werden.[11] Sofern keine solche Erzählung die Einzigartigkeit, das »Wer« der Person je ganz zu »enthüllen« (vgl. VA 226) vermag, erscheint dieses »Wer« lediglich auf sehr indirekte Weise: dort, wo sich die Grenzen der Erzählungen zeigen, dort, wo es zu Neubeschreibungen, zu Veränderungen im Selbst- und Weltverständnis kommt, also in Geschichten, die die einschneidenden Lebensereignisse und -krisen festhalten sowie die Wendepunkte thematisieren, an denen einer Biographie eine neue Richtung gegeben wird.

Den Begriff der Einzigartigkeit auf das »Weltzugang-Sein«[12] der Einzelnen zu beziehen legt den Fokus dann sowohl auf die Nichtaustauschbarkeit von deren Perspektiven als auch darauf, dass ihr Weltzugang selbst von Differenz affiziert bleibt, dass er als einer verstanden werden muss,

11 Vgl. Dieter Thomä, *Erzähle Dich selbst. Lebensgeschichte als philosophisches Problem*, Frankfurt/M. 2007.

12 Vgl. Loidolt, »Hannah Arendt und die *conditio humana* der Pluralität«, S. 386.

der prinzipiell offen ist. Sofern die Bedingung der Natalität als die Bedingung qua »Alterität, Entzug, Unergründlichkeit«[13] begriffen wird, aktualisiert sie sich in ebenjenen Momenten, in denen der Austausch mit anderen und anderem auch in der Perspektive der ersten Person eine Differenz erzeugt; in Momenten also, in denen die Person durch ein Ereignis, etwa eine markante Begebenheit oder einen neuen Einfluss, in einer Weise in Distanz zu ihrem bisherigen Selbst- und Weltverständnis gebracht wird, dass sie dessen Gültigkeit befragen muss. Oftmals geht die Erfahrung einer solchen Selbstdifferenz, des Gefühls, mit sich selbst uneins zu sein, mit einer existenziellen Verunsicherung, einer Erschütterung einher. Ohne solche Erfahrungen gibt es jedoch die Momente nicht, in denen sich die Frage aufdrängt, wie wir leben wollen – die Frage der Selbstbestimmung. Erst in Distanz zu uns selbst können wir uns neu begreifen, uns für oder gegen eine bestimmte Lebensweise entscheiden oder unreflektiert übernommene Meinungen oder Einstellungen revidieren.[14]

Das Pluralitätsgeschehen wird mithin vor allem dadurch zu einem Geschehen, dass die scheinbar starren, unverrückbaren, konfrontativ in es eintretenden Perspektiven ihrerseits von dem Geschehen, in das sie sich einschalten, affiziert werden. Der Perspektivendifferenz auf intersubjektiver Ebene entspricht eine potenzielle Selbstdifferenz der Weltzugänge. Nur weil sich die jeweiligen Weltzugänge im Lichte anderer Möglichkeiten selbst befragen und verändern können, gibt es die Möglichkeit der – wenn auch stets fallib-

13 Vgl. Loidolt, *Phenomenology of Plurality*, S. 206.
14 Zu einer ausführlichen Erläuterung der Erfahrung der Selbstdifferenz als Bedingung der Möglichkeit von Selbstbestimmung vgl. Rebentisch, *Die Kunst der Freiheit*, etwa S. 56-64, S. 81-85, S. 231-237.

len – Objektivität. Zu dem intersubjektiven Abgleich der Perspektiven, zu den »verschiednen Augen« (Nietzsche), die eine Sache in ihrer Objektivität erschließen, muss somit, um im Bild zu bleiben, die Parallaxe in den Perspektiven der Einzelnen hinzugedacht werden, das heißt jene Perspektivendifferenz der Augen der ersten Person, die bekanntermaßen erst das räumliche Sehen ermöglicht.[15]

Der Zusammenhang zwischen erster und zweiter Geburt kann dann in dem Sinne plausibel gemacht werden, dass Natalität nicht als Grund personaler Besonderheit, sondern gewissermaßen als Nichtgrund des Potenzials zu ihrer Veränderung erscheint und dass der Begriff der Einzigartigkeit nicht den kommunikativen Ausdruck einer Naturanlage meint, sondern den an die Ereignishaftigkeit des Pluralitätsgeschehens zurückgebundenen und darum wesentlich offen zu denkenden Weltzugang. Die Frage ist nun, welche Konsequenzen sich daraus für Arendts These ergeben, der öffentliche Raum sei idealiter ein »Erscheinungsraum« (VA 251) mit der primären Funktion, die Einzigartigkeit der Person zur Erscheinung zu bringen. Tatsächlich lässt sich die Differenz zwischen den zwei Interpretationen von Einzigartigkeit – zum Ersten als Expression einer Naturanlage, zum Zweiten als Potenzialität des Weltzugangs – in diesem Zusammenhang noch weiter konturieren.

Im ersten Fall erscheint das »Wer« der Person ungreifbar aufgrund einer sich jeder Verallgemeinerung entziehenden

15 Dass dabei, worauf Slavoj Žižek hingewiesen hat, der subjektive Blick dem Objekt als blinder Fleck eingeschrieben bleibt, zeigt an, dass das, was der ersten Person als objektiv erscheinen mag, strukturell an die Möglichkeit eines erneuten Aufbrechens einer (Selbst-)Differenz innerhalb der eigenen Perspektive ausgesetzt bleibt. Vgl. Slavoj Žižek, *Parallaxe*, Frankfurt/M. 2006, S. 21f.

Singularität, zu der sich die biologisch gegebene Verschiedenheit ausprägt. Das »Wer« der Person scheint sich Arendt in diesen Kontexten als eine Unverwechselbarkeit vorzustellen, die sich in allem, was die Person tut oder sagt, mit zeigt, und zwar insbesondere dort, wo die Person gar nicht erst versucht, einem bestimmten Bild von sich, einem Image, zu entsprechen. Im bereits erwähnten Fernsehgespräch mit Günter Gaus gibt Arendt zu Protokoll, dass sie zwar der Meinung sei, dass man nicht »auf sich selbst reflektiert in der Öffentlichkeit erscheinen und handeln darf«, zugleich aber wisse, »daß in jedem [Sprechen und] Handeln die Person in einer Weise zum Ausdruck kommt wie in keiner anderen Tätigkeit« (GG 70). In diesem Sinne spricht Arendt, durchaus überraschend, der Schauspielkunst eine besondere Funktion zu. Denn in der Schauspielkunst gehe es nicht so sehr um die Handlung, die sich auch erzählen ließe, sondern um das »So-und-nicht-anders-Sein der handelnden Personen« (VA 233). Bezeichnenderweise habe bereits Aristoteles im Blick auf die Kunst des Dramas »zumeist nicht von einer Nachahmung des Handelns (*praxis*), sondern der Handelnden (*prattontes*)« gesprochen (VA 460 f., Anm. 12). Entsprechend sei in der griechischen Tragödie der Gang der Handlung vom Chor vorgetragen worden, wohingegen die Einzigartigkeit der handelnden Person durch die Schauspielkunst in einer Nachahmung des wirklichen Handelns vorgeführt worden sei. Nachgeahmt wird im Schauspiel nach Arendt also nicht das, was sich am individuellen Handeln in das Allgemeine von Plots und Charakteren übersetzen lässt; nachgeahmt wird, was sich in seiner authentischen Besonderheit jeder Verallgemeinerung entziehen soll.

Nun könnte allerdings die Paradoxie, dass das in seiner Singularität Unnachahmliche zugleich der maßgebliche Gegenstand ausgerechnet für die Kunst der Nachahmung sein soll, stutzig machen. Schließlich kann Nachahmung als ein Grundmechanismus der Sozialisierung verstanden werden,[16] und in dieser Perspektive zeigt sich in der Nachahmung des Unnachahmlichen, das heißt im Auftritt der Person – ihr selbst im Rücken liegend zwar, sich aber dem Auge des Betrachters mit zuweilen durchaus komischer Pointe »enthüllend« –, unter Umständen etwas ganz anderes als die vermeintlich von allem Sozialen unbeeindruckte Besonderheit: die Konkretion, mit der sich das Allgemeine der sozialen Normen hier auf einzigartige Weise verkörpert.[17] Dass Arendt gar nicht in Betracht zieht, dass sich die Person anderen auch anhand der Symptome ihrer zur zweiten Natur gewordenen sozialen Prägungen enthüllt, liegt sicher daran, dass sie Pluralität radikal zu denken bestrebt ist: nicht als eine Konstellation gesellschaftlicher Identitäten wie im heute geläufigen Begriff des Pluralismus, sondern als eine von Singularitäten. Der Versuch jedoch, die Einzigartigkeit im biologisch vorgespurten »So-und-nicht-anders-Sein« der Person zu verankern, impliziert nicht nur einen gewissen

16 Vgl. Gabriel Tarde, *Die Gesetze der Nachahmung*, Frankfurt/M. 2003.

17 Alenka Zupančič, *Der Geist der Komödie*, Berlin 2014, S. 35-38. Im Blick auf das politische Potenzial der Kunst des Schauspielens verschiebt sich in dieser Perspektive der Fokus vom in die jeweiligen Spezifika der besonderen Person mimetisch sich einfühlenden *method acting* zu einer brechtianischen Markierung der Gesten, die durch die Individualität der Handelnden hindurch das Allgemeine der Verhältnisse enthüllen. »›Gesten zitierbar zu machen‹«, so Walter Benjamin in seinem Aufsatz über Brechts episches Theater, ist »die wichtigste Leistung des Schauspielers; seine Gebärden muß er sperren können wie ein Setzer die Worte.« (Walter Benjamin, »Was ist das epische Theater?« [1], in: ders., *Gesammelte Schriften*, hg. von Rolf Tiedemann und Hermann Schweppenhäuser, Bd. II: *Aufsätze, Essays, Vorträge*, Teilbd. 2, Frankfurt/M. 1977, S. 519-531, hier S. 529.)

Essenzialismus (und Authentizismus); er hat auch den Preis, dass das kommunikative Miteinander, das Geschehen der Pluralität, systematisch an Bedeutung verliert. Die anderen sind im Kontext dieser Motive zum Publikum depotenziert, dem sich die vermeintlichen Eigenarten der Person durch ihr Handeln und Sprechen zwar deutlicher zeigen mögen als dieser selbst, das jedoch auf die Ausbildung dieser Eigenarten selbst keinen Einfluss hat.

Demgegenüber steht allerdings Arendts Begriff des Erscheinungsraums, den sie wesentlich durch ein aktives Miteinander bestimmt sieht. Ein Erscheinungsraum entsteht ihr zufolge nicht einfach dadurch, dass Menschen an einem Ort zusammenkommen, vielmehr bildet er sich erst dann, wenn »Menschen handelnd und sprechend miteinander umgehen« (VA 251). Erst dieses Miteinander schafft einen intersubjektiven Raum, in dem die Menschen nicht wie Dinge in einer gegeneinander gleichgültigen Weise vorhanden sind, sondern ausdrücklich vor- und füreinander in Erscheinung treten. Es handelt sich mithin um einen performativ, durch eine gemeinsame Praxis hervorgebrachten Raum, der sich im »Zwischen« personaler Beziehungen konstituiert, von deren fortgesetzter Aktualisierung er abhängig bleibt. Der Erscheinungsraum unterscheidet sich folglich von anderen Räumen darin, so Arendt, »daß er die Aktualität der Vorgänge, in denen er entstand, nicht überdauert, sondern verschwindet, sich gleichsam in nichts auflöst [...], wenn die Tätigkeiten, in denen er entstand, verschwunden oder zum Stillstand gekommen sind« (VA 251). Auch die scheinbar stabilsten Verhältnisse können diese Bindung und damit den »potentiellen Charakter« (VA 252) des öffentlichen Erscheinungsraums nicht überwinden. Die Topologie dieses Raums, sofern man von einer solchen innerhalb des begrifflichen Rahmens von Hannah Arendt überhaupt sprechen kann, wäre dann noch am ehesten durch die Pluralität der Weltzugänge der in ihm Anwesenden zu bestimmen: »[...] wiewohl die gemeinsame Welt den allen gemeinsamen Versammlungsort bereitstellt«, schreibt Arendt, »so nehmen doch alle, die hier zusammenkommen, jeweils verschiedene Plätze in ihr ein, und die Position des einen kann mit der eines anderen in ihr so wenig zusammenfallen wie die zweier Gegenstände. Das von Anderen Gesehen- und Gehörtwerden erhält seine Bedeutsamkeit von der Tatsache, daß ein jeder von einer anderen Position aus sieht und hört.« (VA 71)

Eine solchermaßen radikal diversifizierte, nämlich die Einzigartigkeit der einzelnen Weltzugänge in Rechnung stellende Pluralität ist für Arendt nicht nur eine notwendige, sondern auch eine hinreichende Bedingung – »nicht nur die conditio sine qua non, sondern die conditio per quam« (VA 17) – für die Politik. Denn die im Kern durch die Tätigkeiten des Sprechens und Handelns bestimmte Politik ist aus Arendts Sicht nichts anderes als die Vollzugsform des Pluralitätsgeschehens selbst. Genau in diesem Zusammenhang gründet auch das bei Arendt überaus eng gedachte Verhältnis von Politik und Freiheit. »Der Sinn von Politik ist Freiheit«,[18] lautet eine ihrer berühmtesten Formulierungen. Und dies ist keineswegs, wie man zunächst meinen könnte, so zu verstehen, dass Politik auf die Realisierung von Freiheit zielt, vielmehr »fallen« Politik und Freiheit bei Arendt »zusammen«; »sie verhalten sich zueinander wie die

18 Vgl. etwa Hannah Arendt, *Was ist Politik?*, München 1993, S. 28; oder dies., »Freiheit und Politik«, in: dies., *Zwischen Vergangenheit und Zukunft*, S. 201-226, hier S. 203, 210. Im Folgenden zitiert als FP.

beiden Seiten der nämlichen Sache« (FP 202). Freiheit ist politische Freiheit – oder sie ist gar nicht. Denn Freiheit ist zu ihrer Realisierung angewiesen auf den sprechenden und handelnden, also den politischen Vollzug der Pluralität. Nur in seinem Rahmen können Menschen, so Arendt, erfahren, was »Freiheit positiv ist und daß sie mehr ist als ein Nicht-gezwungen-Werden« (FP 201).

Diese Wechselbestimmung von Politik, Freiheit und Pluralität mag freilich für heutige Ohren ebenso suggestiv wie gewöhnungsbedürftig klingen. Neben dem, was »inter-est« (VA 224), also neben dem, was als Verhandlungsgegenstand zwischen den am kommunikativen Prozess Beteiligten liegt, geht es dann nämlich in der Politik immer auch um das, wie Arendt sagt, »zweite Zwischen« (VA 225), das in nichts anderem besteht als in der Dynamik des Bezugsgewebes einzigartiger Weltzugänge selbst. In freiheitstheoretischer Perspektive ist dieses – offensichtlich mit der »zweiten Geburt« verbundene – »zweite Zwischen« für Arendt sogar das entscheidende. Es ist nur konsequent, dass das Telos des politischen (Sprech-)Handelns in seinem Vollzug liegen muss, und nicht in diesem oder jenem Ergebnis: Das plurale Miteinander ist dann zugleich die Vollzugsform und die Bestimmung des politischen Lebens: »[W]ie in den Virtuositäten des Tanzens oder des Theaterspielens, [fällt hier] das ›Endresultat‹ mit dem Vollzug seiner Hervorbringung zusammen[…]« (VA 262f.). In dieser Analogie zu den performativen Künsten geht es, ganz anders als in Arendts Lob des Schauspiels als einer Kunst der Nachahmung des »So-und-nicht-anders-Seins« der Person, strikt um das Pluralitätsgeschehen selbst. In ihm erscheint das »Wer« der Person gerade dann, wenn sich ihr Weltzugang als offen erweist, in jenen Momenten also, in denen Einstellungen geändert und

Meinungen (*doxa*) geprüft werden, in denen die Einzelnen aufgrund des Austauschs mit anderen dazu gebracht werden, zu ihren bisherigen Überzeugungen in eine Distanz zu treten und sich gegebenenfalls anders zu verstehen. Ein derartiger Austausch, in dem die Einzelnen nicht dem Dogmatismus der unreflektiert übernommenen Meinungen (dem Dogmatismus des *doxazein*) erliegen, sondern sich der Konfrontation mit neuen und ungekannten Perspektiven aussetzen, kann laut Arendt allein dort stattfinden, wo Menschen »weder für- noch gegeneinander« (VA 220) agieren – wo sie also nicht im Dienst von Interessen lediglich die zu diesen gehörigen Meinungen vertreten –, sondern strikt miteinander, weil sie »unter [ihres]gleichen« (vgl. ebd.) sind; dort also, wo die Bedingung der Gleichheit gegeben ist.

Das historische Modell für ein solches politisches Miteinander liefert die antike Polis, genauer: die Polis in der Beschreibung, die Aristoteles von ihr gegeben hat. Insbesondere Arendts Identifikation der politischen Sphäre mit einem »Erscheinungsraum der Freiheit«[19] ist an der griechischen Trennung zwischen dem quasi naturwüchsigen Zusammenleben im Haushalt (im Oikos) einerseits und dem politischen Leben im öffentlichen Bereich (in der Polis) andererseits orientiert. Während das Leben im Oikos vornehmlich von menschlichen Bedürfnissen und Lebensnotwendigkeiten diktiert ist, soll das Leben in der Polis von allem bloß Notwendigen und Nützlichem frei sein. Es ist eine begriffliche Implikation des antiken Verständnisses von politischem Handeln, dass alles, was einem Zweck dient, als apolitisch oder privat gilt, und das trifft für die Ökono-

19 Hannah Arendt, *Über die Revolution*, München 2000, S. 79. Im Folgenden zitiert als R.

mie ebenso zu wie für die oft gewaltsamen Herrschaftsverhältnisse, die als eine unumgängliche Dimension der Bewältigung der Lebensnotwendigkeiten toleriert wurden, weil sie die Freiheit in der Polis erst ermöglichten. In diesem Kontext ist es bezeichnend, dass das griechische Wort *archein*, das Arendt dort für »das Anfangen« zitiert, wo sie es als eine »Begabung« oder »Fähigkeit« des Einzelnen deutet, eben nicht nur »anfangen« bedeutet, sondern auch »führen« oder »herrschen«. In »Freiheit und Politik« weist Arendt ganz explizit auf die »Vieldeutigkeit des Wortes [*archein*]« hin: »Das Anfangen kann nur dem zufallen, der Herrscher bereits ist, und dies hieß in Griechenland einem Mann, der einem Sklavenhaushalt vorstand, sich durch Herrschaft von den Notwendigkeiten des Lebens befreit hat und so frei geworden ist für das Leben in der Polis unter seinesgleichen; das Anfangen selbst aber fällt mit dem Andere-Anführen zusammen, denn nur mit Hilfe der anderen kann der Anfangende etwas vollbringen [*prattein*].« (FP 218) Nur vor dem dunklen Hintergrund eines als vorpolitische Sphäre bestimmten Raums der Herrschaft also vermag die Polis hell als Reich der Freiheit zu erstrahlen: Ihre privilegierten Mitglieder sind nicht durch Notwendigkeiten gebunden, sie sind – nicht zuletzt durch die Beherrschung anderer – frei zur Politik.

Politik und Freiheit fallen in der antiken Vorstellung indes nicht nur deshalb zusammen, weil dem Leben in der Polis eine negative Freiheit, eine Freiheit von den Notwendigkeiten des Lebens vorausgesetzt ist, sondern weil hier ein Sprechen und ein Handeln praktiziert werden kann, durch das sich Freiheit positiv zu verwirklichen vermag. Dabei fällt auf, dass Sprechen und Handeln, obwohl sie von Arendt häufig als zwei komplementäre Vollzugsformen menschlicher Freiheit genannt werden, nicht ganz gleichwertig sind. Zum einen ist auch das Sprechen eine Form des Handelns, und zwar, wie Arendt sagt, nicht die geringste (vgl. VA 36), zum anderen bringt die Polis als ein Erscheinungsraum der Freiheit einen gewissen Vorzug des Sprechens vor anderen Formen des politischen Handelns mit sich. Dort nämlich, wo jedwedes Eigeninteresse und alle Gewalt aus dem politischen Raum verbannt sind, weil sie als vorpolitisch gelten, wird das politische Handeln konsequenterweise allein im zwanglosen Wettstreit um die beste Regelung der gemeinsamen Angelegenheiten bestehen (VA 36f.). Solange die Hausherren gemeinsam die Polis »waren«,[20] der öffentliche Erscheinungsraum also durch nichts anderes als ihr zwangloses Miteinander hervorgebracht und erhalten wurde, konnte dieses Miteinander nicht ausschließlich in der Regelung der die Stadt als Ganzes oder ihr Verhältnis zu anderen Gemeinwesen betreffenden Angelegenheiten bestehen. Politik war vielmehr eine ganze »Seins-, eine Lebensweise«, die wesentlich dadurch bestimmt war, eben »nicht Mittel zum Zweck für Interessen aus anderen Sektoren des Lebens«[21] zu sein. Nicht zuletzt ging es daher hier um das von der Durchsetzung von Interessen befreite öffentliche Sprechen selbst – um ein Sprechen um des Sprechens willen.[22]

20 Vgl. Christian Meier, *Die Entstehung des Politischen bei den Griechen*, Frankfurt/M. 1980, S. 253.

21 Ebd., S. 258.

22 Vgl. Christian Meier, *Kultur, um der Freiheit willen. Griechische Anfänge – Anfang Europas*, München 2009, S. 198f.; Jacob Burckhardt, *Griechische Culturgeschichte*, Bd. 1, München, Basel 2002, S. 52f. Für Arendts Bezug auf Burckhardts Beschreibung der *polis* als der »schwatzhaftesten« aller Staatsformen vgl. auch VA 36.

Zwar findet Arendt in der antiken Polis ein historisches Modell des öffentlichen Raums und des politischen (Sprech-)Handelns vor, in dem das (indirekte) Erscheinen der Weltzugänge und ihr wechselseitiges Sich-Beeinflussen tatsächlich von großer Bedeutung ist, aber dieses Modell ist auch mit Problemen behaftet, die keineswegs nur das Offensichtliche betreffen, dass dieses Pluralitätsgeschehen auf Gewalt und sozialem Ausschluss beruht. Darüber hinaus, und Arendts Intuitionen ebenfalls zuwiderlaufend, reduziert die Herrschaft, die in der »Vieldeutigkeit« des griechischen *archein* enthalten ist, das Anfangen auf die Souveränität des seine Interessen durchsetzenden Hausherrn. Das so verstandene Anfangen aber entspricht offenkundig nicht nur nicht dem Unvorhersehbaren, das ein Effekt des Pluralitätsgeschehens ist; es verträgt sich mit ihm ganz grundsätzlich nicht. Denn Souveränität ist an die Vorstellung einer »Unabhängigkeit von allen anderen und gegebenenfalls das Sich-Durchsetzen gegen sie« (FP 213) gebunden und steht damit Arendts Vorstellung einer wesentlich an das Geschehen der Pluralität gebundenen Verwirklichung menschlicher Freiheit diametral entgegen. Nichts, bemerkt Arendt entsprechend in »Freiheit und Politik«, hat sich in politischer Hinsicht als »so verderblich erwiesen wie die [...] Identifizierung von Freiheit und Souveränität« (ebd.). Jene Herrschaft, die die negative Freiheit von der Notwendigkeit und damit das Leben in der Polis ermöglichen soll, beruht somit auf zwei problematischen Voraussetzungen: auf der Gewalt gegen die Beherrschten und auf der mit ihr einhergehenden Verkürzung des Anfangens auf die Souveränität des herrschenden Subjekts. Darüber hinaus und in systematischer Hinsicht noch entscheidender: Dass die positive Freiheit des politischen Miteinanders auf Herrschaft beruht, beschränkt auch diese Freiheit selbst. Wenn nämlich Freiheit mit einem Verzicht auf Souveränität (vgl. FP 215) und mit der Befreiung von dem »Vorurteil« beginnt, dass »Nicht-Souveränität das gleiche sei wie Abhängigkeit« (FP 214), weil die Entfaltung menschlicher Freiheit der Konfrontation der pluralen Perspektiven bedarf, der Erfahrung der Differenz also, dann muss sich auch und gerade die positive Freiheit der privilegierten Mitglieder der Polis zum miteinander (Sprech-)Handeln als defizitär erweisen, weil sie unter ihresgleichen bleiben. In diesem Zusammenhang nimmt Arendts aristotelisches Lob der politischen Relevanz der Freundschaft[23] eine nicht ganz unbedenkliche Färbung an. Denn Freundschaft als politische Kategorie hegt diejenige Differenz, die sich im Streit der Perspektiven aufspannen kann und soll, von vornherein ein. Ein basaler Gleichklang der Freunde ist, wie man weiß, gerade ihrem Streit vorausgesetzt. Mit anderen Worten: Die Freundschaft hat nicht genug Abstand von der Brüderlichkeit,[24] von deren »alle Unterschiede verwischenden Distanzlosigkeit« (vgl. GL 44) Arendt sich doch im Namen der Pluralität immer wieder dezidiert abgrenzt.

Nun wird Hannah Arendt oft als eine Autorin gelesen – und kritisiert –, die von der antiken Welt der Griechen fasziniert ist und deren Lehren etwas schräg auf die moderne Welt projiziert. Die Ausschlüsse und der Elitismus des griechischen Modells sind ebenso kritisiert worden wie die darin implizierte Trennung von Freiheit und Notwendigkeit, von Politik und Sozialem. So berechtigt diese Einwän-

23 Vgl. etwa GL 37 sowie S 53.

24 Vgl. zur ideengeschichtlichen Überlagerung von Freundschaft und Brüderlichkeit auch Jacques Derrida, *Politik der Freundschaft*, Frankfurt/M. 2000.

de sind, so sehr verdecken sie doch, dass die Zurückwendung auf die antike Polis für Arendt vor allem einen heuristischen Wert hat. Gerade weil sie so ganz anders ist als die modernen Gesellschaften, soll die Beschäftigung mit der griechischen Polis den »Modernen« dabei helfen, die Verhältnisse ihrer eigenen Zeit vermittels des Kontrasts zur Antike neu zu betrachten. Einleitend zu *Vita activa* betont Arendt, dass ihre »Besinnung auf die Bedingungen, unter denen Menschen bisher gelebt haben«, dass also auch ihr Rückgriff auf die antike Erfahrungswelt, »auch wenn es nicht ausdrücklich gesagt ist, von den Erfahrungen und den Sorgen der gegenwärtigen Situation« angeleitet ist (VA 13). Arendts hartnäckiges Festhalten an der Vorstellung einer Freiheit, die zu ihrer Realisierung von der Etablierung und Erhaltung eines plural und dynamisch verfassten öffentlichen Raums abhängt, ist nur im Lichte der spezifisch »modernen Erfahrungen« zu verstehen, die das »antike Modell« als »Erscheinungsraum der Freiheit« für Arendt überhaupt erst so attraktiv haben werden lassen. Eine Schlüsselrolle spielt hierbei die Erfahrung des Totalitarismus mit seiner Zerstörung der pluralen Öffentlichkeit. Indem er den offenen Austausch der Perspektiven erstickt, geht verloren, was durch diesen Austausch sich erst ergeben und erhalten kann: die relative Stabilität der Welt *und* ihre Dynamik beziehungsweise Veränderlichkeit. Einerseits stellt der Austausch der Perspektiven sicher, dass man sich in einer gemeinsamen Welt bewegt, er bringt also gewissermaßen den Raum in die Zeit; andererseits treibt dieser Austausch auch Unvorhergesehenes hervor und sorgt auf diese Weise dafür, dass die Zeit nicht gänzlich zum Raum erstarrt, dass die Stabilität der gemeinsamen Welt stets der Ereigniszeit des in ihrem Bezugsgewebe Erscheinenden ausgesetzt bleibt.[25] Der Verlust von Welt – sowohl in ihrer räumlichen wie in ihrer zeitlichen Dimension – ist das Ergebnis eines Versuchs, »der Pluralität Herr zu werden« beziehungsweise: »die Öffentlichkeit überhaupt abzuschaffen« (VA 279). Versuche dieser Art, das zeigt die Geschichte der Totalitarismen des 20. Jahrhunderts, deren Zeugin Hannah Arendt geworden ist, führen in die Katastrophe. Arendts politische Philosophie der Pluralität ist daher nicht von ihrer Analyse des Totalitarismus zu trennen.

25 Für diese Charakterisierung vgl. Jürgen Habermas, »Hannah Arendts Begriff der Macht«, in: ders., *Politik, Kunst, Religion. Essays über zeitgenössische Philosophen*, Stuttgart 1978, S. 103-126, hier S. 107f.

3. Im Negativraum des Erscheinens

Elemente und Ursprünge totaler Herrschaft[1] enthält nüchterne Beschreibungen der Umstände, unter denen in der ersten Hälfte des 20. Jahrhunderts massenhaft Personen aus dem öffentlichen Leben der Staaten verdrängt und schließlich liquidiert werden konnten. Im berühmten neunten Kapitel mit dem Titel »Der Niedergang des Nationalstaates und das Ende der Menschenrechte« skizziert Hannah Arendt mit wenigen Strichen, wie in der Zwischenkriegszeit das zentrale Prinzip des Nationalstaats, das Selbstbestimmungsrecht der Völker, zur Unterminierung seiner Rechtsstaatlichkeit führte, wie also der Nationalstaat selbst die Bedingungen seiner Zersetzung hervorbrachte. Am Ende dieses Prozesses stand ein ganz Europa erfassender moralischer Zusammenbruch, für den die Kooperation vieler europäischer Länder mit den Nazis bei der Vernichtung der europäischen Juden der deutlichste Ausdruck ist. Die Diagnose des entsprechenden Niedergangs nimmt ihren Ausgang bei dem Umstand, dass in Nationalstaaten die Staatsbürgerschaft an die nationale Zugehörigkeit gebunden ist. Unter diesen Umständen kann nur die Abstammung den Rechtsschutz der Bürgerinnen und Bürger wirklich garantieren; diejenigen aber, die sich auf dem Gebiet eines Nationalstaats aufhalten und diese Bedingung nicht erfüllen, können allenfalls durch den permanenten – und permanent unter dem Verdacht der In-

1 Hannah Arendt, *Elemente und Ursprünge totaler Herrschaft. Antisemitismus, Imperialismus, totale Herrschaft*, München 2001. Im Folgenden zitiert als EU.

authentizität stehenden – Nachweis ihrer vollständigen Assimilation versuchen, ihre Ursprungsnationalität vergessen zu lassen (vgl. EU 575). Die nationalistische Vorstellung eines homogenen Staatsvolks hat, so Arendt, weitreichende Konsequenzen auch für das Verständnis des Staates, schränkt sie doch drastisch ein, was zuvor als dessen höchste Aufgabe galt, nämlich alle zu schützen, die sein Territorium bewohnen (vgl. EU 488, 575). Die Bedeutung dieser Verschiebung kann gar nicht überschätzt werden, wie Arendt betont. Denn in dieser »Eroberung des Staates durch die Nation« liege die »Gefahr« beschlossen, dass das »immer prekäre Gleichgewicht zwischen Nation und Staat, zwischen Volkswillen und Gesetz, zwischen nationalem Interesse und legalen Institutionen« zugunsten »einer immer chauvinistischer werdenden Nation« verlorengeht (EU 575 f.). Die »innere Zersetzung« des europäischen Nationalstaats beginnt für Arendt mithin paradoxerweise genau in dem Moment, in dem sein zentrales Prinzip, das Recht auf nationale Selbstbestimmung, auf ganz Europa ausgedehnt wurde (vgl. EU 576).[2]

»Das deutlichste Zeichen für die Zerrüttung der Nationalstaaten« (EU 578) ist für Arendt das Phänomen der Staatenlosen (vgl. EU 589). Nach dem Ersten Weltkrieg entzog eine europäische Nation nach der anderen Teilen ihrer Bevölkerung die Staatsbürgerschaft und vertrieb sie aus ihrem Territorium (vgl. ebd.). Unter Bedingungen, unter denen nicht mehr einzelne Individuen, sondern große Gruppen,

2 Für eine eingehende systematische Rekonstruktion der Argumentation des neunten Kapitels aus *Elemente und Ursprünge totaler Herrschaft* entlang der von Arendt diagnostizierten Paradoxien des Nationalstaats vgl. Christian Volk, *Die Ordnung der Freiheit. Recht und Politik im Denken Hannah Arendts*, Baden-Baden 2010, bes. S. 27-66.

ja ganze Volkssplitter auf der Flucht waren, brach nicht nur das am einzelnen politischen Flüchtling orientierte Asylrecht zusammen,[3] auch das ebenfalls auf einzelne Individuen zugeschnittene System der Naturalisierung kam an seine Grenze. Das hatte zur Folge, dass immer mehr Menschen aus der »nationalstaatlichen Lebensform« ausgeschieden und in ein »Niemandsland« verwiesen wurden, »in dem es weder Recht noch Gesetz noch irgendeine Form geregelten menschlichen Zusammenlebens gab« (EU 563).

3 Dabei hatte das Asylrecht seit den »frühesten Anfängen politischer Organisation« als quasi heilig gegolten (EU 584): Die politischen Flüchtlinge, die dem Zugriff eines Staats entkommen waren, wurden unter der Voraussetzung, dass sie etwas getan hatten, das im Asylland nicht außerhalb des Gesetzes lag, unter den Schutz desselben gestellt, so dass kaum je eine Situation eintreten konnte, in der ein Mensch völlig rechtlos werden oder außerhalb aller Gesetze stehen konnte. Das habe sich mit der nationalstaatlichen Einrichtung der modernen Welt jedoch geändert. Das Asylrecht musste jetzt schon daran scheitern, dass die einzelnen Staaten durch sogenannte Gegenseitigkeitsverträge den Schutz ihrer Bürgerinnen und Bürger über die Staatsgrenzen hinweg übernahmen, so dass diese auch »in der Fremde gewissen Gesetzen ihrer Heimat unterstellt« blieben (EU 585). Das Asylrecht geriet dadurch strukturell mit der durch die Gegenseitigkeitsverträge garantierten Souveränität der Staaten in Konflikt, die sich, wie Arendt formuliert, in »keiner Domäne« so klar ausdrückt wie dort, »wo es sich um ›Emigration, Naturalisation, Nationalität und Ausweisung‹ handelt« (ebd.). Die Nichtigkeit des zu einer Sache der Duldung depotenzierten Asylrechts in dieser Situation zeigte sich bezeichnenderweise nicht zuletzt an der Tendenz der Staaten, von dieser Souveränität angesichts der Flüchtlingswellen nach dem Ersten Weltkrieg exzessiv Gebrauch zu machen: »[D]as einzige legale Mittel, durch welches ein Land dem Staatenlosen wieder in eine gesetzlich geordnete menschliche Gemeinschaft helfen konnte, die Naturalisierung, [wurde] nicht nur nicht erleichtert, sondern unter dem Druck erhöhter Nachfrage überall erschwert [...], um schließlich in einer Welle von Massendenaturalisationen zu enden.« (Ebd.)

Für die Nationalstaaten selbst zog der Umstand, dass dieser Ausnahmezustand, auch wenn dies von offizieller Seite verleugnet wurde (vgl. EU 579), zum Normalfall geworden war, eine Zersetzung ihrer Rechtsstaatlichkeit nach sich. Denn dass die Staatenlosen gewissermaßen außerhalb der lediglich innerhalb der Nationalstaaten gültigen Rechtsordnungen standen, also eine »Anomalie« darstellten, »für die das Recht nicht vorgesorgt hatte« (EU 594), hatte auch Konsequenzen für die Regierungen, die mit ihnen umzugehen hatten. Es zwang sie dazu, selbst »die Sphäre des Gesetzes zu verlassen« (EU 592). Da es nicht das jeweilige Rechtssystem war, das sich der Staatenlosen annahm, unterstellte man sie der Polizei und erweiterte damit deren Machtbereich derart, dass es zu einer regelrechten »Umkehrung aller gesetzlich vorgesehenen Verhältnisse und Maßstäbe« kam (EU 597). Nicht nur erlaubte man der Polizei ein von jeder humanen Behandlung absehendes Vorgehen, um »Abschreckungsmaßnahmen zu schaffen«, die Geflüchtete davon abhalten sollten, ins Land zu kommen (EU 591; ebd., Fn. 33), sondern man gestattete – zum ersten Mal in Westeuropa – der Polizei überdies, »selbst die Bestimmungen zu erlassen, nach denen sie sich zu richten gedachte« (EU 597). Wie Christian Volk im Anschluss an Hannah Arendt und Walter Benjamin formuliert, mussten »[d]urch diese ›gespenstische Vermischung‹ von Rechtssetzung und Rechtserhaltung« die »rechtsstaatlichen Institutionen an Ansehen und Autorität« verlieren, denn die wichtigsten, nämlich die nationale Souveränität betreffenden Entscheidungen wurden nun ohne sie getroffen.[4] Tatsächlich bezeichnet »[d]as ›Recht‹ der Polizei«, so Benjamin, »im Grunde den Punkt, an welchem der

4 Volk, *Die Ordnung der Freiheit*, S. 56.

Staat, der seine empirischen Zwecke, die er um jeden Preis zu erreichen wünscht, nicht mehr durch die Rechtsordnung sich garantieren kann«.[5] Indem sie sich aber in solchen Dingen von ebenjener Ordnung, die sie eingesetzt hatte, strukturell emanzipierte, konnte die Macht der Polizei verheerende Züge annehmen.

Dieser Niedergang des Nationalstaats als eines Rechtsstaats bereitete den Boden für das Entstehen jener totalitären Regime, die die Polizei zur höchsten Staatsmacht avancieren ließen (vgl. EU 598). Denn die nichttotalitären Nationalstaaten erzeugten bereits durch ihre Weigerung, die Staatenlosen zu legalisieren, aus sich heraus Räume der Gesetzlosigkeit, in denen es nicht mehr vom Recht abhing, ob hier Gewalttaten begangen wurden oder nicht. Ein solcher Raum ist das Lager. Es ist »die einzige *patria*, die die Welt dem Apatriden anzubieten hat« (EU 594), und zugleich jener Raum, der für Arendt – wie auch immer er im Blick auf die Fälle von Internierungs-, Arbeits-, Konzentrations- oder gar Vernichtungslager näher zu differenzieren sein mochte – die Auslöschung der Staatenlosen als Personen, ihr Verschwinden aus einer menschlichen Welt besiegelt.

»Lebende Leichname« (EU 614) nennt Arendt Wesen, denen das Erscheinen in einer sich im pluralen Miteinander stabilisierenden und dynamisch erhaltenden Welt verwehrt ist; Wesen, deren Namen für niemanden zählen, deren Meinungen kein Gewicht haben und deren Handlungen nicht von Belang für die politischen Gemeinwesen sind, in denen sie sich aufhalten – Wesen, denen Dinge geschehen unabhängig davon, was sie selbst tun oder unterlassen (vgl.

5 Walter Benjamin, »Zur Kritik der Gewalt«, in: ders., *Gesammelte Schriften*, Bd. II: *Aufsätze, Essays, Vorträge*, Teilbd. 1, S. 179-203, hier S. 189.

EU 613), und die ausgelöscht werden können, ohne dass dies für irgendwen Konsequenzen hätte (vgl. EU 624). Die erste der verschiedenen, eng ineinandergreifenden Deprivationsstufen, die Personen Schritt für Schritt in »lebende Leichname« transformieren, ist für Arendt bereits mit dem Verlust der Heimat gegeben. Denn indem diese Menschen die Rechte in ihrer Heimat verlieren, werden sie aus dem »Rahmen der Legalität überhaupt herausgeschleudert« und hören auf, »juristische Person[en] zu sein« (EU 609) – und dies dauerhaft. Während der Begriff des Flüchtlings einen temporären Status bezeichnet, eine »vorübergehende Anomalie« (EU 582), insistiert Arendt mit dem Begriff der Staatenlosen darauf, dass diese Anomalie nach dem Ersten Weltkrieg nicht nur massenhaft auftrat, sondern auch für die Betroffenen auf Dauer gestellt war: »Wen immer die Ereignisse aus der alten Dreieinigkeit von Volk-Territorium-Staat, auf der die Nation geruht hatte, herausgeschlagen hatten, blieb heimat- und staatenlos; wer immer einmal die Rechte, die in der Staatsbürgerschaft garantiert waren, verloren hatte, blieb rechtlos« (EU 560): »Abschaum der Erde.«[6]

Die »Tötung der juristischen Person« (EU 922), die aus Flüchtlingen Staatenlose macht, kann jedoch, wie Arendt hinzufügt, überhaupt nur deshalb erfolgen, weil die modernen Flüchtlinge zur Flucht nicht aufgrund von Taten, sondern einzig und allein aufgrund von Umständen gezwungen waren, die sie nicht kontrollierten – etwa dem, »in die falsche Rasse oder die falsche Klasse« hineingeboren

6 »Once they had left their homeland«, heißt es in der englischen Fassung, »they remained homeless, once they had left their state they became stateless; once they had been deprived of their human rights they were rightless, the scum of the earth.« Hannah Arendt, *The Origins of Totalitarianism*, London 2017, S. 349.

oder »von der falschen Regierung zu den Fahnen geholt« worden zu sein. »Der moderne Flüchtling«, so Arendt, »ist, was ein Flüchtling seinem Wesen nach niemals sein darf: er ist unschuldig [...].« (EU 610) Es gehöre zu den »Aporien der modernen Erfahrung«, dass man die völlig Unschuldigen leichter ihres Status als juristische Personen berauben kann als politische Gegnerinnen oder Verbrecher. Denn durch das Begehen einer Straftat können sich die Staatenlosen, die durch ihre bloße Existenz mit einem Entzug aller Rechte bestraft werden, wieder unter das Gesetz bringen; schließlich muss sich das Gesetz eines Verbrechens annehmen: Als Verbrecherin oder Verbrecher ist der staatenlose Mensch »wieder jemand, mit dem alle Welt rechnen muss« (EU 595).[7] Auf absolute Unschuld hingegen, kommentiert Arendt bitter, stehe in der Moderne die Strafe der absoluten Rechtlosigkeit (vgl. EU 611).[8]

7 Arendt nennt noch eine andere Möglichkeit für die Staatenlosen, »sich auf dem Umwege der Anomalie zu normalisieren«, nämlich Genies zu werden oder zumindest so zu tun, als seien sie welche. Der Ausnahmestatus der Fremden wachse den Staatenlosen dann als Aura des Exotischen zu – was sie zwar nicht vor der Rechtlosigkeit, zumindest jedoch vor dem Schicksal des Namens- und Identitätsverlusts bewahre (vgl. EU 596f.). Das Phänomen der Staatenlosigkeit ähnelt darin, wie Arendt bemerkt, bereits den Verhältnissen, wie sie wenig später in der totalitären Welt herrschten. Denn es waren exakt diese beiden Gruppen – Verbrecher sowie »Artisten und Leute aus der Vergnügungsindustrie« –, die auch in den Konzentrationslagern gegenüber der Masse der namenlos Unschuldigen eine gewisse »Aristokratie« bildeten (EU 597).

8 Durch diese Verkehrung wird, so Christian Volk, die »*Grammatik des Rechtssatzes*« gesprengt, und zwar sowohl auf der Seite der Rechtsbedingung (Delikt) als auch auf der Seite der Rechtsfolge (Strafe). Es handelt sich hier also um ein weiteres Element der inneren Zersetzung der Rechtsstaatlichkeit des Nationalstaats, die im Vorstehenden erläutert wurde. Vgl. Volk, *Die Ordnung der Freiheit*, S. 53.

Zentral für das Unglück einer solchen absoluten Rechtlosigkeit ist für Arendt keineswegs, des Rechts auf Leben, auf Freiheit, auf Streben nach Glück oder auf freie Meinungsäußerung beraubt zu sein – denn hier handele es sich um Einzelrechte, die innerhalb einer politischen Gemeinschaft ein rechtsstaatliches Minimum garantieren sollen (vgl. EU 611 f.). Was für Arendt viel schwerer wiegt, viel weitreichendere Konsequenzen hat, ist der Umstand, dass die Staatenlosen gar keiner politisch verbürgten Gemeinschaft mehr angehören. Denn dass nur Mitgliedern eines politischen Gemeinwesens Rechte zukommen, zeigt sich bezeichnenderweise nicht zuletzt an dem Problem, dass die den partikularen Rechten ähnelnden Zugeständnisse und Zuwendungen, welche die Staatenlosen in nichttotalitären Ländern im Namen der Menschenrechte sogar genießen mögen, an ihrer »fundamentalen Rechtlosigkeit nicht das geringste ändern« (EU 613). Die Erhaltung ihres Lebens, so Arendt, sei von Mildtätigkeit abhängig, und ihre ohnehin eingeschränkte Bewegungsfreiheit ähnele, weil sie sich auf keinem Aufenthaltsrecht gründe, einer verzweifelten »Hasenfreiheit zu Zeiten der Jagd« (ebd.). Noch deutlicher wird das Problem des Ausschlusses der Staatenlosen von der politischen Gemeinschaft, in der sie sich aufhalten, für Arendt jedoch an der Meinungsfreiheit: Für die Staatenlosen verkomme sie zur »Narrenfreiheit« (ebd.). So mögen die Staatenlosen sogar äußern, was sie wollen – es macht keinen Unterschied, weil ihnen der Raum genommen ist, innerhalb dessen das, was sie sagen, von Gewicht wäre.

Dieses Problem findet eine Fortsetzung im Blick auf die den heutigen Menschenrechtsdiskurs bestimmende »humanitäre Vernunft«. Wie Didier Fassin ausgeführt hat, geht deren Hegemonie nicht nur mit einer Verschiebung vom

»Recht des Nehmers« zur »Pflicht des Gebers« einher, sie etabliert auch eine fundamental ungleiche Ordnung. Denn die Geste der Anerkennung des Menschen, so Fassin unter ausdrücklicher Bezugnahme auf Hannah Arendt, richte sich auf das »biologische Leben«, das Hilfe braucht, nicht aber auf das »biographische Leben«, durch das diejenigen, denen geholfen wird, »ihrer eigenen Existenz eine unabhängige Bedeutung geben könnten«.[9] Die humanitäre Vernunft versäumt es, könnte man vor dem Hintergrund des vorangegangenen Kapitels auch sagen, den anderen in seinem »Weltzugang-Sein« anzuerkennen. Zwar wurde, kurz nachdem Arendt ihr Buch in der englischen Fassung fertiggestellt hatte – *The Origins of Totalitarianism* erschien 1951 –, die Genfer Flüchtlingskonvention unterzeichnet. Doch hat diese das Asylrecht nicht wirklich restaurieren können. Das Recht auf Asyl wurde zum Beispiel in der Bundesrepublik Deutschland seit den 1990er Jahren stark eingeschränkt – und zwar nicht nur quantitativ, sondern auch qualitativ. In der Europäischen Union werden die Geflüchteten zunehmend mit dem Image illegaler Einwanderer belegt und den strikten Grenzkontrollen des Schengen-Raums unterstellt. Sie erscheinen damit auch heute wieder als die »Unerwünschten, die man nicht loswerden kann«, für die sich kein Nationalstaat zuständig erklären will und die man deshalb versucht den Nachbarstaaten zuzuschieben.[10]

Auf solche Parallelen zu Arendts Beschreibungen der Situation der Staatenlosen hinzuweisen bedeutet, wie Fassin betont, indes nicht, die historischen Differenzen zu verwi-

9 Vgl. Didier Fassin, *Humanitarian Reason. A Moral History of the Present*, Berkeley u. a. 2012, S. 254.

10 Vgl. ebd., S. 148.

schen. Flüchtlingslager wie etwa dasjenige, das die französische Regierung von 1999 bis 2002 in Sangatte nahe Calais unterhalten hat, seien politisch nicht von den Zielen der Verfolgung und Auslöschung bestimmt, sondern einerseits von einem – allerdings nach wie vor der Einheit von Volk, Territorium und Staat verpflichteten – Denken der »nationalen Sicherheit« und andererseits von einem humanitären Geist. Das Lager hatte zum einen die Funktion, die Insassen weitgehend vom Rest der Gegend und der lokalen Bevölkerung abzuschirmen, und zum anderen die, ihnen Essen und Unterkunft zur Verfügung zu stellen. Das Gesetz habe hier mehr oder weniger so wie in einem Obdachlosenasyl gegolten, also mit einigen Ausnahmen. Zudem sei das Handeln der Polizei hier nicht durch die persönlichen moralischen Einstellungen der einzelnen Polizisten beschränkt worden, sondern durch den gesetzlichen Rahmen ihres Berufs.[11] Trotz solcher wichtiger Differenzierungen hinsichtlich der jewei-

11 Damit wendet sich Fassin auch gegen Giorgio Agambens im Rückgriff auf Arendt und Benjamin entwickelte These, dass das Konzentrationslager als »verborgene Matrix, als *nómos* des politischen Raumes« gedeutet werden muss, »in dem wir heute noch leben« (vgl. Giorgio Agamben, *Homo sacer. Die souveräne Macht und das nackte Leben*, Frankfurt/M. 2002, S. 175), und zwar hinsichtlich des zur Regel gewordenen Ausnahmezustands. Agamben zufolge greift die Logik des Lagers immer dort, »wo ein scheinbar harmloser Ort in Wirklichkeit einen Raum ab[grenzt], in dem die normale Ordnung de facto aufgehoben ist, in dem es nicht vom Recht abhängt, ob mehr oder weniger Grausamkeiten begangen werden, sondern von der Zivilität und dem ethischen Sinn der Polizei, die da vorübergehend als Souverän agiert« (ebd. S. 183 f.). Fassin kritisiert diese These indes nicht extern, sondern faltet sie gewissermaßen intern auf, indem er verschiedene Lager und Wartezonen nach Graden der in ihnen herrschenden Ausnahme vom Gesetz und nach unterschiedlichen politischen Funktionen zu differenzieren vorschlägt (vgl. Fassin, *Humanitarian Reason*, S. 152 f.).

ligen politischen Funktion der Lager und der Frage, wie genau die Ausnahme vom Gesetz jeweils greift, bleibt die zentrale Vergleichbarkeit, dass der entscheidende Bereich, in dem das Gesetz für Flüchtlinge suspendiert ist, auch heute das Recht auf Asyl ist. So informierte man in Sangatte die Geflüchteten mit Bedacht nicht darüber, dass es eine Alternative zur gefährlichen Flucht nach Großbritannien, die die meisten im Begriff waren anzutreten, gab: die Möglichkeit, in Frankreich selbst Asyl zu beantragen. Auch nach Schließung des Lagers, der eine bilaterale Übereinkunft zwischen Frankreich und Großbritannien vorausgegangen war, wurde das, wie der damals für Flüchtlingsfragen zuständige Europaabgeordnete Martin Schulz formulierte, »Problem der ja physisch vorhandenen Flüchtlinge nicht bewältigt«, sondern auf Dritte verschoben, die sich ebenfalls für nicht oder nur sehr bedingt zuständig erklärten.[12]

Die Geschichte von Sangatte ist in dieser Hinsicht exemplarisch für die andauernde Krise des Asylrechts in einer nationalstaatlich organisierten Welt. Die Dauerkrise hat zur Konsequenz, dass Geflüchtete systematisch in die Illegalität getrieben werden, aus Flüchtlingen also illegal Einwandern-

12 Vgl. »Das französische Lager Sangatte. Symbol für die EU-Schwierigkeiten im Umgang mit illegalen Einwanderern«, Bericht vom 30.12. 2002, *Deutschlandfunk*, online unter ⟨https://www.deutschlandfunk.de/das-franzoesische-lager-sangatte.724.de.html?dram:article_id=97552⟩ (Stand: 01.12.2020). Über die verzweifelte Lage der Menschen nach der Schließung von Sangatte, die keine andere Wahl hatten, als öffentliche Räume, leere Gebäude und aus dem Zweiten Weltkrieg stammende Bunker direkt am Strand von Calais zu besetzen, von wo sie von der Polizei immer wieder gewaltsam vertrieben wurden, berichtet Fassin auch in seiner Frankfurter Adorno-Vorlesung: Didier Fassin, *Das Leben. Eine kritische Gebrauchsanweisung*, Berlin 2017, S. 61-66.

de werden – sofern sie überhaupt noch auf europäisches Territorium gelangen. Denn, wie Fassin zusammenfasst, solange Orte wie Sangatte auf europäischem Boden existieren, besteht immerhin noch die Möglichkeit, dass Nichtregierungsorganisationen protestieren oder dass die Bevölkerung Mitleid mit den Unerwünschten hat.[13] Es sei aus der Perspektive der Nationalstaaten daher erstrebenswert, Massenabweisungen und Selektionsmechanismen so gut wie möglich zu verbergen, entweder durch die Einrichtung von Wartezonen oder, noch effizienter, durch die Einrichtung von Lagern außerhalb des europäischen Territoriums. Die entsprechenden Maßnahmen vor den Toren Europas, so Fassin, sind paradoxerweise nicht zuletzt deshalb so strikt, weil die Europäische Union sich dem Prinzip der Rechtsstaatlichkeit verpflichtet hat – und daher nicht daran interessiert ist, dass Menschen in die Position gelangen, die entsprechenden Rechte einzuklagen.[14] Falls es Menschen dennoch gelingt, all diese Hindernisse zu überwinden, wird ihnen mit humanitärer Vernunft begegnet, nicht mit dem Recht auf Asyl. Die humanitäre Anerkennung des Lebensnotwendigen verfehlt indes gerade die Anerkennung der Person – so lautete Fassins von Arendt inspirierte Diagnose.[15] Sie verfehlt den Menschen als sprechendes und handelndes Wesen, als Wesen, dessen Menschsein wesentlich darin besteht, Weltzugang zu sein.

Welche systematische Rolle spielen die genannten und auch in der aktuellen politischen Situation höchst relevanten Zusammenhänge in dem für die Menschenrechtsdis-

13 Fassin, *Humanitarian Reason*, S. 157.
14 Ebd., S. 156.
15 Ebd., S. 254.

kussion so zentralen neunten Kapitel des Totalitarismus-Buchs? Kurz nachdem sie beschrieben hat, wie die Meinungsfreiheit für die Staatenlosen zur Narrenfreiheit verkommt, bezieht sich Arendt auf Aristoteles:

> Der Verlust der Relevanz und damit der Realität des Gesprochenen involviert in gewissem Sinne den Verlust der Sprache, zwar nicht im physischen Sinne, wohl aber in dem Sinne, in dem Aristoteles den Menschen als ein Lebewesen definierte, das sprechen kann; denn hiermit meinte er nicht die physische Kapazität, die auch Barbaren und Sklaven zukam, sondern die Fähigkeit, im Zusammenleben durch Sprechen, und nicht durch Gewalt, die Angelegenheiten des menschlichen und vor allem des öffentlichen Lebens zu regeln. (EU 615)

»Mundtot« gemacht »in des Wortes eigentlicher Bedeutung« (ebd.) seien hingegen jene, die zu einem resonanz- und konsequenzlosen Sprechen verdammt sind und die deshalb auch verfolgt werden können unabhängig davon, was sie tatsächlich gesagt oder getan haben. Mit dem totalen Verlust an Relevanz, dem Verlust der Sprache im genannten, aristotelischen Sinne verbindet sich, so Arendt weiter, der »Verlust der öffentlich gesicherten Gemeinschaft überhaupt, der Fähigkeit zum Politischen, die wie immer man sie deutete, seit Aristoteles ebenfalls als ein Kennzeichen des Menschseins überhaupt galten« (ebd.). Sofern der Mensch zur Entfaltung seiner spezifisch menschlichen Potenziale eine politische Gemeinschaft – und das heißt auch: eine Öffentlichkeit – benötigt, in der ihm und seinem Tun Relevanz zukommt, ist das Recht auf Mitgliedschaft in einer solchen Gemeinschaft für Arendt tatsächlich das entscheidende – und einzige – Menschenrecht. Auf nichts anderes zielt Arendts berühmte Formulierung: »Das Recht, Rechte zu haben [ist] gleichbedeutend damit, in einem Beziehungssystem zu leben, in dem man aufgrund von Handlungen und Meinungen beurteilt wird.« (EU 614)

So überraschend der Rückgriff auf die Aristotelische Anthropologie in diesem Kontext zunächst erscheinen mag: Es ist völlig klar, dass diese ihre Überzeugungskraft für Arendt hier nicht daraus bezieht, dass es sich um eine kanonisierte Position der philosophischen Tradition handelt, sondern aus der sehr modernen Erfahrung ihrer Missachtung. In der Tat geht es hier argumentativ um »viel Grundlegenderes als die in der Staatsbürgerschaft gesicherte Freiheit und Gleichheit vor dem Gesetz« (EU 613), nämlich um eine den Anspruch auf subjektive Rechte allererst begründende Bestimmung der Menschenwürde.[16] Und die besagt in Anlehnung an Aristoteles, dass es dem Menschen nur als anerkanntem Mitglied eines politischen Gemeinwesens möglich ist, sein genuin menschliches Potenzial, seine Freiheit zu verwirklichen. In der Moderne, so Arendt, zeige sich eine solche Anerkennung insbesondere an der Zuerkennung von Rechten, die einen Menschen als gleiches, nämlich mit gleichen Rechten ausgestattetes und darum volles Mitglied eines politischen Gemeinwesens konstituieren.

Dieser Gedanke scheint zunächst unmittelbar einleuchtend zu sein, weil sich an den Staatenlosen demonstriert, was passiert, wenn Menschen eine solche Mitgliedschaft versagt wird. Wie Arendt mit der ihr eigenen Unerbittlichkeit zeigt, wurde das Versprechen der Menschenrechte, den Menschen in seiner von jeder Gemeinschaft unabhängig

16 Vgl. Christoph Menke, »›Aporien der Menschenrechte‹ und das ›einzige Menschenrecht‹. Zur Einheit von Hannah Arendts Argumentation«, in: Eva Geulen, Kai Kauffmann, Georg Mein (Hg.), *Hannah Arendt und Giorgio Agamben. Parallelen, Perspektiven, Kontroversen*, München 2008, S. 131-147, hier bes. 143-147.

zu denkenden Würde zu schützen, mit Blick auf die stetig steigende Zahl der Staatenlosen nicht nur nicht eingelöst, sondern geradezu ad absurdum geführt. Weit entfernt davon, in ihrer Menschenwürde geschützt zu werden, wurden die Staatenlosen auf eine »abstrakte Nacktheit« reduziert, »vor der die Welt keinerlei Ehrfurcht« zu empfinden sich veranlasst sah (EU 619 f.). Dass »die Menschenwürde [...] offenbar durch das bloße Auch-ein-Mensch-Sein nicht zu realisieren [war]« (EU 620), hat Arendt zufolge jedoch nur die Wahrheit über die aus den Revolutionen des 18. Jahrhunderts hervorgegangene Idee der Menschenrechte ans Licht gebracht. Aufgrund ihrer »Verquickung« (EU 605) mit der Idee einer sich im Nationalstaat verwirklichenden Volkssouveränität haben sich die Menschenrechte nicht zufällig als alles andere denn als universal gültig erwiesen; wie an den Staatenlosen zu beobachten war, stellten sich die von der amerikanischen Unabhängigkeitserklärung (1776) und der Erklärung der Menschenrechte durch die französische Nationalversammlung (1789) als »unabdingbar« und »unveräußerlich«, »natürlich« und »angeboren« proklamierten Menschenrechte just in dem Moment als nichtig heraus, in dem die Menschen ihren Schutz am nötigsten gehabt hätten, nämlich als sie ihren »Standort in der Welt« und mit ihm alle Rechte verloren. Bar jeden Schutzes durch ein politisches Gemeinwesen – also auf ebenjenes Menschenrecht angewiesen, das ihnen angeblich jenseits aller sozialen Bindungen zukommen soll –, demonstrierte sich an den Staatenlosen vielmehr ein ganz anderer als über die Würde bestimmter Begriff des Menschen:

> [W]iewohl der Rechtlose nichts ist als ein Mensch, ist er doch dies gerade nicht durch die gegenseitig sich garantierende Gleichheit der Rechte, sondern in seiner absolut einzigartigen, unveränderlichen

> und stummen Individualität, der der Weg in die gemeinsame und darum verständliche Welt dadurch abgeschnitten ist, daß man ihn aller Mittel beraubt hat, seine Individualität in das Gemeinsame zu übersetzen und in ihm auszudrücken. Er ist gleichzeitig der Mensch und das Individuum überhaupt, das allerallgemeinste und das allerspeziellste, da beides gleichermaßen abstrakt ist, weil es gleichermaßen weltlos bleibt. (EU 623 f.)

Isoliert von einer Welt, in der sie sich ausdrücken, in der sie erscheinen und sich im Spiegel anderer als einzigartiger Weltzugang erfahren können, werden die Einzelnen auf ihre mit nichts vermittelte biologische Verschiedenheit zurückgestoßen, die als solche ebenso allgemein wie bedeutungslos, das heißt stumm ist. Indem Arendt die Menschenwürde an die Mitgliedschaft in einer politischen Gemeinschaft bindet, widerspricht sie der Idee der Menschenwürde als biologischer Mitgift. Menschenwürde ist für Arendt vielmehr etwas, das erst im pluralen Miteinander von politisch Gleichgestellten zur vollen Entfaltung kommen kann. Menschenwürde, mit anderen Worten, ist nichts, was der Mensch qua Menschsein besitzt, sondern ein Potenzial, das jedem Menschen qua Geburt zukommt, das aber zu seiner vollen Entfaltung bestimmter, insbesondere rechtlicher Bedingungen bedarf. Würde zu besitzen ist in dieser Vorstellung »nicht die Voraussetzung, sondern das *Worumwillen*« des rechtlichen Anspruchs.[17] Dieser Zusammenhang demons-

17 Die Idee der Menschenwürde als »Sinnbedingung« des Anspruchs auf rechtlichen Schutz wird von Christoph Menke und Arnd Pollmann als plausibelste Interpretation des für den Menschenrechtsdiskurs nach dem Zweiten Weltkrieg bestimmend gewordenen Verhältnisses von Menschenwürde und Menschenrechten ausgemacht: Christoph Menke, Arnd Pollmann, *Philosophie der Menschenrechte zur Einführung*, Hamburg 2007, S. 129-166, bes. S. 147 und S. 164.

triert sich für Arendt vor allem am Negativbeispiel, also dort, wo die Voraussetzungen zur Entfaltung eines würdevollen Lebens nicht vorhanden oder entzogen scheinen.

Dabei identifiziert Arendt den Verlust des rechtlichen Schutzes durch eine politische Gemeinschaft allerdings mit dem Verlust der menschlichen Welt überhaupt. Die komplette Rechtlosigkeit, so Arendt, trenne den Einzelnen »sicherer als alle unmittelbare Gewalt von der Welt der Lebenden« (EU 612); sie sei das moderne Anzeichen des Verlusts eines Ortes in der Welt überhaupt: »[J]eder, der aus einer [...] geschlossenen politischen Gemeinschaft[...] ausgeschlossen wurde, [fand] sich aus der gesamten Familie der Nationen und damit aus der Menschheit selbst ausgeschlossen [...]« (EU 608). Dieser radikale Schluss von Rechtlosigkeit auf kompletten Welt- und damit: Würdeverlust – ein Schluss, der sich jeglicher Skalierung zu entziehen scheint – muss sich Arendt aus einer Untersuchungsperspektive nahelegen, in der die Gaskammern als »höchste Realisation« der »Zerstörung der juristischen Person« erscheinen,[18] aus einer Perspektive also, die sich auf die ineinandergreifenden Mechanismen totalitärer Entrechtungs- und Vernichtungspolitik konzentriert.

Zwar liegt es nach Arendt bereits in der Logik der Nationalstaaten, Überflüssige zu produzieren. Erst der Totalitarismus aber habe »vorgemacht«, was es heißt, »Menschen wirklich als Überflüssige zu behandeln und zu handhaben« (EU 942). Die Konzentrationslager haben »demonstriert«,

18 Vgl. Hannah Arendt, »Konzentrationsläger«, in: *Die Wandlung. Eine Monatsschrift* 4 (1948), S. 309-330, hier S. 320. Im Folgenden zitiert als K. Der Text ist in weiten Teilen in den Abschnitt über die Konzentrationslager in *Elemente und Ursprünge totaler Herrschaft* eingegangen (vgl. EU 907-943).

so Arendt, »wie man mit dem Problem von Millionen überflüssiger Menschen am schnellsten fertig werden kann« (K 330). Dabei dienten die Konzentrationslager Arendt zufolge jedoch keineswegs ausschließlich der Ausrottung von Menschen. Vielmehr dienten sie dem totalitären »Experiment«, »Spontaneität als menschliche Verhaltensweise abzuschaffen und Menschen in ein Ding zu verwandeln, das unter gleichen Bedingungen sich immer gleich verhalten wird [...]« (EU 908). Ebendarin bringen die Konzentrationslager die bereits in der nationalstaatlichen Fabrikation menschlichen Überflusses angelegte Produktion lebender Leichname zu ihrem schrecklichen Ende. Denn sie zielen auf eine »Transformation der menschlichen Natur« (EU 940), die vom Menschen nichts mehr übrig lassen soll denn ein bloßes »Reaktionsbündel« (EU 913). Zwei weitere Stufen der Deprivation sind für die Vollendung dieser Transformation nötig. Auf die »Tötung der juristischen Person« (EU 922), die bereits für alle Staatenlosen gilt, folgt in den Konzentrationslagern die »Ermordung der moralischen Person« (EU 929). Unter dieser Überschrift verweist Arendt unter anderem auf die Perfidie, dass die Häftlinge der Konzentrationslager in die dort geschehenden Verbrechen verwickelt, also Lebensbedingungen unterstellt wurden, unter denen »das Gute unter keinen Umständen mehr getan« werden konnte (EU 930). Als letzte Stufe der »Präparierung lebender Leichname« in den Konzentrationslagern aber gilt Arendt die »Tötung der Individualität, der Einmaligkeit der menschlichen Person« (EU 934). Von den Mitteln zu diesem Zweck nennt sie nur knapp: die »ungeheuerlichen Verhältnisse« bei den Transporten in die Lager, den »wohlorganisierten Schock« bei der Einlieferung, das »Kahlscheren des Schädels«, die »groteske Einkleidung« sowie schließlich all die »völlig unvorstellbaren, genau berechneten Torturen, denen der menschliche Körper keineswegs und sicher nicht zu schnell zu erliegen braucht« (EU 931). Das Ergebnis all dieser Prozeduren sei die Verwandlung je einzigartiger Menschen in bloße »Exemplare der menschlichen Tierart« (EU 934), wenn nicht in etwas noch Schlimmeres, sofern nichtmenschliche Tiere sich noch durch eine gewisse Spontaneität auszeichnen (vgl. EU 908). In dem Moment nämlich, in dem die Einzigartigkeit des Einzelnen, sein Weltzugang-Sein, ausgelöscht werde, erlösche auch die Quelle neuer, unvorhergesehener Anfänge – und mithin alles, was Arendts Überzeugung zufolge im menschlichen *Tier* das Potenzial birgt, sich als *menschliches* Tier zu verwirklichen. Im Konzentrationslager werde den Menschen also systematisch all das genommen, was sie nach Arendt allererst zu Menschen machen kann: ihre auf einen Raum kommunikativ vermittelter Intersubjektivität angewiesene Einzigartigkeit und deren prinzipielle Offenheit für Veränderung und Neues. Am Ende werde man in ihnen »jene unheimlichen, weil mit wirklichen, menschlichen Gesichtern ausgestatteten Marionetten« (ebd.) antreffen, »lebende Leichname« eben, die zerstört sind, bevor sie – widerstandslos – dem Tod entgegengehen.[19]

Das Konzentrationslager erscheint in dieser Beschrei-

19 So zitiert Arendt David Rousset: »Der Triumph der SS verlangt, daß das gemarterte Opfer sich am Strick führen läßt, ohne zu widersprechen, daß es sich aufgibt, sich fahren läßt bis zu dem Grade, wo es aufhört, sich selbst zu bejahen. Und das nicht umsonst. Nicht grundlos, nicht aus bloßem Sadismus will die SS diese Niederlage. Sie weiß, daß dasjenige System das beste ist, dem es gelingt, das Opfer zu zerstören, bevor es aufs Schafott steigt.« (Vgl. K 327; im franz. Orig. zitiert in EU 935, Fn. 141)

bung als das genaue Gegenteil des antiken Erscheinungsraums, als dessen Negativraum. Dies gilt auch noch für den von Arendt betonten Umstand, dass das Konzentrationslager sich ebenso wenig wie der Erscheinungsraum aus einer utilitaristischen Logik erklären lässt, dass es sich der Zweck-Mittel-Relation entzieht (vgl. EU 910-912, 917f.). Tatsächlich ist diese vollständige Inversion des Erscheinens für Arendt das entscheidende Element der von den Nazis betriebenen Konzentrationslager. Jedoch haben alle Lager nach Arendt eines gemeinsam – und zwar von den »verhältnismäßig milden Formen des vernachlässigenden Aus-dem-Wege-Räumens«, die bis heute auch und gerade in nichttotalitären Staaten Lager für »lästig und überflüssig gewordene Menschen« den Krieg haben überdauern lassen, über »die Arbeitslager der Sowjetunion, in denen sich Vernachlässigung mit chaotischem Arbeitszwang vereint«, bis eben hin zu der »Hölle« des »nur von den Nazis bis zur Vollendung ausgebildeten Typus« (EU 918f.): Sie alle zeichnen sich nämlich dadurch aus,

> daß die in sie verschlagenen Menschen so behandelt werden, als ob das, was mit ihnen geschehe, nicht mehr und für niemanden zähle, als seien sie bereits gestorben und als amüsiere sich nun, bevor sie zur ewigen Ruhe zugelassen werden, noch irgendein verrückt gewordener böser Geist damit, sie zwischen Leben und Tod eben ein wenig aufzuhalten. Es ist nicht so sehr der Stacheldraht wie die fabrizierte und kunstvoll hergestellte Unwirklichkeit derer, die von den Zäunen der Läger eingefaßt werden, die zu so ungeheuerlichen Grausamkeiten provoziert und die Vernichtung schließlich als eine durchaus normale Maßnahme erscheinen läßt. (EU 919)

Die kunstvoll hergestellte Unwirklichkeit der Lagerinsassen ist allerdings eine Unwirklichkeit nur in den Augen derjenigen auf der anderen Seite des Zaunes. Dies festzuhalten ist keineswegs trivial. Denn es impliziert die Möglichkeit, dass sich die von einer gegebenen Ordnung Ausgeschlossenen untereinander eine wie auch immer improvisierte, wie auch immer prekäre Welt und damit eine, wenn auch deutlich eingeschränkte Würde in Arendts Sinne erhalten können. Davon zeugt, wie dies etwa Didier Fassin beschreibt, die Lebensform der heutigen Überflüssigen oder »Zwangsnomaden« in noch den trostlosesten Lagern, zeugen die dort errichteten Dingwelten, die Rudimente weltlicher Teilhabe, der Umgang der Geflüchteten miteinander sowie das Bedürfnis, mit anderen die eigene Lebensgeschichte zu teilen: »Sogar unter verheerenden Umständen, unter denen sie leben, finden die Flüchtlinge Lösungen für die Probleme, mit denen sie konfrontiert sind, sie handeln Arrangements mit ortsansässigen Akteuren aus, entwickeln Solidaritätsgefühle, malen sich die Zukunft aus – und versuchen, eine Form von normalem Leben wiederherzustellen.«[20] Der Hinweis auf die wie auch immer eingeschränkte und prekäre, aber doch existierende Welt innerhalb des Zauns muss indes auch noch die von Arendt beschriebene Realität der Konzentrationslager treffen, wie Iris Därmann argumentiert. Dass weder die Entrechtung noch sogar die weiteren Deprivationsstufen der nationalsozialistischen Vernichtungspolitik zwangsläufig in die absolute Entmenschlichung führten, beweisen die verschiedenen Häftlingsaufstände sowie die mit erheblicher historischer Verspätung ins öffentliche Bewusstsein gelangten Zeugnisse diverser – aktiver wie passiver – Widerstandsformen in den Konzentrationslagern.[21] Die Kraft

20 Fassin, *Das Leben*, S. 75.

21 Vgl. Iris Därmann, *Undienlichkeit. Gewaltgeschichte und politische Philosophie*, Berlin 2020, bes. S. 297-304.

von Arendts These, wonach der politische Anspruch auf rechtliche Anerkennung eine moderne Bedingung der Möglichkeit sei, das menschliche Würdepotenzial voll zu verwirklichen, bleibt davon allerdings unberührt, ja, im Gegenteil tritt nun umso deutlicher hervor, dass es gerade vor dem Hintergrund ihres Begriffs der Menschenwürde als eines nur in einer öffentlich verbürgten Gemeinschaft voll zu entfaltenden menschlichen Potenzials darum gehen muss, eine Verletzlichkeit von Leben zu denken, das sich selbst in Extremsituationen »nicht auf das bloße Leben reduzieren«[22] lässt.

Dies erfordert indes eine kritische Auseinandersetzung mit den Perspektiven, aus denen menschliches Leben wahrgenommen und bewertet wird. Spätestens an diesem Punkt erweist sich die von Arendt zuweilen nahegelegte Logik des Entweder-oder, nach der all diejenigen ohne legitime Mitgliedschaft in einer bestehenden politischen Ordnung mit einer gewissen Zwangsläufigkeit aus der Gemeinschaft der Menschheit herausfallen müssen, als Problem.[23] Denn eine solche kaum noch Abstufungen zulassende These über den Zusammenhang von Menschenwürde und rechtlicher Anerkennung lässt die politische Frage nach der Art des Gemeinwesens, in dem das Recht auf Mitgliedschaft eingeklagt werden soll, ebenso unbestimmt wie die nach der Form ihrer Mitgliedschaft.[24] Darüber hinaus wiederholt

22 Fassin, *Das Leben*, S. 74.

23 Eine Kritik sowohl an Hannah Arendt als auch an Giorgio Agamben bezogen auf diesen Punkt formuliert Judith Butler in *Anmerkungen zu einer performativen Theorie der Versammlung*, Berlin 2018, S. 107-109.

24 Zur Kritik an Arendt in diesem Punkt vgl. Hauke Brunkhorst, *Hannah Arendt*, München 1999, S. 101.

sie die Gewalt, die sie beschreiben will, auf der Ebene der Begriffe. In Arendts dichotomer Logik gibt es nur entweder Sichtbarkeit und Freiheit oder Dunkelheit und Unfreiheit, entweder Welt oder Weltlosigkeit, entweder Mensch oder Tier.

4. Politische Optik

Elemente und Ursprünge totaler Herrschaft ist nicht das einzige Buch, in dem Arendt das Problem des Ausschlusses als eines von Unsichtbarkeit und Unwirklichkeit adressiert. In *Über die Revolution* wird Unsichtbarkeit, ein Leben in Dunkelheit, als eine besonders weitreichende Form von Unfreiheit identifiziert. Es ist bezeichnend, dass über Arendts ansonsten sehr positives Bild der Amerikanischen Revolution gerade in diesem Kontext ein gewaltiger Schatten fällt. Der relative Erfolg der Amerikanischen gegenüber der Französischen Revolution beruht für Arendt darauf, dass diese sich an einem positiven, durch Teilhabe an öffentlichen Belangen bestimmten Begriff politischer Freiheit orientiert habe, während die Französische ganz unter dem Eindruck der Not der Elenden gestanden und über deren Bekämpfung einen solchen positiven Begriff politischer Freiheit verloren habe. In den USA hingegen habe der Prozess des »constitution making« unter den Gründervätern bereits ein Moment einer durch die Teilhabe an öffentlichen Belangen bestimmten Freiheit realisiert und die Aufgabe ihrer weiteren Institutionalisierung vorbereitet. Im Ergebnis seien »die revolutionären Vorstellungen von *öffentlichem* Glück und *politischer* Freiheit ein unabdingbarer Teil der Struktur des republikanischen Gemeinwesens geworden und geblieben, und als solche [...] aus dem Bewusstsein amerikanischer Politik niemals ganz verschwunden« (R 178). Diesen Erfolg rechnet Arendt jedoch keineswegs nur der Umsicht der Gründerväter oder der Tradition der Selbstregierung zu, auf die diese sich stützen konnten. Entscheidend sei vielmehr, dass Amerika, anders als Europa, nicht derart »unter dem Fluch der Armut« (R 85) gestanden habe; hier seien die »arbeitenden Klassen« zwar »arm, aber nicht verelendet« (R 86) gewesen. Ihre Not habe die Revolution entsprechend auch nicht so unter Druck gesetzt wie in Europa, so dass sich die Gründerväter der Vereinigten Staaten auf den Prozess des Entwurfs, der Diskussion und schließlich der Verabschiedung der Verfassung konzentrieren konnten. Die Wahrnehmung Amerikas als »a good poor Man's country«, wie Arendt William Penn zitiert (vgl. R 89), habe nicht nur die Konzentration auf die Institutionalisierung eines positiven, auf Teilhabe an öffentlichen Angelegenheiten ausgerichteten Begriffs der politischen Freiheit begünstigt, sie habe auch den Sinn für eine Dimension der Unfreiheit befördert, die dieser Idee von Freiheit komplementär ist. Im Blick auf die arme, aber nicht verelendete weiße Arbeiterklasse sei den Gründervätern das Problem augenfällig geworden, dass diese aufgrund des »durch die Notwendigkeit erzwungenen ständigen Arbeitens« weitgehend von »einer aktiven Anteilnahme an den öffentlichen Geschäften des Landes« ausgeschlossen war (R 86): »Selbst wenn die Not des Elends gestillt ist«, so fasst Arendt die von John Adams ausdrücklich formulierte Einsicht zusammen, »bleibt es das Unglück der Armut, daß das Leben keine Folgen in der Welt hat, keine Spur hinterläßt, daß es von dem Licht der Öffentlichkeit ausgeschlossen ist, in dem allein das Ausgezeichnete und Außerordentliche aufleuchten kann« (ebd.). Tatsächlich bestehe, referiert Arendt Adams, in einer solchen Unsichtbarkeit »die eigentlich politische Not und das eigentlich politische Problem der Armut« (R 87).

Jedoch vermutet Arendt, dass diese Einsicht »nur denen zugänglich [ist], die selber zu den Privilegierten gehören«

(R 87). Nimmt man diese Vermutung ernst, so drängt sich sogleich die Frage auf, ob die Wahrnehmung der Dunkelheit als eines undurchdringlichen Nichts, um im Bild zu bleiben, nicht vor allem dem Eindruck jener Augen zuzuschreiben ist, die an helles Licht gewöhnt sind. »Die im Dunkeln sieht man nicht«, zitiert Arendt aus Bertolt Brechts *Dreigroschenoper* (R 86). Aber dieses »Man« ist keineswegs neutral. Denn die an sich richtige Diagnose, dass das Problem des Ausschlusses von der Teilhabe an den öffentlichen Angelegenheiten als eine nicht zu vernachlässigende Form der Unfreiheit verstanden werden muss, wird hier auf eine Weise gestellt – als die Diagnose nämlich, dass dies einem Leben in absoluter Bedeutungslosigkeit gleichkomme –, die vermutlich mindestens ebenso viel über die privilegierte Position jener aussagt, die an der Erzeugung kultureller Bedeutsamkeit mitwirken dürfen und über die Verteilung von Wert bestimmen, wie über die von diesem Privileg Ausgeschlossenen. Der Schluss von dem, was für eine Öffentlichkeit unsichtbar bleibt, weil es von ihr ausgeschlossen ist, auf die Weltlosigkeit dessen, was sich in ihr, also innerhalb der von ihr etablierten Welt nicht zeigt, ist keineswegs unschuldig. Die Wahrnehmung der Armut als einer radikalen Weltarmut, wie sie auch Arendts eigene Charakterisierung des »Animal laborans« (des Arbeitstiers) in *Vita activa* bestimmt,[1] auf die Frage der Perspektive zu beziehen, aus der sie sich nahelegt, heißt, ihrer Objektivität zu misstrauen. Tatsächlich ist bereits die Unterstellung, dass es der Per-

1 Das »Animal laborans«, schreibt sie dort (VA 191), sei von einer Weltlosigkeit, die es unfähig mache, »einen öffentlich-weltlichen Bezirk zu errichten und ihn zu bewohnen«; aus demselben Grund komme sein »gesellschaftliches Zusammenleben [...] niemals über Stammesorganisation« hinaus.

spektive der Herrschenden bedarf, um die Unfreiheit politischer Unsichtbarkeit zu Bewusstsein zu bringen, fragwürdig.[2]

In *Die Nacht der Proletarier* hat Jacques Rancière sich beispielsweise mit der revolutionären Praxis französischer Arbeiter beschäftigt, denen um 1830 herum weniger »das Elend, die niedrigen Löhne, die komfortlosen Unterkünfte oder [der] stets drohende Hunger« unerträglich geworden waren als der »Schmerz« der »gestohlenen Zeit« und der »demütigende[n] Absurdität, jeden Tag um [...] Arbeit zu betteln, in der sich das Leben verliert«.[3] Die Praxis der Arbeiter bestand darin, die herrschende Sozialordnung und deren Strukturierung der Zeit zu untergraben – und zwar durch die Aneignung der Nacht für Tätigkeiten, die für die im Kreislauf von Arbeit und Erholung eingespannten Arbeiter nicht vorgesehen waren: die des Denkens, Schreibens, Publizierens. Unterhalb der großen Narrative, die sich die Berufsintellektuellen zur gleichen Zeit vom arbeitenden Volk machten, zeugen die Geschichten jener Arbeiter, so Rancière, von einer zugleich »diskrete[n] wie radikale[n] Revolution«, durch die sie sich als »vollwertige Bewohner einer gemeinsamen Welt bewiesen«.[4] In diesem Beweis liegt

2 Anders als Kimberley Curtis, die Arendt für den Hinweis auf die Konsequenzen der politischen Unsichtbarkeit für die von ihr Betroffenen lobt – das Verständnis für die eigene Situation gehe den von der Sichtbarkeit Ausgeschlossenen ebenso verlustig wie ein Sinn für die Wirklichkeit im Ganzen –, gehe ich davon aus, dass in dieser Annahme selbst eine gewisse Immunisierung gegen die Wirklichkeit (der Ausgeschlossenen) steckt. Vgl. Kimberley Curtis, *Our Sense of the Real. Aesthetic Experience and Arendtian Politics*, Ithaca, London 1999, S. 69.

3 Jacques Rancière, *Die Nacht der Proletarier. Archive des Arbeitertraums*, Wien, Berlin 2013, S. 7.

4 Ebd., S. 16.

aber zugleich der weitere, dass die offenbar auch von Arendt geteilte Annahme, nach der die Arbeiter »unterdrückt waren, weil sie nicht verstanden, und nicht verstanden, weil sie unterdrückt waren«,[5] nicht nur falsch ist, sondern ihrerseits Teil der Logik der Herrschaft.

Vor dem Hintergrund der Möglichkeit, eine Geschichte des Klassenbewusstseins von unten zu schreiben,[6] erscheint Adams' Diagnose von der Unsichtbarkeit als politisches Problem der Armut als mindestens ambivalent. Gerade weil der Zusammenhang von Erscheinen und Unsichtbarkeit, von Freiheit und Unfreiheit in der Tat von eminent politischer Bedeutung ist, erfordert er die Auseinandersetzung mit den unterschiedlichen Perspektiven, aus denen er sich darstellt. Arendt selbst gibt einen Hinweis auf den Umstand, dass die Unsichtbarkeit der vom öffentlichen Erscheinungsraum Ausgeschlossenen nicht zuletzt der Effekt einer sozialen Blindheit der Privilegierten ist, wenn sie auf eine Form der politischen Unsichtbarkeit aufmerksam macht, die in Amerika so tief institutionalisiert war, dass sie gar nicht als ein Problem ins öffentliche Bewusstsein drang, das für die Revolution eine Rolle hätte spielen können. So ging John Adams' Erschütterung über die politische Unsichtbarkeit der Armen mit einer bemerkenswerten Gleichgültigkeit gegenüber dem Schicksal der Sklaven einher, auf deren Arbeit und deren Elend der relative Wohlstand der weißen Bevölkerung beruhte (vgl. R 89 f.). Vor dem Hintergrund dieser für die Gründerväter charakteristischen Verdrängung, so Arendt, erweist sich das Bild Amerikas als eines vom

5 Ebd., S. 15.

6 In diesem Zusammenhang ist natürlich auch an Edward P. Thompsons historisch früher ansetzende Studie *Die Entstehung der englischen Arbeiterklasse* zu denken (Frankfurt/M. 1987).

Elend weitgehend verschonten und von einer, wie Thomas Jefferson meinte, »lovely equality« gekennzeichneten Landes als »Trugbild« (R 89).

Tatsächlich fiel das »furchtbare und furchtbar erniedrigende Elend der schwarzen Sklaven« (ebd.) Arendt zufolge so aus der Wahrnehmung der politischen Akteure der Amerikanischen Revolution heraus, dass es nicht einmal als »Teil der sozialen Frage« (R 90), geschweige denn als politisches Problem virulent wurde. Daraus könne man »nur schließen, daß die Finsternis, in der Sklaven leben, noch um einige Grade schwärzer ist als die Finsternis der Armut und des Elends. Nicht der arme Mann, wie Adams meinte, sondern der schwarze Sklave war schlechterdings ›unsichtbar‹, wurde immer und von allen übersehen« (ebd.). Unsichtbarkeit ist hier freilich nicht im buchstäblichen Sinne verstanden, vielmehr setzt sie »notwendigerweise Sichtbarkeit im eigentlichen Sinn des Wortes voraus«.[7] Deshalb ist es auch kein Widerspruch, dass Schwarzsein häufig, wie an anderer Stelle auch von Arendt selbst, mit einer erhöhten »Sichtbarkeit« assoziiert wird.[8] Denn innerhalb eines durch weiße Vorherrschaft geprägten Erscheinungsraums wird *blackness* auffällig, und zwar allein als Marker des Ausgeschlossenseins aus ebendiesem Erscheinungsraum.[9] Auch der Schwarze Sklave wird also gesehen, aber in dem von

7 Vgl. Axel Honneth, »Unsichtbarkeit. Über die moralische Epistemologie von ›Anerkennung‹«, in: ders., *Unsichtbarkeit. Stationen einer Theorie der Intersubjektivität*, Frankfurt/M. 2003, S. 10-27, hier S. 14.

8 Hannah Arendt, »Little Rock. ›Ketzerische Ansichten über die N****frage und equality‹«, in: dies., *In der Gegenwart*, S. 258-279, hier S. 261. Im Folgenden zitiert als LR.

9 Racked & Dispatched, »Introduction«, in: dies. (Hg.), *Afro-Pessimism. An Introduction*, Minneapolis 2017, S. 7-14, hier S. 9.

Weißen geschaffenen Erscheinungsraum zählt er nichts, ist dort in den Augen der Herrschenden allenfalls vorhanden wie ein Ding, dem man keine, jedenfalls keine öffentliche Aufmerksamkeit schenken muss, das man übersehen, an dem man vorbei- oder durch das man hindurchsehen kann. Der antischwarze Rassismus auch noch des 20. und des 21. Jahrhunderts ist maßgeblich durch diesen Zug geprägt. Aufseiten der von dieser Form der Unsichtbarkeit Betroffenen steht die Erfahrung einer »gespenstischen« Unwirklichkeit der eigenen Existenz;[10] ihnen ist hier nichts weniger entzogen als die Möglichkeit, um es mit Arendt zu formulieren, sich im Spiegel der sozialen Welt als wirklich zu erfahren (vgl. VA 264). Seine Wurzel habe dieser Zusammenhang in der Institution der Sklaverei, die umgekehrt auch erkläre, so Arendt, warum das Elend der Sklaven gar nicht ins Bewusstsein der weißen Gründerväter vordrang. Die Amerikanische Revolution habe

> aufgrund der Institution der Sklaverei und wegen der Überzeugung, Sklaven würden einer anderen »Rasse« angehören, die Existenz der Elenden [übersehen] […]. *Les malheureux*, die Unglücklichen, die im Verlauf der Französischen Revolution eine so gewaltige Rolle spielten und von ihr mit *le peuple* gleichgesetzt wurden, existierten in Amerika entweder nicht oder blieben völlig im Verborgenen.[11]

10 Von dieser Erfahrung berichtet Ralph Ellisons Roman *Invisible Man*. »Ich bin ein Unsichtbarer«, beginnt er. »Nein, keine jener Spukgestalten, die Edgar Allan Poe heimsuchten, auch keins jener Kino-Ektoplasmen, wie sie in Hollywood hergestellt werden. Ich bin ein wirklicher Mensch, aus Fleisch und Knochen, aus Nerven und Flüssigkeit – und man könnte vielleicht sogar sagen, daß ich Verstand habe. Aber trotzdem bin ich unsichtbar – weil man mich einfach nicht sehen will. […] Man fragt sich, ob man für andere Menschen nicht einfach ein Gespenst ist.« Ralph Ellison, *Unsichtbar*, Herbstein 1984, S. 9.

11 Arendt, *Die Freiheit, frei zu sein*, S. 25.

Wenn Arendt die auf die Institution der Sklaverei und den antischwarzen Rassismus zurückgehende »völlige Verborgenheit« Schwarzen Elends von der Szene der Amerikanischen Revolution als eine besonders radikale Form politischer Unsichtbarkeit charakterisiert – »schwärzer als die Finsternis der Armut und des Elends« –, dann verdeutlicht sich daran, dass die Form der Unfreiheit, um die es hier geht, nicht nur eine des Ausschlusses von der Teilhabe an der politischen Welt ist, sondern dass dieser Ausschluss selbst maßgeblich das Ergebnis einer in dieser Welt institutionalisierten politischen Optik ist. Und Arendt vermutet weiter, dass die mit dieser Optik einhergehende rassistische Mitleidlosigkeit auch den Begriff der politischen Freiheit beschädigen muss, den diese Optik mit hervorgebracht hat. Worum es hier primär geht, ist also nicht die elende Situation derer, die in der Welt des weißen Amerika »immer und von allen übersehen werden«; es geht um ein inhärentes Problem des von der weißen Welt hochgehaltenen Freiheitsverständnisses, das unabhängig von der Empathielosigkeit gegenüber dem Schicksal der Versklavten oder der mangelnden Solidarität mit ihnen besteht:

> [W]enn Jefferson und gelegentlich, sehr selten, auch andere sich des ursprünglichen Verbrechens bewußt wurden, auf dem das Gefüge der amerikanischen Gesellschaft beruhte, wenn sie, mit den Worten Jeffersons, »zitterten bei dem Gedanken, daß Gott gerecht ist«, so deshalb, weil sie wußten, daß Sklaverei und Freiheit in dem gleichen Lande nicht miteinander zu vereinen waren, daß die Knechtschaft der N**** die Freiheit der Weißen dauernd bedrohte, nicht aber, weil sie Mitleid hatten oder sich als Menschen mit den Unterdrückten solidarisierten. (R 90)

Die »heute schwer verständliche und schwer erträgliche Gleichgültigkeit« (ebd.) gegenüber der Sklaverei, ihre Akzeptanz gerade zu Zeiten, in denen es um die Kultivierung der Freiheit geht, ist indes historisch gesehen, wie Orlando Patterson gezeigt hat, keine Anomalie. Dass Aristoteles und Thomas Jefferson Sklavenhalter waren, könne, so Patterson, nur diejenigen erschüttern, die weder historisch noch Widersprüche zu denken bereit seien.[12] Patterson bestimmt die Unfreiheit des Sklaven in einer Weise, die stark an Arendts Charakterisierung von Unfreiheit als politischer Unsichtbarkeit erinnert – wenn man von der Definition der Sklaverei absieht, die Arendt in *Elemente und Ursprünge totaler Herrschaft* gibt. Dort schreibt sie, dass der Sklave, anders als der Staatenlose, weil seine Arbeit »gebraucht, genutzt und ausgebeutet wurde [...], immer noch in den Rahmen des Menschseins einbezogen blieb« (EU 616). Sklaverei aber, so die These Pattersons, kann nicht durch ökonomische Nutzenkalküle allein erklärt werden. In vielen Sklavenhaltergesellschaften waren die Halter nicht daran interessiert, was die Sklavinnen und Sklaven produzierten (vgl. SSD 11). Ihr Verhältnis zu den Versklavten war vielmehr durchgängig durch das starke Gefühl der Ehre bestimmt, das die Erfahrung des Herr-Seins durch die absolute Beherrschung und Entehrung der Versklavten generierte (vgl. ebd). Entsprechend fasst Patterson die Freiheit der »Herren« als eine Freiheit auf, die »parasitär« von den Versklavten abhängig blieb (vgl. SSD 337). Sie benötigte die Unfreiheit der Versklavten wie eine Art dunklen stumpfen Spiegel, vor dem sie sich abheben konnte. Der Kontrast konnte deutlicher nicht sein. Denn die Sklavinnen und Sklaven unterstanden Bedingun-

12 Vgl. Orlando Patterson, *Slavery and Social Death. A Comparative Study*, Cambridge (Mass.), London 1982, S. ix. Im Folgenden zitiert als SSD.

gen, die es ihnen verwehrten, in der Welt der Menschen zu erscheinen. Losgerissen aus ihrer sozialen Welt, getrennt von ihrer Familie und abgeschnitten von der eigenen Genealogie, habe ihre Existenz keine Legitimität gehabt, habe sie keiner sozialen Ordnung, keiner Welt mehr angehört.[13] Alle Sklavinnen und Sklaven, so Patterson, hätten durch diese Form der »natalen Entfremdung« (SSD 7) etwas wie eine »säkulare Exkommunikation« (SSD 5) erfahren, einen Ausschluss aus der Welt der Menschen. Zwar hätten die Versklavten untereinander soziale Beziehungen unterhalten, aber diese hätten nichts gegolten, sie wären nicht als legitim oder bindend anerkannt worden. Genealogisch sowohl von ihren Vorfahren als auch von ihren Nachfahren isoliert, Außenseiter, Fremde in allen sozialen Welten, so Patterson weiter, hätten sie keine von ihren »Herren« unabhängige Existenz gehabt. Nicht nur seien sie damit deren willkürlicher Gewalt ausgesetzt gewesen, auch seien sie dazu verdammt gewesen, das Leben einer Nichtperson zu leben, die per definitionem keinen »öffentlichen Wert« haben kann. »Der Sklave hatte keinen eigenen Namen, den er verteidigen konnte. [...] Er stand [...] außerhalb des Spiels der Ehre.« (SSD 10) Sklaven waren durch diesen Ausschluss strukturell oder auf »generalisierte« Weise entehrt (SSD 11); sie lebten einen sozialen Tod, ohne aus diesem Zustand je zum Leben erweckt werden zu können. »Der Sklave«, zitiert Patterson Claude Meillassoux in diesem Zusammenhang, »wird für

13 Zu den Konsequenzen dieser Negation sowohl patriarchaler als auch matriarchaler Genealogien für die Bedeutung von Mutterschaft und Vaterschaft innerhalb des Systems der Sklaverei vgl. Hortense J. Spillers, »Mama's Baby, Papa's Maybe: An American Grammar Book«, in: dies., *Black, White, and in Color. Essays on American Literature and Culture*, Chicago, London 2003, S. 203-229.

immer ein ungeborenes Wesen bleiben (*non-né*)« (SSD 38) – offensichtlich nicht im biologischen, sondern im sozialen Sinne. »Die allgemeinste Definition einer Sklavin ist die der Fremden«, schreibt ähnlich Saidiya Hartman in *Lose Your Mother*: »Gewaltsam herausgelöst aus ihren familiären Bindungen und ihrer Gemeinschaft, aus dem Land vertrieben, entehrt und geschändet, besetzt die Sklavin die Position der Außenseiterin.«[14] Folgt man Patterson, ist diese Position absolut. Auf generalisierte Weise nicht zugehörig, scheinen Sklavinnen und Sklaven der Möglichkeit beraubt, sich – denkt man an Arendts Motiv der »zweiten Geburt« – als sprechende und handelnde Personen zur Welt zu bringen. Versklavte scheinen keine Welt zu haben und in keiner Welt zu erscheinen.[15] Sie leben, so Patterson, ihr Leben unter den Bedingungen des sozialen Todes, mit Arendt: ein Leben als lebender Leichnam.

Orlando Patterson war sich der argumentativen Nähe zu Hannah Arendt nicht bewusst, als er *Slavery and Social Death* verfasste. Von der Forschung ist sie allerdings nicht übersehen worden. So spricht Fred Moten von einer »tiefen Affinität«, die Pattersons Buch zum Denken Hannah Arendts habe.[16] Innerhalb des begrifflichen Rahmens von Arendt sei es allerdings korrekter, nicht von sozialem, sondern von politischem Tod zu sprechen: Die »säkulare Exkommunikation« des Versklavten, von der Patterson spricht,

14 Vgl. Saidiya V. Hartman, *Lose Your Mother. A Journey Along the Atlantic Slave Route*, New York 2008, S. 5.

15 Vgl. hierzu auch Frank B. Wilderson III, *Red, White & Black. Cinema and the Structure of U. S. Antagonisms*, Durham, London 2010, S. 11.

16 Vgl. Fred Moten, »Blackness and Nothingness (Mysticism in the Flesh)«, in: *The South Atlantic Quarterly* 112:4 (2013), S. 737-780, hier S. 739f. Im Folgenden zitiert als BN.

müsse als ein radikaler Ausschluss aus einer politischen Ordnung verstanden werden, die Arendt zufolge einer radikalen Verbannung *in* den Bereich des Sozialen, also in die vorpolitische, nichtöffentliche Sphäre der Reproduktion gleichkäme. Relevant wird diese Differenzierung für Moten im Kontext einer an die Arbeit Pattersons anschließenden Diskussion, in der die Spezifik des antischwarzen Rassismus aus der Geschichte der Sklaverei erklärt und *blackness* mit einer Form des sozialen Todes assoziiert wird, der die Schwarze Existenz in einen außerhalb des Menschlichen liegenden Bereich verweist.[17] Die Position des sozialen Todes ergebe sich, so Moten, indes allein aus der »imaginären Perspektive des politischen Subjekts«, für das sich »Differenz nur in Form einer klar umrissenen Individualität« manifestiert, die einen Standpunkt einnimmt oder besetzt« (BN 741). Sofern *blackness* aus dem Erscheinungsraum solcher Individualität ausgeschlossen sei, sei Schwarze Existenz in den wesentlich »undifferenzierten« (BN 740) Bereich des Sozialen verwiesen, in dem derlei Distinktionen gewissermaßen absorbiert würden. Statt nun aber die »imaginäre Perspektive« des vom Sozialen, also von den Notwendigkeiten der Reproduktion vermeintlich befreiten »politischen Subjekts« zu übernehmen, aus dessen Perspektive Schwarze Existenz nichts gilt, schlägt Moten vor, die Seite des Sozialen anders zu denken: Nicht mehr als einen schlichtweg undifferenzierten Negativraum, der außerhalb der Welt den

17 Moten nennt vor allem Jared Sexton und Frank B. Wilderson III als Vertreter der entsprechenden, unter dem Titel »Afropessimismus« bekannt gewordenen Bewegung kritischer Theorie. Zum Verhältnis Pattersons zu den Afropessimisten vgl. auch »Blacks and the Master/Slave Relation. Frank B. Wilderson, III Interviewed by C. S. Soong«, in: Racked & Dispatched (Hg.), *Afro-Pessimism*, S. 15-30, hier S. 17f.

öffentlichen Bühnen vorgelagert ist, sondern als einen Raum für eine Form von Intersubjektivität, die von dem Begehren unabhängig wäre, sich für die »konventionelle Optik zu zeigen, in deren Rahmen jemand beschrieben und identifiziert wird« (BN 761). In einem Raum jenseits der Politik und der Repräsentation, jenseits der Fiktion des souveränen Subjekts (vgl. BN 750), macht Moten einen »utopischen Untergrund der Dystopie«[18] aus: Der nicht in der Welt erscheinenden »Appositionalität« (BN 750) Schwarzen Lebens soll die Möglichkeit einer »Differenz ohne Opposition« (BN 756), ohne Asymmetrie und ohne Herrschaft entsprechen – eine Sozialität jenseits des »staatlich geduldeten, staatlich geförderten Terrors machtgeladener Intersubjektivität« (BN 740).

Das liest sich wie der Traum einer Versöhnung, der aus der Immanenz des Negativraums der Herrschaft heraus geträumt wird. Interessanterweise aber nimmt die von Moten in der Tat sehr »optimistisch«[19] ins Dystopische hineingespiegelte Utopie gelingender Intersubjektivität Motive auf, die bei Arendt mit der Freiheit im Politischen assoziiert sind. Denn der Bereich des Politischen ist als Erscheinungsraum der Freiheit nach Arendt gerade nicht identisch mit dem Staat, und was Arendt Macht nennt, ist strikt unterschieden von Herrschaft. Macht ist nach Arendts Verständnis immer Macht der Vielen (vgl. VA 254, 299). Während sich Stärke als eine individuelle Eigenschaft ansprechen lasse, die die Einzelnen, wenn auch in je unterschiedlichem Ausmaß, mehr oder weniger von Natur aus besitzen, entste-

18 Vgl. Stefano Harney, Fred Moten, *Die Undercommons. Flüchtige Planung und schwarzes Studium*, Wien, Linz u. a. 2016, S. 57.

19 Zu Motens Charakterisierung der eigenen Arbeit durch den Begriff »black optimism« vgl. BN 738, 750, 773.

he Macht »zwischen Menschen, wenn sie zusammen handeln«, und könne daher auch von niemandem besessen werden (ebd.). Überdies ist die Idee einer identitätslogisch nicht einzuhegenden und gerade darin zu verteidigenden »Appositionalität« nicht sehr weit weg von Arendts Betonung der Unfasslichkeit der Person, die niemals in der Position aufgeht, die sie aktuell gerade einnehmen mag. Gleiches gilt für die Vorstellung einer »Differenz ohne Opposition« (BN 756), die an Arendts Pluralität erinnert, die ja eine Vielheit sein soll, die sich aus Singularitäten (und nicht Identitäten) bildet – und dies aufgrund ihres Potenzials zum Anfangen immer wieder neu und auf unberechenbare Weise. Und wie Moten wendet sich auch Arendt ausdrücklich gegen das Prinzip der Souveränität. Man könnte daher sagen, dass Moten und Arendt darin übereinkommen, »kein Einzelwesen« sein zu wollen beziehungsweise den Menschen nicht als ein solches Einzelwesen denken zu wollen.[20]

Dennoch ist es kein Zufall, dass Moten in Arendt eine Vertreterin der »konventionellen Optik« entdeckt, die es zu bekämpfen gilt. Das liegt sicher zu einem großen Teil an Arendts bemerkenswerter Fremdheit, ja ihrem Unverständnis gegenüber den Schwarzen Kämpfen um Integration in Bildungseinrichtungen sowie um die Veränderungen derselben. Ralph Ellison kritisierte die »olympische Autorität«,[21]

20 »Consent Not to Be a Single Being« ist der programmatische Titel einer Reihe von Publikationen von Fred Moten. Zu einer genaueren Rekonstruktion der entsprechenden Motive bei Arendt vgl. noch einmal oben, das Kapitel »Das Geschehen der Pluralität«.

21 Ralph Ellison, »The World and the Jug«, in: John F. Callahan (Hg.), *The Collected Essays of Ralph Ellison*, New York 2003, S. 155-188, hier S. 156. Ellison bezog sich damit auf Arendts Einlassungen zu den Vorgängen in Little Rock unten. Arendt hatte gegen die Initiative der Eisenhower-Regierung Stellung bezogen, die Segregation an öffentlichen

aus der heraus Arendt die entsprechenden Vorgänge meinte kritisieren zu können. Moten wird noch deutlicher: Aus seiner Sicht ist Arendts fehlendes Gespür in dieser Sache ein klassisches Exempel weißer Dominanz und Ignoranz, wenn auch in ihrem Fall ein besonders enttäuschendes.[22] Der Punkt, um den es hier geht, betrifft indes nicht nur die Ebene politischer Einstellungen und Einschätzungen; er betrifft erneut die in diesem Buch schon mehrfach thematisch gewordene systematische Ambivalenz im Werk Hannah Arendts. Arendt ist deshalb immer wieder auch als Vertreterin der »konventionellen Optik« lesbar, weil sie sich der Möglichkeit begibt, eine wie auch immer prekäre Welt in dem zu entdecken, was aus der Perspektive der Herrschaft bloß als undurchdringliches schwarzes Nichts erscheint. Weil sie diese Möglichkeit im Wortsinn unterbelichtet lässt – und zwar unabhängig davon, ob es um Staatenlose, um Verfolgte, um Arme oder um Sklaven geht –, tendiert sie an nicht wenigen Stellen ihres Werks dazu, die Logiken der Herrschaft, die sie beschreibt, begrifflich zu verlängern.

Dies hat drei Konsequenzen, die ich zum Abschluss die-

Schulen aufzuheben. Vgl. zur Auseinandersetzung um Arendts Reflexionen zu Little Rock unten, das Kapitel »Assimilation und Diskriminierung«.

22 Vgl. Fred Moten, *The Universal Machine*, Durham 2018, S. 65-139, bes. S. 138. Neben Arendts Text über »Little Rock« diskutiert Moten hier auch Arendts irritierend elitäre Kritik des Schwarzen Teils der US-amerikanischen Studentenbewegung. Vgl. Hannah Arendt, *Macht und Gewalt*, München 2017, bes. S. 21-23. In der Tat irritiert, wie Arendt die »Frage der Schwarzen« als ein »Problem der Schwarzen« selbst beschreibt, statt sie zurück auf den antischwarzen Rassismus der Weißen und ihrer Institutionen zu beziehen. Vgl. hierzu Kathryn T. Gines, *Hannah Arendt and the Negro Question*, Bloomington, Indianapolis 2014, bes. S. 2f.

ses Kapitels kurz zusammenfassend darstellen möchte. Erstens: Arendt selbst hat tendenziell ebenjenes Problem, das sie im Blick auf Jefferson diagnostiziert, nämlich dass ihr Freiheitsbegriff sich mit Herrschaft in einer Weise gemein zu machen droht, die der Idee der Freiheit am Ende widersprechen muss. Das Problem eines Freiheitsbegriffs, der den lichten Erscheinungsraum der Freiheit gegen das Reich einer weltlosen Dunkelheit stellt, ohne diese Opposition selbst kritisch zu befragen, besteht nämlich nicht bloß darin, dass sich das Privileg der Freiheit auf nur wenige begrenzt. Wäre das der Fall, wäre das Problem womöglich nicht im Privileg selbst zu suchen, sondern nur in dem Umstand, dass es nicht für alle zugänglich ist. Es müsste dann lediglich darum gehen, die Freiheit der Herrschenden zu demokratisieren. Das Problem liegt jedoch tiefer: Es besteht nicht in einer Zugangsbeschränkung zur Freiheit, sondern in der Beschränktheit der Freiheit selbst, einer Beschränktheit des Zugangs zur Welt, die sich nicht zuletzt in der Ignoranz der Herrschenden gegenüber großen Teilen der Welt zeigt. Man muss, sagt Fred Moten, über die »Weltlosigkeit oder die verrückte Irrealität der Upper West Side«[23] sprechen, also über die Partikularität der Perspektive der Herrschenden. Sofern Arendt dieses Problem einer Irrealisierung der Welt durch die beschränkte Perspektive der Herrschenden nicht thematisiert, bleibt sie hinter ihrer eigenen Konzeption eines nur in und durch eine wesentlich plural verfasste Öffentlichkeit voll zu entfaltenden menschlichen Potenzials zurück.

Zweitens: Die systematische Blindheit gegenüber diesem Problem kaschiert die Gewalt, die mit der herrschenden

23 Moten, *The Universal Machine*, S. 114.

Optik einhergeht. Denn die aus der Unsichtbarkeit für die Herrschenden gefolgerte Weltlosigkeit der von der herrschenden politischen Ordnung Ausgeschlossenen ist keine Feststellung, sondern eine Zuschreibung. Sie bringt performativ immer wieder mit hervor, was sie bloß zu konstatieren scheint; und sie kann von den deutlich »handfesteren« Praktiken der systematischen Vernachlässigung, der Entehrung und Entmenschlichung nicht separiert werden, welche die Wahrnehmung und das Gefühl der Überlegenheit aufseiten der Herrschenden stützen. Die Performanz einer derartigen Ignoranz ist Ergebnis und Fortsetzung der entehrenden und entmenschlichenden Gewalt. Nicht zufällig zeigt sich an den Extremformen einer solchen Gewalt besonders deutlich, dass sie auf eine Verletzlichkeit des Menschen trifft, die sich daraus ergibt, dass sich menschliches Leben nie auf bloßes, »nacktes« Leben reduzieren lässt. Anders als es das Klischee von der solche Extremformen allererst ermöglichenden Wahrnehmung des anderen als Ding oder Tier will, setzt die Gewalt der Entehrung und Entmenschlichung in ihren brutalsten Formen die Anerkennung des Menschen mitsamt seinem Würdepotenzial voraus. Die Wahrnehmung des anderen als entmenschlicht steht hier, mit anderen Worten, nicht am Ursprung der Gewalt, sie ist vielmehr ihr Ziel.[24] Das möchte Patterson mittels seiner Analyse des Zusammenhangs zwischen der Ehre (des »Herrn«) und der Entehrung (der Versklavten) zeigen,[25] und

24 Einen Überblick über jüngere Forschung zum Thema (auf den Feldern der antisemitischen, rassistischen und sexistischen Gewalt) gibt Paul Bloom, »Beastly«, in: *The New Yorker* vom 27. November 2017, S. 74-77.

25 Zu einer ausführlichen Untersuchung der verschiedenen Weisen, wie die Anerkennung der Menschlichkeit der Sklavinnen und Sklaven durch den »Herrn« nicht aus der Gewalt der Entehrung herausführte,

auf vermittelte Weise will das wohl auch Arendt mit ihrem Bericht von den verschiedenen Stufen der »Ermordung« der Person in *Elemente und Ursprünge totaler Herrschaft*. Das heißt aber weiter, dass sich die Gewalt der Entehrung und Entmenschlichung nie einfach nur darin manifestiert, dass sie den anderen auf bloßes Leben reduziert; vielmehr hat sie ihre schreckliche Pointe nicht zuletzt in dem Umstand, dass dies nie vollständig gelingen kann.

Drittens: Die Einsicht in eine spezifisch menschliche Verletzbarkeit, die sich daraus ergibt, dass menschliches Leben noch unter den extremsten Bedingungen mehr und anderes ist als bloßes oder »nacktes« Leben, impliziert umgekehrt, dass noch in den finstersten Extremsituationen das Potenzial zur Verwirklichung eines würdevollen Lebens gegeben ist.[26] Daraus erwächst die moralische Verpflichtung, die prekären Welten derer in den Blick zu nehmen, die von der herrschenden, an einer bestimmten Ordnung öffentlichen Erscheinens orientierten Optik nicht gesehen werden. Motens Insistenz auf der Welt derer, die von der »konventionellen Optik« ausgeschlossen sind, ist in dieser Hinsicht

sondern sich im Gegenteil mit ihr verband, vgl. Saidiya V. Hartman, *Scenes of Subjection. Terror, Slavery, and Self-Making in Nineteenth-Century America*, New York, Oxford 1997.

26 Vgl. hierzu etwa auch Ralph Ellisons Kommentar, dass es zu kurz greife, dem Sklaven, in welcher kritischen Absicht auch immer, die Menschlichkeit abzusprechen: »›A slave‹, writes Le Roi Jones, ›cannot be a man.‹ But what, might one ask, of those moments when he feels his metabolism aroused by the rising of the sap in the spring? What of his identity among other slaves? With his wife? And isn't it closer to the truth that far from considering themselves only in terms of that abstraction, ›a slave‹, the enslaved really thought of themselves as men who had been unjustly enslaved?« Zit. nach Robert Penn Warren, *Who Speaks for the Negro?*, New York 1965, S. 325-354, hier S. 331. Im Folgenden zitiert als WS.

von großer systematischer Relevanz für das Werk Hannah Arendts. Denn es liegt nahe, gerade in der Möglichkeit des Heraustretens aus dem Dunkel ein wesentliches Element eines durch Pluralität bestimmten politischen Raums zu erkennen. Am Erscheinen eines Fremden entscheidet sich, wie Arendt selbst in *Elemente und Ursprünge totaler Herrschaft* sagt, ob eine politische Gemeinschaft fähig ist, den einzigartigen Weltzugang des Neuankömmlings als potenzielle Quelle ihrer eigenen Erneuerung anzuerkennen, oder ob sie ihn im Namen nationaler, ethnischer Gleichförmigkeit in die bloß biologische Verschiedenheit zurück- und damit wegstößt (vgl. EU 622f.). Mit anderen Worten: Wie ein Gemeinwesen mit Fremden umgeht, sagt Wesentliches über das Gemeinwesen selbst aus.

Auch in den Schriften Hannah Arendts lassen sich Stellen finden, wo sie das intersubjektive Bezugsgewebe zwischen denjenigen thematisiert, die außerhalb eines rechtlich gesicherten öffentlichen Erscheinungsraums leben. Wie sich jedoch zeigen wird, sind hier erneut jene Beschränkungen am Werk, die sich aus Arendts Denken in Dichotomien ergeben.

5. Liebe zum Leben, Liebe zur Welt

In ihrer Lessing-Rede spricht Hannah Arendt von einer Humanität, die das »große Vorrecht der Pariavölker« sei (GL 23). Sie ergebe sich aus einer spezifischen Form der Zuneigung zwischen denen, die aus der Gesellschaft ausgestoßen oder ausgeschlossen wurden. Eine solche zwischenmenschliche Nähe sei mithin ein Effekt »finsterer Zeiten«, und sie finde sich als »geschichtlich beschreibbares und geradezu fixierbares Phänomen [...] bei allen verfolgten Völkern und allen versklavten Menschengruppen« (ebd.). Durch den Druck der Verfolgung und Versklavung rückten die Verfolgten und Versklavten in einer Weise zusammen, die eine »Wärme menschlicher Beziehungen« erzeugt, die denjenigen, die sie erfahren, »fast wie ein physikalisches Phänomen anmuten mag« (GL 24). In ihrer »vollen Entfaltung« könne diese Wärme »der Nährboden einer Güte werden, deren Menschen sonst kaum fähig sind« (ebd.). Auch sei »hier oft eine Vitalität beheimatet, eine Freude des schier Lebendigseins, bei der es ist, als käme das Leben zu seinem vollen Recht erst unter denen, die weltlich gesprochen, die Erniedrigten und Beleidigten sind« (ebd.). Allerdings ist die Erfahrung einer solchen zwischenmenschlichen Wärme und Lebensfreude Arendt zufolge »teuer [...] bezahlt« (GL 23). Denn diese von Arendt mit dem Begriff der »Brüderlichkeit« assoziierte Form der Menschlichkeit sei zumeist verbunden mit einem Distanzverlust, einem Verlust an Differenz zwischen den Menschen, der den Zwischenraum zwischen ihnen – jenen also, in dem für Arendt allein sich Welt konstituieren kann – schwinden lässt. Noch der »Charme«

und die »Intensität der Atmosphäre« solcher Verhältnisse erscheinen ihr als Effekte eines Verlusts von Welt; sie ergäben sich aus dem Umstand, dass die in ihnen Lebenden – wenn auch gezwungenermaßen – von der »Sorge um die Welt unbelastet« sind (GL 24). Dass Arendt ausgerechnet die Situation der Verfolgten und Versklavten mit einer »Unbekümmertheit« (GL 27) um die Welt assoziiert, ergibt sich aus ihrer Vorstellung, dass diejenigen, die gezwungen sind, sich unter dem Druck der Verhältnisse von der Welt in ein »Dunkel« zurückzuziehen, nun »selbst verborgen auch die sichtbare Welt nicht mehr zu sehen brauch[en]« (ebd). Konsequenterweise ist eine solche Unbekümmertheit für Arendt kein Privileg, sondern ein Symptom von Entbehrung. Denn »Weltlosigkeit«, erklärt sie, »ist leider immer eine Form der Barbarei« (GL 23).

Diese Ausführungen Arendts sind in mehrfacher Hinsicht bemerkenswert. Einerseits setzt sich hier zwar Arendts Komplizenschaft mit der konventionellen Optik fort, nach der es entweder das weltlose Dunkel mit seiner zwischenmenschlichen Wärme und differenzverschlingenden Distanzlosigkeit gibt oder aber die Helligkeit der Welt, in der zwischen den einzelnen Menschen Distanzen fühlbar und erkennbar sind, weil hier jede und jeder in ihrem oder seinem einzigartigen Weltzugang-Sein zum Erscheinen kommen kann. Andererseits nimmt Arendt hier ein Problem auf eine Weise in den Blick, die dieses Entweder-oder ein Stück weit unterläuft, weil sie in der Problembeschreibung die Würde der Verfolgten und Versklavten nicht negiert, sondern vielmehr bei ihrer Anerkennung einsetzt.[1] Die von

1 So heißt es ganz ausdrücklich in Arendts frühem Buch über Rahel Levin Varnhagen: »Die Sensibilität, das wortwörtliche Mit-leiden, das

Arendt so eindringlich beschriebene Humanität der »Pariavölker« und »versklavten Menschengruppen« erklärt sich ja zunächst aus dem Umstand, dass ihnen die Möglichkeit, in Gemeinschaft zu sprechen und zu handeln, die für Arendts aristotelische Bestimmung menschlicher Würde zentral ist, keineswegs genommen ist. Aufgrund der Verhältnisse der Verfolgten und Versklavten untereinander, so kann man mit und gegen Arendt sagen, gibt es auch auf ihrer Seite durchaus Welt. Sofern hier dennoch ein Problem auszumachen ist, entzieht es sich mithin der disjunktiven Logik von Welt und Würde auf der einen und Weltlosigkeit und Würdelosigkeit auf der anderen Seite. Das Problem, das Arendt im Blick auf die Gemeinschaften der Verfolgten und Versklavten beschreibt, kann bei genauerer Betrachtung also gerade nicht in schierer Weltlosigkeit bestehen; vielmehr besteht es in der radikalen Beschränkung ihrer Welt und ihrer Möglichkeiten. Denn die Welt der Verfolgten und Versklavten ist eine Welt, in der diese gezwungen sind, als Mitglied einer Gruppe zu leben, die als Gruppe in die Erfahrung ebenjener Identität gezwungen wird, die ihr gewaltsam von außen zugeschrieben wird. Dies ist ein Leben im Zeichen identitäts-

[…] distanzlos ist, ist nur der krankhaft gesteigerte Ausdruck für das instinktive Begreifen der Würde, die jedem innewohnt, der ein menschliches Antlitz trägt, ein Instinkt, den die Privilegierten nie kennen, der die Humanität des Paria ausmacht, der ihn eindeutig unterscheidet von dem gehetzten Tier, das er in der Gesellschaft darstellen muss; ein Instinkt, durch den alle Privilegierten zu Tieren – wenn auch der edlen Spezies – ihm gegenüber degradiert werden.« Hannah Arendt, *Rahel Varnhagen. Lebensgeschichte einer deutschen Jüdin aus der Romantik*, in: dies.: *Kritische Gesamtausgabe*, hg. von Anne Eusterschulte u. a., Bd. 2: *Rahel Varnhagen. Lebensgeschichte einer deutschen Jüdin/The Life of a Jewish Woman*, hg. von Barbara Hahn, Göttingen 2021, S. 129-309, hier S. 298. Im Folgenden zitiert als RV.

logisch determinierter Ähnlichkeit und damit eines, dem die Erfahrung von Pluralität und Differenz weitgehend entzogen ist, also jene Erfahrung, die Arendt zufolge für die volle Entfaltung menschlicher Potenziale unabdingbar ist: Nur ein plural verfasster Raum kommunikativ vermittelter Intersubjektivität generiert die Erfahrung der Einzigartigkeit der jeweiligen Weltzugänge ebenso wie die Erfahrung ihrer prinzipiellen Offenheit für Veränderung und Neues. Arendts Skepsis, wenn nicht gar Abneigung gegen alle Arten von Gemeinschaften, die auf Ähnlichkeit beruhen, seien dies Zwangs- oder Wahlgemeinschaften, ist mithin eine Implikation ihrer Liebe zu und ihres Engagements für eine Welt, in der Differenz nicht nur erlaubt, sondern gefordert ist. Dies ist eine Welt, die den Menschen einlädt, sich in der Einzigartigkeit seines Weltzugangs zu zeigen und sich dadurch zugleich von ihrem Pluralitätsgeschehen in unvorhersehbaren Weisen affizieren und gegebenenfalls auch verändern zu lassen.

Der an dieser Stelle entscheidende Punkt ist jedoch, dass dieser pluralitätstheoretische Einsatz gegenüber dem dichotomen Kontrast Hell-versus-Dunkel, in dem es entweder nur Welt oder nur Weltlosigkeit, entweder menschliches oder bloßes Leben gibt, Differenzierungen ermöglicht. In den Fokus rückt nämlich jetzt die spezifische Verfasstheit der jeweiligen Welten, rücken also die spezifischen politischen und sozialen Bedingungen für die Verwirklichung der Potenziale, die im Weltzugang-Sein des Menschen stecken. Das hat zum einen die Pointe, dass der Hinweis auf den Umstand, dass auch die Verfolgten und Versklavten eine Welt haben und Würde besitzen, nicht zu dem Schluss verleiten sollte, dass damit alles gut ist und es folglich nur darum gehen muss, die Schönheit der entsprechenden Welten zu sehen. Vielmehr wird gerade vor dem Hintergrund der Einsicht, dass menschliches Leben nie auf bloßes oder »nacktes« Leben reduziert werden kann, deutlich, dass es sehr unterschiedlichen Bedingungen für die Entfaltung seiner Potenziale untersteht. Weil menschliches Leben stets, wie auch immer beschränkt, wie auch immer prekär, an Welt teilhat, kann um deren Verfasstheit auch von denen gekämpft werden, denen die Möglichkeiten solcher Entfaltung weitgehend entzogen sind. Zum anderen, und dies ist ebenfalls ein wichtiger systematischer Punkt, tritt mit der Aufmerksamkeit für die alles entscheidende Rolle, die der Verfasstheit der jeweiligen Welten in diesem Zusammenhang zukommt, außerdem in den Blick, dass Teilhabe an Welt, irgendeiner Welt, nicht vor Unfreiheit schützt, im Gegenteil: Die Mitgliedschaft in einer Gemeinschaft kann dergestalt sein, dass sie die Einzelnen an eine Welt bindet, in der von einem Pluralitätsgeschehen nicht oder nur in sehr eingeschränktem Maße die Rede sein kann, in der ihnen also gerade diejenige Erfahrung versagt bleibt, durch die ihr Weltzugang-Sein nicht nur in seiner Einzigartigkeit, sondern auch in seiner prinzipiellen Offenheit und damit auch: Entwicklungsmöglichkeit angesprochen wird.

Nun verbindet sich die Kritik der Brüderlichkeit bei Arendt mit einer Kritik der Liebe zum Leben. Wie diese führt jene auf zentrale Motive von Arendts Philosophie. Und erneut hat man es mit einem implizit hierarchisierten Begriffspaar zu tun: Der Liebe zum Leben wird die Liebe zur Welt gegenübergestellt. Tatsächlich scheint es Arendt zufolge kaum möglich, sich beidem gleichzeitig zu verschreiben; die von einer Liebe zum Leben gekennzeichnete Menschlichkeit der Verfolgten und Versklavten verträgt sich nicht mit der durch eine Liebe zur Welt geprägten Menschlichkeit der Freien. Erstere, so Arendt, mache zwar die Verhältnisse erträglich, in denen die Verfolgten und Versklavten sich gezwungenermaßen auf sich selbst zurückziehen müssen, aber sie sei eine schwache Kompensation für den Verlust »der Leuchtkraft«, die »nur das Öffentliche spenden kann« (GL 44). Die Liebe zum Leben steht im Rahmen dieser Argumentation auch und gerade in ihren positiven Aspekten für eine Restriktion menschlichen Lebens auf die Reproduktion des »schier[en] Lebendigseins« (GL 24). Nicht zufällig erwähnt Arendt an anderer Stelle die *philopsychie*, »eine Liebe zum Leben um des Lebens selbst willen«, als das, was den sich in reproduktiven Tätigkeiten verbrauchenden Sklaven vom freien Menschen unterscheidet.[2] Zwar seien Lebensliebe und Lebensfreude wie die Brüderlichkeit aufgrund ihrer kompensatorischen Funktion für die Verfolgten und Versklavten nicht »nichts«, doch seien sie – weil eben Effekte eines Verlusts an Welt und damit an politischer Freiheit – »politisch schlechterdings irrelevant« (GL 28). Das zeige sich nicht zuletzt an dem Umstand, dass sich die spezifische, an eine Liebe zum Leben um des Lebens selbst willen gebundene Menschlichkeit im Moment der Befreiung »gleich einem Phantom in nichts auflöst« (GL 27): »Die Menschlichkeit der Erniedrigten und Beleidigten hat die Stunde der Befreiung noch niemals auch nur um eine Minute überlebt« (GL 27f.).

2 Vgl. Hannah Arendt, »The Modern Challenge to Tradition (July-December 1953)«, in: dies., *Kritische Gesamtausgabe*, hg. von Barbara Hahn u. a., Bd. 6: *The Modern Challenge to Tradition: Fragmente eines Buchs*, hg. von Barbara Hahn und James McFarland, Göttingen 2018, S. 243-460, hier S. 255. Im Folgenden zitiert als MCT. Auch in einer anderen Notiz über die Geringschätzung der Arbeit im antiken Griechenland heißt es: »Slavery identical with devotion to life for its own sake.« (MCT 441)

Die Radikalität von Arendts Abwertung nicht nur der Brüderlichkeit, sondern auch der Lebensliebe hat große Resonanzen in einigen der bekanntesten Thesen von *Vita activa* sowie ihres Buchs *Über die Revolution*. Beide Bücher sind voll von Kritiken an und Warnungen vor Verhältnissen, in denen die Orientierung auf das Leben um des Lebens selbst willen oder die Brüderlichkeit oder beides zusammen politisch an Bedeutung gewinnen. So zeichnet Arendt in *Vita activa* die vielfältigen Prozesse nach, die ihr zufolge seit Beginn der Neuzeit sukzessive zu einer Umkehrung jener klassischen Hierarchie, die dem Handeln einen größeren Wert zuspricht als dem Herstellen und Arbeiten, geführt haben und damit zu einer »Umkehrung des Verhältnisses von Leben und Welt« (VA 407).[3] Die zentrale Bedeutung, die die Arbeit in den modernen Gesellschaften gegenüber dem die antike Welt bestimmenden öffentlichen (Sprech-) Handeln gewonnen habe, gehe mit einer ausschließlichen Orientierung an Fragen der Selbsterhaltung und des individuellen Glücks einher. Dadurch verstünden sich die Einzelnen zunehmend nicht mehr als Subjekte des »Lebensprozesses der Gesellschaft« (VA 326), sondern fügten sich vielmehr gesichtslos in ihn ein. Auch Arendts Kritik an der Französischen Revolution fußt auf dem Gedanken, dass die Konzentration auf die Abschaffung des Elends, also auf Fragen des Lebensnotwendigen, einen Verlust an Pluralität und Welt nach sich ziehen musste. Das starke Bild der von der drängenden Not zu einer Masse zusammengeschlossenen Elenden habe den Revolutionären, wie sie in *Über die*

3 Zu einer ausführlicheren Rekonstruktion dieser Zusammenhänge vgl. unten, das Kapitel »Paradoxien der Gleichheit«.

Revolution ausführt, die Idee eines vom Gefühl der Brüderlichkeit getragenen politischen Kollektivsubjekts – die Kategorie des Volks – nahegelegt (vgl. R 120) und zugleich vom Ziel der Institutionalisierung politischer Freiheit abgelenkt. Sobald die Bewältigung der Not zum eigentlichen Gegenstand der Revolution geworden sei, habe sich der Fokus verschoben: Es sei dann nicht mehr um die politische, auf Teilhabe an öffentlichen Belangen ausgerichtete Freiheit der – konstitutiv einzelnen – Menschen gegangen, sondern um das Wohlbefinden des Volkes, »*le bonheur du peuple*« (R 75).

Aus diesen Diagnosen erklärt sich auch Arendts doppelte Frontstellung gegen sowohl die liberale als auch die marxistische Tradition politischen Denkens.[4] Denn beide Denktraditionen, so unterschiedlich sie sein mögen, verfehlen ihr zufolge das Wesen der Politik als Instrument und Medium der Einrichtung und Bewahrung eines pluralen öffentlichen Raums zur Verwirklichung des spezifisch menschlichen Würdepotenzials, indem sie die Politik an Selbsterhaltung ausrichten. Dabei ist aus Arendts Perspektive zu vernachlässigen, ob hier politisch das private Streben nach Glück an Bedeutung gewinnt oder die Frage nach der Organisation des »Stoffwechsels mit der Natur«. So schreibt Arendt in den Fragmenten zu ihrem unvollendet gebliebenen Buch über Karl Marx, dieser habe ausgerechnet das, was aus einer aristotelischen Perspektive zu den niederen, »fast tierischen« Funktionen des menschlichen Lebens gehört, die Organisation des Stoffwechsels mit der Natur, als menschlichste Tätigkeit bestimmt (MCT 253). Zwar sei Marx klar gewe-

4 Vgl. Albrecht Wellmer, »Hannah Arendt on Revolution«, in: *Revue Internationale de Philosophie* 2 (1999), S. 207-222, hier S. 207.

sen, dass Freiheit erst jenseits des Reichs der Notwendigkeit beginnt und daher mit einer Befreiung von der Arbeit einhergehen muss. Damit habe er sich aber in den »eklatanten Widerspruch« verheddert, die Menschen in eine Gesellschaftsordnung führen zu wollen, in der gerade das, was sie doch seiner eigenen Definition nach erst zum Menschen machen soll, ihr Vermögen zur Arbeit nämlich, brachliegen würde (vgl. MCT 276; VA 123). Mindestens zweideutig sei deshalb auch Marx' Platz in der Geschichte der menschlichen Freiheit (vgl. R 79). Dass, nach Engels' Formulierung, »die Arbeit den Menschen selbst geschaffen« habe, ist für Arendt in freiheitstheoretischer Hinsicht weitreichender noch als Marx' Bestimmung der Gewalt als »Hebamme der Geschichte« oder sein Diktum, dass niemand frei sein kann, der andere versklavt (vgl. MCT 289). Alle drei Aussagen laufen nach Arendt darauf hinaus, Marx als Vollstrecker eines revolutionären Bruchs mit der aristotelischen Tradition politischen Denkens zu positionieren – auch wenn sie betont, dass Marx selbst als Symptom der sozialen und politischen Entwicklungen gesehen werden muss, die das gesamte 19. Jahrhundert beeinflussten und die deshalb als die eigentliche Herausforderung dieser Tradition gelten müssen: Arendt nennt die industrielle Revolution ebenso wie die politischen Revolutionen in Frankreich und den USA. Beide Entwicklungen hätten die Forderung nach einer Freiheit *für alle*, die Forderung der Gleichheit, mit sich gebracht (vgl. MCT 274, 277, 299), für die Marx schließlich »Sprachrohr« geworden sei (MCT 299). Arendt hat nie einen Zweifel daran gelassen, dass es hinter *diesen* Bruch mit der Tradition, hinter die Forderung nach einer Freiheit für alle, auch aus ihrer Perspektive kein Zurück gibt oder geben sollte. Ihr Einsatz besteht vielmehr in der kritischen Diagnose, dass sich die Dinge nicht in die Richtung einer Freiheit für alle, sondern in die einer das Reich der Freiheit vernichtenden Ausdehnung des Reichs der Notwendigkeit entwickeln (vgl. MCT 290).

Diese Grundüberzeugung und tiefe Sorge um ein Zurückdrängen der Welt durch die »wuchernde Fruchtbarkeit des biologischen Lebensprozesses« (vgl. VA 407) mag jedenfalls erhellen, warum sich Hannah Arendt 1962 »berechtigt« fühlte, »Einsprüche« gegen einen Text zu erheben, den James Baldwin in der Zeitschrift *The New Yorker* veröffentlicht hatte.[5] In einem Brief an Baldwin charakterisiert sie dessen Text als »politisches Ereignis von sehr hohem Rang«;[6] mit Sicherheit aber, fügt sie hinzu, sei er ein Ereignis hinsichtlich ihres eigenen Verständnisses dessen, was mit der Frage der Schwarzen auf dem Spiel steht. Das Ereignis des Verstehens, das Arendt hier meint, war allerdings nicht von der Art einer Affizierung ihres eigenen Denkens durch die Gedanken eines anderen – etwa hinsichtlich des Wesens des antischwarzen Rassismus, von dem Baldwins Text han-

5 Vgl. Hannah Arendt, »The Meaning of Love in Politics: A Letter by Hannah Arendt to James Baldwin, November 21, 1962«, ⟨www.hannaharendt.net/index.php/han/article/view/95/156⟩ (Stand: 16.01.2021). Bei dem Text handelt sich um James Baldwin, »Letter from a Region in My Mind«, in: *The New Yorker* vom 17. November 1962, S. 59-144; der Text wurde 1963 zum zentralen Bestandteil desjenigen Buchs, das Baldwin berühmt machen sollte: *The Fire Next Time*. Inzwischen liegt eine deutsche Neuübersetzung vor: James Baldwin, »Vor dem Kreuz. Brief aus einer Landschaft meines Geistes«, in: ders., *Nach der Flut das Feuer. »The Fire Next Time«*, München 2019, S. 33-112. Im Folgenden zitiert als NFF.

6 Dieses und die nachstehenden Zitate in diesem Absatz und zu Beginn des nächsten stammen alle aus Arendt, »The Meaning of Love in Politics«.

delt. Zum Ereignis wurde die Lektüre für Arendt offenbar vielmehr deshalb, weil sie in Baldwins Text ein weiteres Plädoyer für die in ihren Augen fatale »Umstülpung des Verhältnisses von Leben und Welt« (VA 405) auszumachen vermeinte. »Beängstigend« nämlich findet sie, dass Baldwin in seinem Text der Liebe als einer Kraft zur politischen Transformation eine so wichtige Rolle zuspricht. In ihrer bis in den Wortlaut hinein an die Lessing-Rede von 1959 erinnernden brieflichen Notiz belehrt sie den Autor von *The Fire Next Time* darüber, dass die Liebe in der Politik nichts zu suchen habe, dass vielmehr alle Eigenschaften, die Baldwin an den Schwarzen hervorhebe, »ihre Schönheit, ihre Fähigkeit zur Freude, ihre Wärme, ihre Menschlichkeit«, »bekannte Charakteristika unterdrückter Völker« seien, die, so beeindruckend sie als solche auch sein mochten, die »Stunde der Befreiung nie auch nur um fünf Minuten überlebt« hätten. Wie der Hass sei auch die Liebe eine private Angelegenheit, die ein Volk sich nur so lange leisten könne, wie es selbst nicht frei sei.

Hätte Arendt Baldwin jedoch etwas genauer gelesen, so hätte ihr auffallen müssen, dass er keineswegs einen *gospel of love* »predigte«, wie sie ihm vorwirft. Der autobiographische Text beginnt mit der Schilderung einer Glaubenskrise, die nicht zuletzt die Idee der christlichen Nächstenliebe betraf. Baldwins Problem mit dieser Idee war dabei allerdings anders gelagert als dasjenige, das Hannah Arendt mit dieser Idee verband. In ihrer Dissertation *Der Liebesbegriff bei Augustin* hatte sie festgestellt, dass die christliche Nächstenliebe den anderen per definitionem nicht in seiner weltlichen Bedeutsamkeit adressiert, sondern bloß indirekt, in seinem Bezug auf die Gnade Gottes, wodurch das menschliche Miteinander zu einem bloßen Durchgangsstadium degradiert und letztlich »zersprengt« werde.[7] Für Baldwin hingegen hatte sich in der Praxis gezeigt, dass weltliche Bedeutsamkeit das Konzept der christlichen Nächstenliebe durch und durch korrumpiert: Nicht nur hatte sie offenbar keinerlei Einfluss auf die Einstellung der Weißen zu den Schwarzen; auch die Schwarzen sahen keinerlei Veranlassung, dieser Idee über ihre jeweiligen Kirchengemeinden hinaus Geltung zu verschaffen (NFF 41f., 57). Selbst »die Vorstellung, die sich die Menschen von der kommenden Welt machten«, erwies sich »bloß [als] ein Spiegelbild jener Welt [...], in der sie lebten – mit vorhersehbaren sehnsüchtigen Verzerrungen« (NFF 57) –, einer Welt, in der die Bedeutsamkeit der Einzelnen vom Begriff der Rasse bestimmt war. Angesichts eines Texts, der über weite Strecken von Baldwins politisch motivierter Abkehr vom christlichen Glauben handelt, ist Arendts Charakterisierung seines Einsatzes als eines gepredigten Gospels der Liebe offensichtlich falsch.

Überdies scheint Arendt überlesen zu haben, wie sehr Baldwins Beschreibungen sich in einigen Aspekten mit ihrer eigenen Beobachtung der spezifischen Menschlichkeit und Lebensfreude der Unterdrückten decken. Trotz seiner Entfremdung von einer Gottesliebe, die sich nicht von dem Hass und der Selbstverachtung trennen lässt, die der antischwarze Rassismus in der Welt der Schwarzen produziert, war Baldwin klar, dass es hier, im Blick auf die (Glaubens-) Gemeinschaft der Schwarzen »um mehr« ging. Denn »[t]rotz allem«, so schreibt er,

7 Hannah Arendt, *Der Liebesbegriff bei Augustin*, Berlin, Wien 2003, bes. S. 123.

steckten in dem Leben, vor dem ich floh, ein Elan, eine Freude und eine Fähigkeit, Katastrophen zu begegnen und zu überwinden, die sehr berührend sind und sehr selten. Vielleicht verband uns, uns alle – Zuhälter, Huren, Ganoven, Kirchgänger und Kinder – der Umstand unserer Unterdrückung, das spezielle, ganz eigene Gemenge an Risiken, die wir eingehen mussten; dann gewannen wir in diesem engen Rahmen manchmal eine Freiheit, die an Liebe grenzte. Jedenfalls erinnere ich mich an gemeinsame Essen und Ausflüge mit der Gemeinde und später, nachdem ich der Kirche den Rücken gekehrt hatte, private Jazzpartys, da Wut und Sorge reglos im Dunkeln saßen, während wir aßen und tranken und redeten, lachten und tanzten und »den Mann« [den Weißen, JR] vergaßen. Wir hatten Alkohol, wir hatten Mädchen, wir hatten Musik und einander und keinen Bedarf, etwas vorzutäuschen, was wir nicht waren. Das ist die Freiheit, die man zum Beispiel im Gospel hört und im Jazz. (NFF 58)

Hält man diese Passage neben Arendts Beschreibungen der spezifischen Menschlichkeit und der Lebensfreude der »verfolgten Völker und versklavten Menschengruppen« (vgl. GL 23), so fällt zunächst die Ähnlichkeit auf. Baldwin stimmt mit Arendt sowohl in der Beobachtung überein, dass es eine Menschlichkeit und eine Liebe zum Leben gibt, die aus der Erfahrung der Unterdrückung kommt, als auch in der starken Vermutung, ja sogar Überzeugung, dass sich beides mit dem Ende der Unterdrückung auflöst.[8] Jedoch spricht Baldwin, anders als Arendt, in diesem Zusammenhang durch-

8 In einem Interview von 1969 gibt er zu Protokoll: »Hannah Arendt told me that the virtues I described in *The New Yorker* piece – the sensuality I was talking about, and the warmth, and the fish fries, and all that – are typical of all oppressed people. And they don't, unluckily, she said – and I think she's entirely right – survive even five minutes the end of their oppression«. Eve Auchincloss, Nancy Lynch, »Disturber of the Peace: James Baldwin – An Interview«, in: Fred L. Stanley, Louis H. Pratt (Hg.), *Conversations with James Baldwin*, Jackson, London 1989, S. 64-82, hier S. 75.

aus von Freiheit; und diese Freiheit verdankt sich nicht, wie man mit Arendt vermuten könnte, einer einfachen »Unbekümmertheit« um die Welt (GL 27), sondern der Erfahrung ihres Gewichts. So erläutert Baldwin die Freiheit, die man im Jazz und im Gospel hört, als die Freiheit derer, die um ihre gesellschaftliche Lage wissen. Anders als die Lieder der weißen Amerikaner, die entweder fröhlich oder traurig seien, seien Jazz und Blues deshalb immer auch »herb, ironisch, streng und zweideutig« (NFF 58). Diese Kennzeichen entstammten einer Tiefe der Erfahrung, welche die Weißen nicht verstünden – weshalb sie sie zumeist als Ausdruck »schwarzer Sinnlichkeit« deuteten. Die Sinnlichkeit, um die es hier gehe, habe allerdings nichts mit den sexualisierten Bildern von »bebenden dunklen Jungfrauen und dauererigierten schwarzen Hengsten« (NFF 49) zu tun, die sich die Weißen von ihr machten. Sinnlich zu sein bedeute hier, »die Kraft des Lebens, das Leben selbst zu respektieren und zu feiern und in allem, was man tut, *präsent* zu sein, von den Mühen des Liebens bis zum Brechen des Brots« (ebd.).

Während Arendt die Lebensliebe der Verfolgten und Versklavten als Symptom einer Abkehr von der Welt deutet, sieht Baldwin in der affirmativen Haltung zur Kraft des Lebens eine Möglichkeit des Zugangs zu ihr. Denn mit allen Sinnen wach in der Welt zu stehen ist für ihn primär eine Weise, sich der Wirklichkeit zu versichern, statt sie sich von überkommenen rassistischen Wahrnehmungsmustern verstellen zu lassen (vgl. NFF 60). Wer als Schwarzer in einer Welt überleben will, die alles daransetzt, Zweifel am Wert des eigenen Lebens zu säen, muss sich, so Baldwin, auf die eigenen Wahrnehmungen verlassen, muss lernen, »hinter die Kulissen zu blicken, nichts einfach so hinzunehmen«

(NFF 107). Durch den Kampf und das Leiden hindurch sei es deshalb möglich, »menschliche Autorität zu erlangen, zu offenbaren und zu bestätigen« (NFF 106), das heißt, eine Reife zu erreichen – Baldwin spricht von einem Erwachsenwerden durch Leiden (vgl. ebd.) –, die sich schließlich zu einer Angstfreiheit auskristallisieren kann, die zur Wirklichkeit befreit: »Wer ständig das Schlimmste überlebt, was das Leben bringen kann, lässt sich nicht mehr von der Angst beherrschen […]. Auf diesem Erfahrungsniveau wird die eigene Bitterkeit schmackhaft, und Hass wird zu schwer zum Tragen.« (NFF 107) Die Lebensliebe ist hier eben keine eskapistische Kompensation für einen Verlust von Welt, vielmehr ist noch ihre Feier von einer unverstellten Einsicht in die Verfasstheit der Welt und die eigene Situation in ihr geprägt.

Dies umschließt auch und nicht zuletzt die Einsicht in die eigene Endlichkeit (vgl. NFF 100). Ähnlich wie bei Theodor W. Adorno führt das melancholische Bewusstsein von der Endlichkeit alles Seienden und also auch der eigenen Existenz bei Baldwin keineswegs zu einem resignativen Rückzug von der Welt. Vielmehr legt ein solches Bewusstsein, wie Adorno formuliert, indem es in den »Phänomene[n] der Geschichte die Chiffren ihrer eigenen Vergängnis«[9] liest, ein »Werden im Gewordensein«[10] dieser Phänomene frei und öffnet sie für die Möglichkeit ihrer Veränderung. Dies gilt insbesondere für historisch Gewordenes, das sich als unmittelbare Gegebenheit der Natur präsentiert – wie die soziale Konstruktion der Rasse. Hier setzt

9 Theodor W. Adorno. *Zur Lehre von der Geschichte und von der Freiheit*, hg. von Rolf Tiedemann, Frankfurt/M. 2001, S. 188.
10 Ebd., S. 193.

das melancholische Endlichkeitsbewusstsein die »Kraft« frei, »sich nicht von dem Schein der Unmittelbarkeit verblenden zu lassen, sondern [...] über den bloßen Schein hinaus zu kommen«.[11] Ebendarin verbindet sich auch für Baldwin die Feier des Lebens mit einer Freiheit zur Welt: »Die Verantwortung freier Menschen«, schreibt er, »liegt darin, den Konstanten des Lebens zu trauen und sie zu feiern – Geburt, Kampf und Tod sind Konstanten [...] – und das Wesen von Veränderung zu erfassen, zur Veränderung fähig und bereit zu sein« (NFF 101). Die Affirmation des eigenen Lebens, seiner Sinnlichkeit wie seiner Endlichkeit, wird hier als Ressource der Freiheit benannt, als die entscheidende Kraftquelle für eine unverstellte Konfrontation mit der gesellschaftlichen Wirklichkeit, die nicht nur lebensrettend sein kann, sondern auch das Potenzial zu Veränderung und »Erneuerung« (ebd.) birgt.

So, wie die Lebensliebe Baldwin zufolge eben nicht weg von der Welt, sondern zu ihr hinführt, so wäre auch die Liebe, von der er spricht, falsch verstanden, verstünde man sie wie Arendt, nämlich als eine Macht, die per definitionem in einer Spannung zur Welt steht, weshalb ihre Forderung auf dem Feld des Politischen strukturell fehl am Platz wäre und dort, wo sie dennoch erhoben würde, zu nichts als Heuchelei führte.[12] Baldwin predigt weder die christliche Nächstenliebe noch geht es ihm um die Ausdehnung der Erfahrung der zuweilen an Liebe grenzenden Brüderlichkeit innerhalb der Schwarzen Gemeinschaften auf alle. Vielmehr dürfte ihm die Unübertragbarkeit dieser spezifischen Form der Brüderlichkeit auf die weißen Amerikaner nur

11 Ebd.
12 Arendt, »The Meaning of Love in Politics«.

allzu deutlich vor Augen gestanden haben. Denn dass sich die Solidarität innerhalb Schwarzer Gemeinschaften in der Sprache der Verwandtschaft artikuliert, verweist – wie im vorangegangenen Kapitel dargestellt – maßgeblich auf die Zerstörung Schwarzer Verwandtschaftsbande und Genealogien durch die Sklaverei. Die Sprache der Verwandtschaft deutet hier, so Saidiya Hartman, auf eine Wunde, die sie zugleich zu heilen bestrebt ist.[13] Weder also die Nächstenliebe noch die Brüderlichkeit noch auch die intime Liebe,[14] von der Arendt in *Vita activa* sagt, sie sei ihrem Wesen nach nicht nur apolitisch, sondern antipolitisch (vgl. VA 310), nimmt Baldwin zum Modell für die Liebe als Kraft zur politischen Transformation. Worum es ihm geht, ist »die Liebe als Seinszustand oder Gnadenstand – nicht im kindlichen amerikanischen Sinn des Glücklichgemachtwerdens, sondern im universellen herben Sinn des Suchens, Wagens und Wachsens« (NFF 104). Denn die Liebe, erklärt er, »nimmt uns Masken ab, von denen wir fürchten, dass wir ohne sie nicht leben können, und von denen wir wissen, dass wir hinter ihnen nicht leben können« (NFF 103f.). Sofern die Liebe bei Baldwin in der Tat zum Motor im Prozess der heilenden Transformation einer durch Rassismus strukturierten Welt werden soll, ist sie offensichtlich nicht im Sinne einer sich vor der Welt zurückziehenden wechselseitigen Affirmation verstanden, sondern als Arbeit der Ent-Täuschung, als Provokation eines Verlusts der Unschuld und also als Initiation zum Erwachsenwerden – des weißen Amerika. Denn »[s]chwarze Amerikaner«, so Baldwin,

13 Hartman, *Lose Your Mother*, S. 6.

14 So hingegen die These von Sean Kim Butorac, »Hannah Arendt, James Baldwin, and the Politics of Love«, in: *Political Research Quarterly* 71:3 (2018), S. 710-721.

haben den großen Vorteil, nie an die gesammelten Mythen geglaubt zu haben, an die sich weiße Amerikaner klammern: dass ihre Vorfahren allesamt freiheitsliebende Helden waren, dass sie im großartigsten Land geboren wurden, das die Welt je gesehen hat, dass Amerikaner im Kampf unschlagbar und im Frieden weise sind, dass Amerikaner mit Mexikanern, Indianern und allen anderen Nachbarn und Untergebenen stets anständig umgegangen sind, dass amerikanische Männer die aufrichtigsten und männlichsten sind und amerikanische Frauen rein. Schwarze wissen viel mehr über weiße Amerikaner; fast kann man sagen, sie wissen über weiße Amerikaner, was Eltern – oder zumindest Mütter – über ihre Kinder wissen, und sie betrachten sie häufig auch so. (NFF 109)

Mit anderen Worten: Das weiße Amerika lebt im Wahn der eigenen Unschuld, und es ist die Verantwortung der Schwarzen Amerikaner, es davon zu befreien, indem sie ihm »die Tür zu seinem geistigen und sozialen Wohlbehagen zuschlagen« und »den Vorhang fallen [...] lassen über den amerikanischen Traum« (NFF 95, 97). »Das«, fährt er fort, »ist wahrscheinlich, so hart und seltsam es klingen mag, das Wichtigste, was ein Mensch für einen anderen tun kann – zumindest mit das Wichtigste; daher die Qual und die Notwendigkeit der Liebe –, und das ist der große Beitrag der Schwarzen zu diesem ansonsten konturlosen, unentdeckten Land« (NFF 95). Es geht darum, die Weißen vom Unwissen über sich selbst zu befreien und dadurch zur Wirklichkeit und zur Möglichkeit ihrer Selbsttransformation zu befreien. Das bedeutet auch, das Missverständnis der Weißen aufzulösen, die Schwarzen erwarteten, dass sie ihnen etwas »geben«. Denn man kann, schreibt Baldwin, »rein gar nichts geben, ohne sich selbst zu geben – das heißt, sich selbst in die Waagschale zu werfen« (NFF 96). Die Transformation, die hier gefordert wird, reicht weit. Sie muss nicht zuletzt bei der Einsicht anfangen, dass sich die rassistische Wahrnehmung, psychoanalytisch gesprochen, unter anderem der Projektion uneingestandener eigener Ängste und Wünsche auf den anderen verdankt (vgl. NFF 104).[15] Sofern ein solcher Prozess durch Liebe angestoßen werden kann, ist es eine Liebe, die »das Bewusstsein des anderen einforder[t] oder weck[t]« (NFF 112). Eine solche Liebe zeigt sich als Störung eines Selbst- und Weltbildes, das sich für andere Perspektiven ebenso unempfindlich gemacht hat wie für die Einsicht in die eigene Endlichkeit, Fehlbarkeit und Unzulänglichkeit; und das sich daher – könnte man mit und gegen Arendt sagen – selbst um die Möglichkeiten zur Entfaltung der eigenen Potenziale bringt.

Suchte man innerhalb des Werks von Hannah Arendt nach einem Pendant zu dieser Art von Verpflichtung auf die korrektive Funktion menschlichen Miteinanders, so würde man es wohl am ehesten in der Relation der Freundschaft finden, die für Arendts Begriff des Politischen paradigmatisch ist, weil sich in dieser Beziehung – im Gespräch der Freunde – ein gemeinsamer Raum durch die Distanzen herstellt, die sich aus den unterschiedlichen Perspektiven ergeben. In der Freundschaft geht es darum zu erkennen, »auf welche besondere Weise die gemeinsame Welt dem anderen erscheint« (S 53). Dabei ist der Bezug der Freunde, wie Arendt in ihrer Lessing-Rede sagt, bei aller Freude über die Anwesenheit des Freundes, stets vermittelt über die gemeinsame, weil aus den unterschiedlichen Perspektiven besprochene Welt (vgl. GL 37). Im Prozess des Miteinander-Sprechens in der Perspektive des anderen eine mögliche

15 Zu diesem Mechanismus vgl. bereits Frantz Fanons im Original 1952 erschienenen Klassiker dekolonialer Theoriebildung *Schwarze Haut, weiße Masken*, Wien 2013.

Wahrheit über die Welt zu entdecken, welche die eigene erweitert oder sogar korrigiert, ebendarin liegt für Arendt die »politische Relevanz« (ebd.) der Freundschaft.[16] In demselben Text, in dem Arendt die Lebensliebe der Verfolgten und Versklavten als »politisch schlechterdings irrelevant« (GL 28) abtut, der Rede über Lessing, lobt sie diesen nicht nur dafür, den politischen Sinn der Freundschaft verstanden zu haben, sondern auch für seine Verpflichtung auf den öffentlichen Streit – eine Verpflichtung, die sich nicht zuletzt seiner Einsicht in die Endlichkeit aller menschlichen Perspektiven verdankt. Zugleich tritt für Arendt an Lessing hervor, dass es in »finsteren Zeiten«, wie sie sie mit Brecht nennt, das heißt in Zeiten des Zerfalls des öffentlichen Raums, noch vor dem Streit der Meinungen um den Erhalt des Raumes gehen muss, in dem ein solcher Streit überhaupt stattfinden kann.[17]

Wie die von Lessing und Arendt und aus sehr ähnlichen Gründen ist auch Baldwins Biographie von einer gewissen Aversion gegen die »Distanzlosigkeit einer alle Unterschiede verwischenden Brüderlichkeit« (GL 44) gekennzeichnet –

16 Von Arendts eigenen Freundschaften legen unter anderem ihre umfangreichen Briefwechsel ein beredtes Zeugnis ab: Vgl. Hannah Arendt, *Wie ich einmal ohne dich leben soll, mag ich mir nicht vorstellen. Briefwechsel mit den Freundinnen Charlotte Beradt, Rose Feitelson, Hilde Fränkel, Anne Weil und Helen Wolff*, hg. von Ingeborg Nordmann und Ursula Ludz, München 2017; sowie die Sammlung von Auszügen aus jeweils auch separat und vollständig publizierten Briefwechseln Hannah Arendts mit Walter Benjamin, Heinrich Blücher, Kurt Blumenfeld, Hermann Broch, Martin Heidegger, Karl Jaspers, Uwe Johnson, Mary McCarthy, Gershom Scholem: Hannah Arendt, *Wahrheit gibt es nur zu zweien. Briefe an die Freunde*, hg. von Ingeborg Nordmann, München 2013.

17 Vgl. hierzu ausführlicher oben, das Kapitel »Intellektuelle in finsteren Zeiten«.

in Baldwins Fall auch gegen die Brüderlichkeit innerhalb der zu seiner Zeit ungeheuer einflussreichen Nation of Islam, einer afroamerikamischen religiös-politischen Organisation, die, wie Baldwin schreibt, ihrerseits im »Wahnbild« der Rasse Zuflucht suchte (vgl. NFF 93, 111). Wenn der »Unfriedenstifter«[18] Baldwin als ein Intellektueller Lessing'schen Typs erscheint, so vor allem deshalb, weil es das Unfriedenstiften selbst ist, durch das sich seine Liebe zur Welt erweist: in die Richtung der Nation of Islam, indem er auf der Einzigartigkeit seines Weltzugangs beharrte, in die Richtung des weißen Amerika aber, indem er auf der Gemeinsamkeit der Welt bestand. Baldwins Vorstellung von der transformativen Kraft der Liebe muss deshalb in der Tat als eine Liebe zur Welt verstanden werden. Gegen alle Schwierigkeiten insistiert er auf einem gemeinsamen öffentlichen Raum, fordert die Anerkennung einer von sichtbaren und unsichtbaren Zäunen – *und trotz ihrer* – geteilten Welt.

Ebendeshalb wird an Baldwins Kampf, und das unterscheidet ihn von der Streitlust Lessings, deutlich, dass das Ringen um den öffentlichen Raum nicht nur sein generelles *Dass*, seine Existenz, sondern immer auch seine Ausgestaltung, seine Form und seine Reichweite – sein *Wie* beziehungsweise *Was* – betreffen muss. Um die Finsternis zu bekämpfen, von der Baldwin spricht, muss sich ein bestehender Erscheinungsraum radikal auf sein Anderes hin öffnen und dadurch verändern. Damit die Wirklichkeit der von Rassismus gezeichneten USA aus einer Pluralität von Perspektiven beglaubigt und also zu einer politischen Realität werden kann, an der sich – für alle – die Zukunft

18 So wird Baldwin im Titel des Interviews von Auchincloss und Lynch genannt: »Disturber of the Peace: James Baldwin«.

des Landes entscheidet (vgl. NFF 102), muss die »gewaltige, gleichgültige Festung weißer Vorherrschaft« (NFF 107) fallen, hinter deren Mauern sich ein Welt- und Selbstbild befestigt, das sich gegen die Wirklichkeit anderer Perspektiven ebenso immunisiert hat wie gegen die Möglichkeit der Selbsttransformation. Sofern unter solchen Bedingungen Freundschaft zwischen Schwarzen und Weißen überhaupt möglich ist, kann sie sich – und auch in diesem Punkt stimmen Baldwin und Arendt überein – nicht auf die Basis eines von beiden Seiten geteilten Menschseins berufen. Denn unter den Bedingungen von Verfolgung und Unterdrückung hieße das, »der Wirklichkeit und der ihnen [...] gemeinsamen Welt bloß aus[zuweichen]« (GL 36). Freundschaft kann es unter solchen Bedingungen nur geben, wenn mit der gemeinsamen Welt auch die Unterschiedlichkeit der Positionierungen in ihr anerkannt wird (vgl. ebd.); nur dann kann es Menschlichkeit inmitten einer von Verfolgung und Unterdrückung geprägten Wirklichkeit geben.

Die Liebe, von der Baldwin spricht, liegt dieser Möglichkeit indes noch voraus. Ihre »Qual« und ihre »Notwendigkeit« (NFF 95) ergibt sich aus der Asymmetrie der Verpflichtung auf die Gemeinsamkeit; sie zielt auf ein Ende der Ignoranz, die eine solche Gemeinsamkeit leugnet, und damit auf ein Ende der – keineswegs auf die USA beschränkten – weißen Welt.[19] In diesem Kampf geht es nicht bloß darum, für Schwarze Zugang zur Welt der Weißen zu erkämpfen, um innerhalb derselben den Streit der Perspekti-

19 Vgl. Fred Motens Interpretation von Baldwins Liebe als »love [which, JR] brings the world to an end« in: *The Universal Machine*, S. 86.

ven zu beleben. Es geht darüber hinaus um die fundamentale Transformation dieser Welt, um eine Reorganisation der kommunikativen Parameter, sozialen Wahrnehmungsmuster, der Vokabulare und der Bilder, in denen sich das Selbstverständnis des weißen Erscheinungsraums artikuliert. Eine solche Transformation beginnt mit der Ausleuchtung von dessen dunklen, verdrängten Stellen, von denen her auch einiges, was in diesem Raum, wie Arendt gerne formuliert, als »außerordentlich« und »ausgezeichnet« (R 86) gefeiert wird, in einem weniger gloriosen Licht erscheinen muss. Dort, wo die Liebe zum Leben – und das heißt auch und gerade: die Akzeptanz von Vergängnis, Fehlbarkeit und Unzulänglichkeit – nicht gegen die Liebe zur Welt ausgespielt wird, zeigt sich, dass auch das, was innerhalb eines Erscheinungsraums den Rang ewiger Gültigkeit erlangt haben mag, nicht gegen die Ereignishaftigkeit eines Pluralitätsgeschehens gefeit ist, die auch noch dessen Konstruktionsprinzipien selber betrifft. In der Dynamik dieses Geschehens kann sich solcher Rang vielmehr als fragwürdig erweisen und kann der Abbau seiner Denkmäler selbst als ausgezeichnete Tat erscheinen.

Arendts Fehllektüre von James Baldwin hat ihr die Möglichkeit, in ihm einen Freund im genannten Sinne zu finden, ebenso verstellt wie die Perspektive auf ein reicheres, nämlich auch die Verfasstheit des öffentlichen Erscheinungsraums als solchen einbeziehendes Verständnis des Pluralitätsgeschehens. Diese Blockade erstaunt nicht nur im Lichte von Arendts ausgesprochen performativem Verständnis des öffentlichen Erscheinungsraums. Denn einen solchen Raum gibt es nach Arendt nicht jenseits der (Sprech-) Handlungen, die ihn hervorbringen, absterben lassen, erhalten oder – je nach Dynamik mal mehr, mal weniger radikal – transformieren.[20] Dass Arendt so wenig systematisches Gewicht auf die Frage der politischen Gestalt und Gestaltung dieses Raums selbst gelegt hat, verwundert vor allem deshalb, weil sie sich ja dezidiert auch als eine Autorin profiliert hat, die um die verheerenden Folgen eines vom Verlust an Pluralität geprägten Gemeinwesens nicht nur für die von ihm Unterdrückten und Verfolgten, sondern auch für die in ihm Herrschenden wusste. Allerdings schreibt sich der von ihr postulierte scharfe Kontrast zwischen Welt und Leben auch auf dieser Seite ihrer Überlegungen wieder ein. Besonders evident wird dieses Problem in Zusammenhang mit Arendts Weltlosigkeitshypothese.

20 Vgl. hierzu ausführlicher oben, das Kapitel »Das Geschehen der Pluralität«.

6. Die Weltlosigkeitshypothese

Sollten sich weitere Nationen in Rassen verwandeln, wie dies die Transformation von Deutschen in Arier vorgemacht habe, so könnte sich damit, schreibt Hannah Arendt Ende der 1940er Jahre, »tatsächlich« der »Untergang des Abendlandes« vollziehen.[1] Nun hatte sie zuvor die »starke Affinität [aller Rassedoktrinen] zu Untergangslehren« (EU 378) festgestellt. Arthur de Gobineau etwa habe im 19. Jahrhundert den »Niedergang der Aristokratie mit dem Weltuntergang« (ebd.) identifiziert und mit einer Degeneration der Rassen begründet. Dennoch ist es auch Arendt ernst mit der Spengler'schen Formulierung vom Untergang des Abendlandes. Im Unterschied zu Gobineau aber sieht sie die Möglichkeit eines Untergangs der westlichen Zivilisation im Gedanken der Rasse selbst beschlossen: »Was immer gebildete Wissenschaftler sagen mögen«, so Arendt in einer Passage, die sich nur in der englischen Fassung ihres Buchs über den Totalitarismus findet, »Rasse ist, politisch gesprochen, nicht der Beginn der Menschheit, sondern ihr Ende, nicht der Ursprung der Völker, sondern ihr Verfall, nicht die natürliche Geburt des Menschen, sondern sein unnatürlicher Tod«.[2] Der Eindruck einer antirassistischen Wendung der Untergangsrhetorik aber trügt. In Arendts Version wird zwar der Untergang des Abendlandes, anders als bei Gobineau, nicht auf einen Niedergang der (Herren-)

1 Arendt, *The Origins of Totalitarianism*, S. 204.

2 Ebd., S. 205.

Rasse, sondern auf die Logik der Rasse selbst zurückgeführt. Im Zentrum des Arguments steht aber die These, dass man sich die Durchsetzung des Rassegedankens innerhalb der europäischen Völker als ihren Weltverlust, eben: als Untergang der westlichen Tradition vorzustellen hat, und genau diese These wird von Arendt überraschenderweise unter Rückgriff auf einen eigenen Begriff der Rasse erläutert.

Arendt entwickelt ihr in verschiedenen Hinsichten höchst problematisches Argument in einem Kapitel ihres Buchs über den Totalitarismus, in dem sie den Versuch unternimmt, den Imperialismus als einen der Ursprünge und »Rasse und Bürokratie« als zwei Elemente totaler Herrschaft auszuweisen. Die Wurzel der Bürokratie als einer neuartigen Form »anonyme[r] Herrschaft auf dem Verordnungswege« (EU 443) sieht sie in der britischen Kolonialherrschaft und der dazugehörigen Verwaltung in Ägypten gegeben; die Wurzel einer auf dem Begriff der Rasse fußenden Form der Vergemeinschaftung hingegen in den burischen Gemeinwesen in Südafrika. Beide Elemente totaler Herrschaft, die Bürokratie wie die »Rassengesellschaft« (EU 406), müssen in ihren Ursprüngen, so Arendts These, als Antworten auf Erfahrungen verstanden werden, für die es in Europa keinen Vergleich gab. In Ägypten und Südafrika, so Arendt, seien »Lebens- und Regierungsformen in die von europäischen Völkern besetzten außereuropäischen Gebiete« (EU 454) eingeführt worden, von wo sie schließlich nach Europa reimportiert worden seien, um dort in der »Idee des Verwaltungsmassenmordes« (EU 408) der Nazis an den Juden zusammengeführt zu werden. Problematisch ist indes nicht Arendts Versuch, überhaupt einen Zusammenhang zwischen Kolonialismus und Nationalsozialismus herzustellen, problematisch ist vielmehr, wie sie diesen Zusammenhang denkt.[3]

Zwar leugnet Arendt nicht, dass sich auch innerhalb des vorimperialistischen Europa Rassebegriffe herausbildeten. So verweist sie auf aristokratische Rassetheorien seit der Französischen Revolution und auf den Sozialdarwinismus (vgl. EU 376-397), aber zwischen diesem Rassedenken und dem das 20. Jahrhundert prägenden »Rassenwahn« (vgl. EU 407) liegt laut Arendt ein »Abgrund« (EU 403). Letzterer nämlich gehe auf Erfahrungen und politische Gegebenheiten zurück, die dem Europa des 18. und 19. Jahrhunderts noch unbekannt gewesen seien. Entscheidend für die Rasseideologie des 20. Jahrhunderts sei der »›*scramble for Africa*‹« (EU 407) gewesen, also die als »Wettstreit um Afrika« bezeichnete Kolonisierung des afrikanischen Kontinents in der Hochphase des Imperialismus zwischen 1880 und dem Ersten Weltkrieg. Anders als der frühere Handelskolonialismus gehe die im Zeichen einer unbegrenzten Akkumulation von Kapital stehende imperialistische Phase des Kolonialismus mit einer Loslösung der Macht von national oder territorial vorgeschriebenen Zielen einher. Die »ziellose Akkumulation von Macht« in dieser Phase habe per definitionem

3 Mit dem Versuch, eine solche Verbindung herzustellen, steht Arendt, wie Richard King bemerkt, in einer Reihe mit französischen oder frankophonen Intellektuellen wie Aimé Césaire, Frantz Fanon oder Jean-Paul Sartre, die alle über den Nationalsozialismus als nach Europa reimportierten Kolonialismus nachdachten; Arendts Deutung dieses Zusammenhangs hingegen verbietet ihre Aufnahme in diese Riege antikolonialer Denker. Vgl. Richard H. King, *Race, Culture, and the Intellectuals 1940-1970*, Washington, D.C., Baltimore u.a. 2004, S. 97; ders., »On Race and Culture. Hannah Arendt and Her Contemporaries«, in: Seyla Benhabib (Hg.), *Politics in Dark Times. Encounters with Hannah Arendt*, Cambridge 2010, S. 113-134, hier S. 113.

in einem »Widerspruch zu der möglichen Neugründung politischer Körper« gestanden (EU 314) und daher zu ihrer Erhaltung und weiteren Ausdehnung anderer Instrumente bedurft – neben Formen der bürokratischen Verwaltung war dies vor allem die Ideologie der Rasse. Der Rassismus erscheint Arendt als »politische Waffe des Imperialismus« (EU 356), die für die totalitaristische Zerstörung der Nation, nämlich ihre Inbesitznahme durch die Ideologie der Rasse, ebenso prägend werden sollte wie für die totalitaristische Expansionspolitik. Gerade vor dem Hintergrund dieser Kritik am Rassismus mag allerdings erstaunen, dass sie sich genötigt fühlte, für die Herausbildung dieser Waffe eine »reale Erfahrungsgrundlage« (EU 408) anzugeben, die außerhalb des imperialistischen Unterfangens selbst lag. Entscheidend für ihr Argument ist nämlich nicht der *scramble for Africa* als solcher, sondern sind die »neuen erschütternden Erfahrungen, welche in ihm der europäischen Menschheit zugemutet wurden« (EU 403 f.) – Erfahrungen, auf die die Rasseideologie mit »politische[r] Treffsicherheit« geantwortet habe (EU 354). Denn erst in dem Moment, in dem Rassetheorien »sich auf genügend Erfahrungsmaterial stützen« konnten (EU 352), hätten sie sich zu einer Ideologie mit einer gewissen Glaubwürdigkeit und Strahlkraft entwickeln können. Ein solches Erfahrungsmaterial also, vor dessen Hintergrund sich dann die Rasseideologie habe entfalten können, soll der *scramble for Africa* geliefert haben.

Scharen von »Abenteurern neuen Typs«, so Arendts Erzählung, die in ihren europäischen Heimatländern von der kapitalistischen Maschinerie zu »Überflüssigen« gemacht worden waren, hätten sich, um ihr Glück zu machen, auf den Weg ins südliche Afrika gemacht, wo sie in der Kapkolonie auf die schon seit rund zweieinhalb Jahrhunderten dort ansässigen Buren trafen, die als ehemalige Europäer vor Ort Orientierung in der fremden Umgebung gaben (vgl. EU 417). Mitte des 17. Jahrhunderts, lange bevor man hier die ersten Gold- und Diamantenfelder entdeckte, waren holländische Siedler »abgesetzt worden«, um die Schiffe auf den alten, dem Handelskolonialismus dienenden Routen um das Kap nach Indien mit Frischgemüse und Fleisch zu versorgen (vgl. EU 418). Weil dem »abgesehen von einer kleinen Gruppe französischer Hugenotten keine europäische Immigration mehr folgen« sollte, seien die sich selbst so nennenden Buren weitgehend unter sich geblieben und hätten, so Arendt, »in vollkommener Abgeschnittenheit von dem Strom europäischer Ereignisse ein Sonderdasein [...] und ein dem Abendland bislang unbekanntes soziales und wirtschaftliches Leben« geführt (ebd.). So begegneten »die Goldgräber und Spekulanten, die nach der Entdeckung der Diamantenfelder und Goldminen nach Südafrika strömten«, in der »einzigartigen Organisations- und Lebensform der Buren« einem »politischen Körper, der ausschließlich auf dem Rassebegriff beruhte« (EU 406). Dieser Begriff aber, so Arendt könne in »seiner verhängnisvollen Wirkung auf die moderne Politik nur verstanden werden, wenn man auch die Not versteht, aus der er entstand« (ebd.). Die Europäer, die es um die Wende vom 19. zum 20. Jahrhundert auf den »schwarzen Kontinent« (EU 417) verschlagen hatte, machten Arendt zufolge nicht nur massenhaft dieselben »erschütternden Erfahrungen« (EU 403) wie die Buren zuvor, sondern fanden in diesen auch ein Modell zur Bewältigung dieser Erfahrungen vor, das dadurch schließlich auch in Europa an Einfluss gewann. Die Not nun, die laut Arendt am Ursprung der Rasseideologie stand, beschreibt sie – erschütternderweise, muss man sagen – wie folgt:

Der in Afrika beheimatete Rassebegriff war der Notbehelf, mit dem Europäer auf menschliche Stämme reagierten, die sie nicht nur nicht verstehen konnten, sondern die als Menschen, als ihresgleichen anzuerkennen sie nicht bereit waren. Der Rassebegriff der Buren entspringt aus dem Entsetzen vor Wesen, die weder Mensch noch Tier zu sein schienen und gespensterhaft, ohne alle faßbare zivilisatorische oder politische Realität, den schwarzen Kontinent bevölkerten und übervölkerten. Aus dem Entsetzen, daß solche Wesen auch Menschen sein könnten, entsprang der Entschluß, auf keinen Fall der gleichen Gattung Mensch anzugehören. Hier, unter dem Zwang des Zusammenlebens mit schwarzen Stämmen, verlor die Idee der Menschheit und des gemeinsamen Ursprungs des Menschengeschlechts, wie die christlich-jüdische Tradition des Abendlandes sie lehrt, zum ersten Mal ihre zwingende Überzeugungskraft, und der Wunsch nach systematischer Ausrottung ganzer Rassen setzte sich um so stärker fest, als es offenbar war, daß im Gegensatz zu Australien und Amerika Afrika viel zu überbevölkert war, als daß die dort erprobten Lösungen des Eingeborenenproblems je ernstlich in Frage kommen könnten. (EU 407)

Nun kann man sich bereits fragen, woher Arendt die Vorstellung einer Überbevölkerung des subsaharischen Afrika nimmt, denn für diese Behauptung gibt es keine wissenschaftliche Grundlage.[4] Noch weit irritierender ist aber der Umstand, dass Arendt hier offenbar nicht, wie man ihr immer wieder großzügig unterstellt hat, den Schrecken der Buren vor der »Gespensterwelt des Schwarzen Erdteils« (EU 408) nur zitiert, um ihn selbst zum Gegenstand der Aufklärung zu machen.[5] Statt diesen Schrecken etwa psy-

4 Vgl. Micha Brumlik, »›The scramble for Africa‹. Hannah Arendts paradoxer Versuch, den Holocaust aus dem Kolonialismus abzuleiten«, in: Lothar Fritze (Hg.), *Hannah Arendt weitergedacht*, Göttingen 2008, S. 153-165, hier S. 163.

5 So die These von George Kateb, der dennoch auch deutlich mit den entsprechenden Passagen kämpft und sie als einer der Ersten als

choanalytisch als Produkt einer Wahrnehmung zu adressieren, die abgespaltene eigene Anteile auf das Fremde projiziert,[6] gilt Arendt dieser Schrecken vielmehr als die nicht weiter zu befragende Ursache für die Ausbildung rassistischen Denkens. Die selbst deutlich rassistische These, die Arendt hier vertritt, lautet, dass der moderne Rassismus seine Ursache in der Konfrontation der Europäer mit dem hat, was sie »wirkliche Rassen« nennt (EU 426). »Das Wort Rasse«, doziert sie, »hat eine präzise Bedeutung, sobald man es aus dem Nebel der pseudowissenschaftlichen Theorien herausnimmt und auf die Stämme bezieht, welchen alle eigenen geschichtlichen Erinnerungen und alle der Erinnerung werten Taten fehlen. Damit wird Rasse zu einem politischen Begriff [...]« (ebd.). Dieser vermeintlich nüchterne, politische Begriff der Rasse – es ist Arendts eigener – findet für sie Anwendung auf Menschen »in Afrika und Australien«, von denen sie meint sagen zu können, dass sie »bis heute die einzigen ganz geschichts- und tatenlosen Menschen [sind], von denen wir wissen, die einzigen, die sich weder eine Welt erbaut noch die Natur in irgendeinem Sinne in ihren Dienst gezwungen haben« (EU 426). Angesichts dieser durch nichts belegten Vorstellungen kann kein Zweifel bestehen, dass man es hier, wie Anne Norton festgestellt hat, mit einem Fall von philosophischem Kolonialismus zu tun

»schwer verdaulich« markiert. Vgl. George Kateb, *Hannah Arendt. Politics, Conscience, Evil*, Oxford 1983, S. 61-63. Zu einer Verteidigung von Arendt in diesem Sinne vgl. auch Seyla Benhabib, *Hannah Arendt. Die melancholische Denkerin der Moderne*, Frankfurt/M. 2006, S. 144-146; Dana Villa, »Introduction: The Development of Arendt's Political Thought«, in: dies. (Hg.), *The Cambridge Companion to Hannah Arendt*, Cambridge 2000, S. 1-21, hier S. 4.

6 Vgl. Brumlik, »›The scramble for Africa‹«, S. 161.

hat.[7] Um ihre These vom Schrecken der Buren vor dem »Treiben der schwarzen Stämme« (EU 407) als »reale Erfahrungsgrundlage« (EU 408) des Rassewahns einsichtig zu machen, und zwar nicht zuletzt in dezidierter Absetzung von denjenigen, die den Begriff der Rasse für nichts als eine Konstruktion halten (vgl. ebd.), scheint Arendt bezeichnenderweise ein Stück Literatur, nämlich Joseph Conrads Erzählung *Herz der Finsternis*, geeigneter »als die einschlägige geschichtliche oder politische oder ethnologische Literatur« (ebd.).

Marlow, der Ich-Erzähler der Binnengeschichte (ein Bericht über eine Kongo-Reise) von Conrads komplex gebautem Text, beschreibt indes nicht nur das von Arendt immer wieder zitierte »Entsetzen vor Wesen, die weder Mensch noch Tier zu sein schienen« (EU 407[8]), sondern auch das vor den moralischen Verwüstungen und seelischen Abgründen der europäischen Imperialisten. »The horror! The horror!« lauten die letzten Worte von Kurtz, der charismatischen Figur, die im »Herz der Finsternis« durch Gewalt und Schrecken herrscht und es doch vor allem selbst ver-

7 Vgl. Anne Norton, »›Heart of Darkness‹. Africa and African Americans in the Writings of Hannah Arendt«, in: Bonnie Honig (Hg.), *Feminist Interpretations of Hannah Arendt*, University Park 1995, S. 247-263, bes. S. 252-254. Eine Kontextualisierung von Arendts philosophischem Kolonialismus im Diskurs ihrer deutschen Zeitgenossen leistet King, »On Race and Culture. Hannah Arendt and Her Contemporaries«.

8 Für ein direktes Zitat aus *Herz der Finsternis* vgl. EU 416. An anderer Stelle schreibt sie noch drastischer: »[W]as auch immer die Menschheit an Schrecken vor wilden barbarischen Stämmen gekannt hat, das grundsätzliche Entsetzen, das den europäischen Menschen befiel, als er N**** – nicht in einzelnen Exemplaren, sondern als Bevölkerung eines ganzen Kontinentes – kennenlernte, hat nirgendwo seinesgleichen.« (EU 425)

körpert.[9] Während Conrad die Atmosphäre des Unwirklichen und Gespenstischen, die über den Szenen liegt, auch als einen Effekt der selbst irreal anmutenden imperialistischen Gewalt beschreibt,[10] versteht Arendt noch diese Gewalt als einen Effekt der Angleichung der Europäer an die »Gespensterwelt des Schwarzen Erdteils« (EU 408, vgl. EU 427). Befremden müssen nicht nur die hemmungslos rassistischen Vermutungen über Afrika, über seine Weltlosigkeit und Grausamkeit, sondern auch die »Theorie der Mimesis ans Fremde«,[11] mit der Arendt ihre aparte Genealogie der Rassenideologie des 20. Jahrhunderts aus der Lebensform der Buren zu begründen versucht.

Entscheidend für diese Theorie ist Arendts Deutung der Effekte, die das Zusammenleben von Europäern und Afrikanern auf dem »bis in unser Jahrhundert unerschlos-

9 Joseph Conrad, *Heart of Darkness*, London, New York u. a. 2007, S. 86.

10 Tatsächlich verwendet Conrads Erzähler Marlow das Wort »phantom« ausschließlich zur Beschreibung der von den Kolonialherren im Arbeitsdienst zerschundenen Schwarzen Sklaven (ebd., S. 20) oder für die Seite der Kolonisten. Sie erscheinen als »mean and greedy phantoms« (ebd., S. 85), die in ihrem Dampfer an der Umgebung, von der sie nichts verstanden, vorbeiglitten »like phantoms« (ebd., S. 43). Schließlich taucht das Wort auch zur Charakterisierung von Kurtz auf – »that atrocious« (ebd., S. 91), »eloquent phantom« (ebd., S. 95). Edward Said hat auf die Möglichkeit aufmerksam gemacht, die Erzählung nicht nur, wie dies prominent etwa Chinua Achebe getan hat, als eine literarische Fortsetzung des Imperialismus zu lesen, den sie beschreibt, sondern als eine Narration, die, indem sie den Imperialismus selbst als eine radikal instabile Realität zeigt, zumindest implizit die Perspektive auf eine andere mögliche Weltordnung öffnet. Vgl. Chinua Achebe, »An Image of Africa: Racism in Conrad's *Heart of Darkness*«, in: ders., *Hopes and Impediments. Selected Essays*, London 2019, S. 1-20; Edward W. Said, *Kultur und Imperialismus. Einbildungskraft und Politik im Zeitalter der Macht*, Frankfurt/M. 1994, S. 56-70, bes. S. 68.

11 Vgl. Brumlik, »›The scramble for Africa‹«, S. 161.

sene[n], schwarze[n] afrikanische[n] Kontinent« auf die Europäer hatte (EU 409). Das systematische Gewicht, das sie auf diese Effekte legt, wird vor allem an ihrem Versuch deutlich, den vorimperialistischen Kolonialismus und die Sklaverei in den USA als für die Entwicklung der Rasseideologie des 20. Jahrhunderts unerheblich darzustellen. Dabei vertritt Arendt generell die These, dass die Verbrechen des Kolonialismus und der Sklaverei auf die vermeintliche Weltlosigkeit der Versklavten und Kolonisierten selbst zurückzuführen seien (vgl. EU 426f.). So versteigt sie sich zu der Behauptung, dass »die Bekanntschaft mit afrikanischen N*****«[12] auch in Amerika »einen Rückfall in die Sklaverei verursacht« habe, »von der man mit Recht hätte annehmen können, daß sie in dieser Form in der Neuzeit nicht mehr vorkommen würde« (EU 389). Die Sklavenhalter in den USA aber – und dieses Argument ist für die Sonderstellung der Buren in ihrer Genealogie des Europa heimsuchenden modernen Rassewahns entscheidend – seien deswegen »noch nicht zu ideologischen Verfechtern von Rassedoktrinen« (ebd.) geworden; vielmehr hätten sie, die Sklavenhalter, wie Arendt hier gegen alle historische Evidenz sagt, »[d]urch das ganze 18. Jahrhundert [...] noch die Sklaverei als eine vorübergehende Institution [betrachtet], die man nach und nach abschaffen müsse« (ebd.). An anderer Stelle heißt es: »Tatsache ist, daß die frühen Aus-

12 Und erneut heißt dies für Arendt: »mit Menschen [...], die von sich aus ganz offenbar weder das, was wir menschliche Vernunft, noch was wir menschliche Empfindungen nennen, besaßen, die keinerlei Kultur, auch nicht eine primitive Kultur, hervorgebracht hatten, ja kaum im Rahmen feststehender Volksgebräuche lebten und deren politische Organisation Formen, die wir auch aus dem tierischen Gemeinschaftsleben kennen, kaum überschritten.« (EU 388)

rottungen von Eingeborenenstämmen, die Schiffsladungen von N***** nach Amerika oder die Entdeckerfahrten in den schwarzen Kontinent ohne Bedeutung für die abendländische Geschichte im allgemeinen blieben« (EU 417).

Ohne Bedeutung jedenfalls offenbar für Hannah Arendt. Diese Missachtung der Bedeutung des vorimperialistischen Kolonialismus und des auf ihm aufbauenden transatlantischen Sklavenhandels für die Ausbildung des modernen Rassismus innerhalb der »abendländischen Geschichte«, Arendts geradezu gewaltsame Abwehr der Einsicht in die Bedeutung der europäisch-amerikanischen Sklaverei für das, was sie in *Elemente und Ursprünge totaler Herrschaft* zu verstehen versucht – nämlich »die Deutungsmuster, Ideologien und Praktiken, die zum Vorfeld und zu den notwendigen Bedingungen der industriellen Massenvernichtung [der] europäischen Juden gehört haben«[13] –, dies alles ist schwer nachvollziehbar. Nun könnte man argumentieren, dass Arendts Fokussierung auf die imperialistische Phase des Kolonialismus im Kontext ihres Projekts dennoch historisch naheliegt. Denn es gibt ja beispielsweise direkte Verbindungen zwischen dem kolonialen Experiment der Deutschen in Namibia (damals: Deutsch-Südwestafrika) und

13 Micha Brumlik, »Der transatlantische Sklavenhandel, das Entstehen des modernen Rassismus und der Antisemitismus. Plädoyer für eine auch pädagogisch folgenreiche Synthese«, in: Fritz Bauer Institut (Hg.), *Grenzenlose Vorurteile. Antisemitismus, Nationalismus und ethnische Konflikte in verschiedenen Kulturen* (= *Jahrbuch zur Geschichte und Wirkung des Holocaust*, Bd. 6), Frankfurt/M. 2002, S. 69-86, hier S. 84. Brumlik weist etwa darauf hin (ebd., S. 77), dass mit den französischen Kolonien Ende des 18. Jahrhunderts die Strukturlogik des Lagers als eines rechtsfreien Raums in Gang kam, wie sie von Arendt im neunten Kapitel von *Elemente und Ursprünge totaler Herrschaft* analysiert worden ist.

der Rassenpolitik der Nazis, aus denen Arendt, wie Richard King bemerkt, mehr hätte machen können. So wurde von den Deutschen unter dem Befehl des Generalleutnants Lothar von Trotha 1904 an den aufständischen Herero der erste von der Geschichtsschreibung anerkannte Völkermord des 20. Jahrhunderts verübt. In Reaktion auf die Aufstände der Herero und Nama wurden zudem auch Konzentrationslager errichtet, in denen Tausende starben. Und schließlich waren einige der deutschen Kolonisten später bei der Entwicklung der nationalsozialistischen Rassenpolitik aktiv, darunter Ernst Heinrich Göring, der Vater von Hermann Göring, sowie der spätere NS-Rassenhygieniker Eugen Fischer.[14]

Mit ihrem Fokus auf die Buren aber zeigt sich Arendt an einem anderen Zusammenhang interessiert, und sie wähnt sich dabei durchaus kritisch. Zum einen spricht sie den Buren eine »nicht zu unterschätzende Rolle« in der »Geschichte des modernen Rassenantisemitismus« (EU 436) zu. Denn die Buren hätten ihr Ressentiment gegen die auf der Suche nach Gold und Diamanten scharenweise einwandernden »Uitlanders« vor allem auf die für die Anfangsstadien der imperialistischen Entwicklung so wichtigen jüdischen Finanziers gelenkt – dies aber bereits innerhalb der Logik der Rasse, in deren Rahmen die Juden als eine »gesonderte ›Rasse‹ angesehen wurden« (ebd.), »so daß jeder Jude als ein ›weißer N****‹ und jeder Ausländer als ein ›weißer Jude‹ erscheinen konnte« (EU 437). Noch wichtiger aber ist Arendt der Umstand, dass dieser Idee weißer Rassen die Selbstrassifizierung der Buren vorausging; und dies ist in dem von Arendt zuvor definierten »politischen Sinn« der Welt- und Geschichtslosigkeit der »wirklichen Rassen« zu verstehen

14 Vgl. King, *Race, Culture, and the Intellectuals 1940-1970*, S. 107.

(vgl. EU 426). An den Buren soll sich demonstrieren, dass die mimetische Anverwandlung von Europäern an »schwarze Eingeborenenstämme« (EU 417) möglich ist. Genau in einer solchen Anähnelung sieht sie das Modell für das gegeben, was ihrer Meinung nach in Deutschland geschah, als aus Deutschen Arier wurden, nämlich die Verwandlung von »europäischen Völker[n] aus Nationen in Rassehorden« (EU 406). Diese Transformation gilt Arendt als der entscheidende Baustein, um die nationalsozialistische Rassenideologie zu verstehen. »In diesem Sinne«, schreibt sie entsprechend, »benutzte Hitler das Wort ›Rasse‹, wenn er immer wieder betonte: ›Eine Rasse sind wir nicht, eine Rasse müssen wir erst werden‹« (EU 426).

Die Buren sind für Arendts eigentümlich verdrehte Geschichte des Untergangs des Abendlandes eine Rasse nicht der europäischen Herren, sondern des nach dem Vorbild »schwarze[r] Rassestämme« (EU 427) geformten Mobs. Aufgrund der äußeren Umstände, vor allem des für Ackerbau ungünstigen Bodens, den sie in Südafrika vorfanden, hätten sich die holländischen Bauern in kürzester Zeit an die »nomadisierende Hirten- und Jägerexistenz ihrer barbarischen Umgebung an[geähnelt]« (EU 418), weshalb sie es auch zu keiner »staatlichen oder auch nur kommunalen Organisation« gebracht hätten (EU 419). Selbst die »Verwandlung von Eingeborenenstämmen in Arbeitssklaven« durch die Herrschaft der Buren ähnele »nur sehr äußerlich der Eroberung und Beherrschung eines Volkes durch ein anderes« (EU 419). Sie sei »in Wahrheit die Art und Weise, in der ein europäisches Volk sich dem Lebensstil der schwarzen Stämme anglich« (EU 420). Denn hier, erläutert Arendt weiter, habe man es mit der »einzige[n] uns aus der Geschichte bekannte[n] Sklavenwirtschaft« zu tun, »die nicht darauf hinauslief, eine Herrenschicht für andere, ›höhere‹ Tätigkeiten freizusetzen, und die daher auch niemals die materielle Grundlage für eine immer geartete Kultur gebildet hat« (EU 420). Entsprechend seien die Buren

> die ersten Kolonialmenschen gewesen, die sich nie wieder in normale europäische Verhältnisse hätten schicken können, weil ihnen das grundsätzliche Ethos des Europäers, der in einer von ihm selbst mitgeschaffenen und dauernd mitveränderten Welt lebt, nicht mehr begreiflich war. Indem die Buren die Eingeborenen nicht als Menschen, sondern als den Rohstoff des neuen Kontinents ansahen und indem sie rücksichtslos von der trägen, parasitären Ausbeutung dieser »Rohstoffe« lebten, sanken sie selbst auf die Stufe jener barbarischen Stämme, deren wesentliches Merkmal es ist, von der Natur zu leben, ohne sie für den eigenen Nutzen herrichten zu können, das, was die Erde gibt, hinzunehmen, ohne aus den geschenkten Schätzen eine für den Menschen brauchbare und von ihm beherrschte Welt zu erzeugen. (EU 420 f.).

Arendt geht es hier offenbar nicht um eine Kritik an der Sklaverei an sich als vielmehr um eine Kritik an den Zwecken, zu denen sie eingesetzt wird. Ihre Kritik richtet sich, so muss man wohl aus der in moralischer Hinsicht irritierenden Parallelisierung eines Lebens von der Ausbeutung anderer Menschen mit einem Leben von der Natur schließen, lediglich gegen eine Sklavenherrschaft, die nicht im Dienst der Errichtung einer Welt stand.[15] Die vermeintliche

15 In diesem Kontext zeigt sich Arendts (überdies anthropozentrischer) Eurozentrismus nicht zuletzt auch daran, dass sie den Begriff der Welt selbstverständlich mit naturbeherrschender Sesshaftigkeit und der Herstellung einer Dingwelt assoziiert. Vgl. Gail Presbey, »Critic of Boers or Africans? Arendt's Treatment of South Africa in *The Origins of Totalitarianism*«, in: Emmanuel Chukwudi Eze (Hg.), *Postcolonial African Philosophy. A Critical Reader*, Cambridge (Mass.), Oxford 1996, S. 162-180, bes. S. 167-169.

Weltlosigkeit der schwarzen Stämme soll sich also in der unproduktiven Lebensweise der Buren spiegeln, einer Lebensweise, die deshalb durch nichts als die Hautfarbe, eine »natürlich-physische [...] Gegebenheit« (EU 424), zusammengehalten werde. Dabei könne, wie Arendt hinzufügt, noch nicht einmal das rassistische »Stammesbewusstsein« (ebd.) der Buren als eigene Kulturleistung zählen; vielmehr sei es ihnen aufgrund der »spontanen Anerkennung und Verehrung der Schwarzen für die mächtigen weißen Herren« (ebd.) zugefallen. Wie die These über die vermeintliche Weltlosigkeit der »Eingeborenen« entbehrt die der spontanen Anerkennung der weißen »Herren« jedoch ebenfalls jeder Grundlage – in Wirklichkeit gab es einigen Widerstand indigener Gruppen gegen die Fremdherrschaft in Südafrika.[16] Auch diese These scheint sich vor allem Arendts inspirierter Lektüre von *Herz der Finsternis* zu verdanken.

Tatsächlich steht Conrads Figur des Herrn Kurtz bei Arendt Modell für den Typus des sich selbst rassifizierenden Europäers, wie er zu Beginn des 20. Jahrhunderts zunehmend auch in Europa an Einfluss gewonnen haben soll. Wieder »in den Gang der europäischen Geschichte« (EU 428) eingespeist wurde die Welt der Buren laut Arendt nämlich erst in der Zeit des Wettstreits um Afrika – als die Buren zum Vorbild für Männer wurden, die sich von den alten Entdeckern dadurch unterschieden, dass sie in das Abenteuer nicht von sich aus, sondern durch die Aussichtslosigkeit der ökonomischen Situation in ihren Heimatländern getrieben wurden (vgl. EU 413). »Ausgespien von der Gesellschaft und ihren Wertungen, waren sie auf sich zurückgeworfen« – und die »einzigen Begabungen, die

16 Vgl. ebd., S. 174 f.

unter diesen Bedingungen gedeihen konnten, waren die des Demagogen, des ›Führers extremistischer Parteien‹, Ressentimentsbegabungen im weitesten Sinne [...]« (EU 414); Begabungen wie diejenige des Herrn Kurtz also, die im afrikanischen »Herz der Finsternis« zu einer wahrhaft entfesselten Blüte kommen konnten (vgl. ebd.). Sein reales Spiegelbild findet Kurtz für Arendt in dem selbsternannten Herrenmenschen und »Mobführer« Carl Peters (vgl. EU 414, 442), dem von Hitler bewunderten Begründer der Kolonie Deutsch-Ostafrika.

Auch wenn Arendt der industriekapitalistischen Produktion von »Überflüssigen« in Europa eine nicht unwesentliche Rolle in der von ihr skizzierten Entwicklung zuspricht, so ist doch deutlich, dass sie den eigentlichen Ursprung für die Ausbildung der modernen Rassenideologie in der Assimilation von Europäern an die vermeintliche »Welt- und Zwecklosigkeit« der afrikanischen Vergemeinschaftungsformen sieht (EU 427). Mit dem Bezug auf diesen »Fluch des schwarzen Kontinents« (ebd.) will sie die These eines mit dem Totalitarismus gegebenen Bruchs mit der westlichen Tradition untermauern, dessen Ursprung indes außerhalb Europas liegen soll. Nun ist Arendts Versuch, das Gros der westlichen Tradition durch »den Puffer des Imperialismus« von der modernen Rassenideologie abzuheben, schon in ideengeschichtlicher Hinsicht – zieht man die rassistischen Züge innerhalb dieser Tradition in Betracht (Kant wäre hier ebenso zu nennen wie etwa Locke, Hume oder Hegel) – nicht zu halten.[17] Zudem wird die Krise des Westens durch

17 Vgl. hierzu Robert Bernasconi, »When the Real Crime Began. Hannah Arendt's *The Origins of Totalitarianism* and the Dignity of the Western Philosophical Tradition«, in: Richard King, Dan Stone (Hg.), *Hannah*

Arendts Erzählung auch in moralisch-politischer Hinsicht erst in dem Moment angesetzt, in dem die Logik der Rasse gewissermaßen auf horizontaler Ebene auch den weißen Menschen umgreift,[18] und ebendies wird ebenfalls noch mit einer politischen Theorie der Rasse begründet. Das alles ist, man muss es in aller Deutlichkeit sagen, schlichtweg unhaltbar; tatsächlich muss eine solche These, in der sich auch eine irritierende Empathielosigkeit, ja Kälte, gegenüber Schwarzem Leid ausspricht, das Projekt blockieren, Bezüge zwischen Kolonialismus, Sklaverei, Rassismus auf der einen Seite und Nationalsozialismus, Holocaust, Antisemitismus auf der anderen so herzustellen, dass sie einander erhellen und nicht verstellen.[19]

Man kann Arendts programmatischen Satz, dass »Rasse« nicht den »Beginn der Menschheit« markiert, sondern »ihr Ende, nicht den Ursprung der Völker, sondern ihren Verfall, nicht die natürliche Geburt des Menschen, sondern sei-

Arendt and the Uses of History: Imperialism, Nation, Race, and Genocide, New York 2007, S. 54-67, hier S. 57.

18 Ebendarin unterscheidet sich Hannah Arendt fundamental von antikolonialen Denkern wie Aimé Césaire, der zwar wie Arendt auf die durch die Kolonisierung bewirkte Brutalisierung und Entzivilisierung der Kolonisten selbst hinweist. Für Césaire jedoch setzt der moralische und geistige Verfall des Westens bereits in dem Moment ein, in dem Eroberung und Plünderung mit einer vermeintlich überlegenen Ordnung gerechtfertigt werden. Vgl. Aimé Césaires Rede »Über den Kolonialismus«, in: ders., *Über den Kolonialismus*, Berlin 2017, S. 21-88, bes. S. 27, 29, 33, 36. Für einen Vergleich zwischen Arendt und Césaire vgl. auch Karuna Mantena, »Genealogies of Catastrophe. Arendt on the Logic and Legacy of Imperialism«, in: Benhabib (Hg.), *Politics in Dark Times*, S. 83-112, bes. S. 100-105.

19 Zu den Grenzen, die ein solches Projekt an Arendts Eurozentrismus findet, vgl. auch Michael Rothberg, *Multidirectional Memory. Remembering the Holocaust in the Age of Docolonization*, Stanford 2009, bes. S. 33-65.

nen unnatürlichen Tod«,[20] aus einer antikolonialen, antirassistischen Perspektive jedoch dann unterschreiben,[21] wenn man ihn gegen jede Theorie der Rasse wendet, auch gegen die »politische«, um den Begriff der Weltlosigkeit zentrierte von Hannah Arendt selbst. Dann aber müssen die dieser Theorie verpflichteten Passagen aus *Elemente und Ursprünge totaler Herrschaft* die Frage provozieren, wie überzeugend die Intuition noch genannt werden kann, für die Arendt dort argumentiert. Der Umstand, dass die Figur der Weltlosigkeit hier dazu beiträgt, die Gewalt von Kolonisierung und Sklaverei zu naturalisieren, verweist erneut auf ein bereits an anderen Stellen diskutiertes[22] systematisches Problem innerhalb von Arendts politischer Philosophie: Die Vorstellung vollständig weltloser Menschen verdeckt – wie auch in den Kontexten, in denen Arendt diese Weltlosigkeit als Konsequenz einer politischen Deprivation darstellt – das Freiheits- und Würdepotenzial der Verfolgten, der Kolonisierten, der Versklavten. Hier wie dort muss die vermeintliche Weltlosigkeit als Zuschreibung kritisiert werden, die selbst gewaltförmige Effekte hat, von denen nicht der geringste der der systematischen Verdeckung von Widerstand ist. Dass ein politisches Ereignis wie die Haitianische Revolution in Arendts Buch *Über die Revolution* keine Beachtung findet, kann daher nicht verwundern.[23] Diese Aus-

20 Vgl. Arendt, *The Origins of Totalitarianism*, S. 205.

21 In diesem Sinne affirmativ zitiert wird er etwa von Hartman, *Lose Your Mother*, S. 157.

22 Vgl. dazu oben, die Kapitel 3-5.

23 Zur Symptomatik dieser Auslassung bei Arendt vgl. Sibylle Fischer, *Modernity Disavowed. Haiti and the Cultures of Slavery in the Age of Revolution*, Durham 2004, S. 7-9; Gines, *Hannah Arendt and the Negro Question*, S. 72-76.

lassung ist indes umso bedauerlicher, als Arendt hier das Modell einer Revolution hätte vorfinden können, die den von ihr in *Elemente und Ursprünge des Totalitarismus* selbst kritisierten leeren Universalismus der Menschenrechte[24] ins Zentrum rückt und die Gründung der Freiheit an die Frage konkreter Bedingungen für politische Teilhabe bindet.[25] Sofern auch dieses revolutionäre Ereignis durch ein »andenkendes Nachdenken« zu würdigen wäre, wie Arendt dies für die Amerikanische Revolution und den Rätegedanken fordert (vgl. R 283, 360), hätte sich dieses An- und Nachdenken einem revolutionären Geist zu verpflichten, der sich nicht nur auf die von Arendt betonte Erhaltung der Möglichkeit zum Neuanfangen konzentriert, sondern auch auf das dauerhafte Bemühen, jene Gewaltverhältnisse gar nicht erst zuzulassen, gegen die sich die Revolution ursprünglich richtete.[26] Das Ereignis der Haitianischen Revolution zu denken bedeutet deshalb nicht zuletzt, sich die Freiheitsideale der westlichen Tradition im Lichte der sie prägenden Gewalt- und Ausschlussgeschichten zu vergegenwärtigen.

Der sich in ihrer Figur der Weltlosigkeit des »Schwarzen Erdteils« (EU 408) aussprechende Eurozentrismus setzt Arendts Philosophie der Pluralität eine deutliche Grenze – eine Grenze, die die in pluralitätstheoretischer Hinsicht durchaus naheliegende Problematisierung und nötige Dy-

24 Vgl. dazu oben, das Kapitel »Im Negativraum des Erscheinens«.

25 Zu der Herausforderung des westlichen Universalismus durch seine Reformulierung in den haitianischen Verfassungen von 1801 und 1805 vgl. Jeanette Ehrmann, »Konstitution der Rassismuskritik. Haiti und die Revolution der Menschenrechte«, in: *Zeitschrift für Menschenrechte* 1 (2015), S. 26-40.

26 Vgl. Jennifer Gaffney, »Memories of Exclusion: Hannah Arendt and the Haitian Revolution«, in: *Philosophy and Social Criticism* 44:6 (2018), S. 701-721.

namisierung des westlichen Universalismus blockiert. Die Weltlosigkeitshypothese ist aber ebenso unproduktiv, wenn man sie auf die Seite der Herrschenden bezieht. So richtig die Intuition ist, dass man es auch hier mit einer Form der Unfreiheit zu tun hat, so irreführend erweist sich deren Erläuterung über die Figur der Weltlosigkeit. Während Arendts Genealogie der modernen Rasseideologie auf eine Kritik an der Weltlosigkeit des weißen Mobs hinausläuft, dessen Herrschaft zugleich den Untergang des Abendlandes markieren soll, ist unbestreitbar, dass die westliche Welt gerade auch dort, wo man die Idee der Freiheit kultivierte, mit einer Akzeptanz der Sklaverei einherging, die spätestens seit Mitte des 16. Jahrhunderts nicht nur im Rekurs auf zweifelhafte Theorien natürlicher Ungleichheit, sondern auch dezidiert rassistisch legitimiert wurde.

Dennoch bleibt in pluralitätstheoretischer Hinsicht der naheliegende, aber nicht triviale Punkt bestehen, dass in der Logik der Rasse zwangsläufig ein Verlust an Pluralität beschlossen liegt, der auch in der Selbstrassifizierung der Rassisten wirksam ist. Um die Destruktivität einer solchen Logik, also die Konsequenzen des Versuchs einer äußeren wie inneren, die Gemeinsamkeit der Welt wie den je Einzelnen betreffenden Auslöschung der Pluralität zu ermessen, bedarf es jedoch einer Perspektive, die diese Logik als eine historisch realisierte Möglichkeit der westlichen Tradition selber denkt, das heißt als Bestandteil der Errichtung und Erweiterung der westlichen Kultur, nicht als Untergang des Abendlandes, sondern als eine seiner tragenden Säulen. In den Blick gerät dann auch ein Böses, das sich gerade nicht in der Extremform des aus aller westlichen Kultur vermeintlich herausfallenden sadistischen Gewaltexzesses bannen lässt, sondern das sich selbst ausdrücklich auf die westliche

Tradition beruft. Arendt hat sich bekanntermaßen auch mit dieser Gestalt des Bösen auseinandergesetzt. Den Schock eines mit Zitaten der abendländischen Philosophie dekorierten Zivilisationsbruchs erfuhr sie indes nicht angesichts der Gräuel der europäischen Kolonialherrschaft, was ja durchaus möglich gewesen wäre, sondern in der Beobachtung einer Figur, die nichts mit den sadistischen Charismatikern vom Schlage Kurtz' beziehungsweise Peters' gemein zu haben schien: Eichmann.

7. Eichmanns Unfreiheit

Es ist eine der provokantesten Thesen in Hannah Arendts Buch über den Totalitarismus, dass das in den Konzentrationslagern unternommene »Experiment«, Menschen in das zu verwandeln, was sie »lebende Leichname« nennt, auf ein »außerhalb der Lager immer nur unvollkommen verwirklichbare[s] Modell des ›Bürgers‹ eines totalitären Staates« (EU 936) zielt: Wie die Menschen in den Konzentrationslagern soll auch dieser Bürger jederzeit liquidierbar sein und durch andere, sich identisch verhaltende »Reaktionsbündel« ersetzbar. Denn nur dann wäre erreicht, worauf totalitäre Herrschaft Arendt zufolge angelegt ist: »alle Menschen in ihrer unendlichen Pluralität und Verschiedenheit so zu organisieren, als ob sie alle zusammen nur einen einzigen Menschen darstellten« (EU 907). Nur dann wäre »das herzustellen, was es nicht gibt, nämlich so etwas wie eine Spezies Mensch, deren einzige ›Freiheit‹ darin bestehen würde, die ›eigene Art zu erhalten‹« (ebd.), wie Arendt Hitler zitiert. Genau in diesem Sinne nennt sie das Konzentrationslager »die konsequenteste Institution totaler Herrschaft« (EU 912). Nun hat sich in den vorangegangenen Kapiteln gezeigt, dass die Annahme einer vollständigen Transformierbarkeit von Menschen in weltlose Reaktionsbündel mit Blick auf die Opfer ebenso zu kurz greift wie mit Blick auf die vermeintlich einzig auf die Erhaltung ihrer eigenen Art ausgerichteten Täter. Diese Zuspitzung ist vor dem Hintergrund von Arendts Versuch, sich das Telos der totalitären Herrschaft als Zerstörung einer menschlichen Welt zu erklären, zwar nachvollziehbar. Doch letztendlich führt sie in die Irre. So, wie es eine Verletzlichkeit zu denken gilt, die sich daraus ergibt, dass sich menschliches Leben auch in Extremsituationen eben nicht auf bloßes oder »nacktes« Leben reduzieren lässt, so ist auf der anderen Seite eine Unmenschlichkeit zu denken, die nicht aufgrund einer fundamentalen Abkehr von der menschlichen Welt, sondern aus ihr selbst heraus entsteht.

Aber auch ohne die Zuspitzung der Weltlosigkeitshypothese bleibt der von Arendt betonte Zusammenhang zwischen der Vernichtung der aus dem totalitären Staat ausgeschiedenen Menschen in den Konzentrationslagern und der Vernichtung der politischen Freiheit seiner Bürgerinnen und Bürger evident – ein Zusammenhang, der für Arendt bereits in den nichttotalitären Nationalstaaten angelegt ist.[1] So schieben die Nationalstaaten im Namen ihrer Souveränität Menschen als nicht zugehörig ab, und die Weltzugänge der Staatsbürgerinnen und -bürger werden dort in ihrer Einzigartigkeit und Offenheit übergangen, wo sie sich als Glieder einer größeren Ganzheit, der Nation oder des Volkes, verstehen sollen. Mit anderen Worten: Sofern sie sich im exkludierenden Sinne als Einheit einer Nation oder eines ethnisch homogenen Volkes verstehen, üben die Nationalstaaten bereits Verrat an jener Pluralität, in deren Dynamik allein sich nach Arendts aristotelischer Bestimmung die menschlichen Potenziale, die Einzigartigkeit der Weltzugänge sowie deren Offenheit für Neues und für Veränderung, entfalten können. Zumal vor dem Hintergrund der von Arendt selbst diagnostizierten Übergänge zwischen den nationalstaatlichen und den totalitären Formen der Ver-

1 Vgl. hierzu noch einmal oben, das Kapitel »Im Negativraum des Erscheinens«.

gemeinschaftung wird deutlich, dass die bloße Mitgliedschaft in einem öffentlich verbürgten Gemeinwesen, also der Besitz der Staatsbürgerschaft, die volle Realisierung der menschlichen Potenziale nicht garantiert. Vielmehr kann es Formen der politischen Vergemeinschaftung geben, die deren Verwirklichung blockieren und von innen aushöhlen, was Teilhabe an einer menschlichen Welt bedeutet. In dem Moment jedoch, in dem die Teilhabe an einer menschlichen Welt nicht mehr, wie Arendt dies für die antike Polis gegeben sieht, mit der Mitgliedschaft in einer öffentlich verbürgten Gemeinschaft zusammenfällt, in dem Moment also, in dem Freiheit und Politik auseinandertreten, stellt sich die Frage nach dem Verhältnis von Ethik und Politik mit Nachdruck neu. Welche Auswirkungen hat eine auf Gleichschaltung angelegte Politik auf das Selbstverhältnis der Einzelnen? Wie kann Verantwortung für eine menschliche Welt unter solchen Bedingungen gedacht werden?

Es sind diese Fragen, die sich Arendt aufdrängten, als sie 1961 für die Zeitschrift *The New Yorker* dem Strafprozess gegen Adolf Eichmann in Jerusalem als Berichterstatterin beiwohnte. Im Zentrum ihres zunächst in fünf aufeinanderfolgenden Essays im *New Yorker*, dann 1963 als Buch veröffentlichten Prozessberichts[2] steht bezeichnenderweise nicht die Figur der Weltlosigkeit, sondern die der Gedankenlosigkeit der Täter. In ihr sieht Arendt eine Gestalt des Bösen, die sich gerade aufgrund ihrer mangelnden Radikalität, ihrer mangelnden Tiefe und Dämonie ausbreiten konnte »wie ein Pilz«.[3] Seit dem Erscheinen von *Eichmann*

2 Hannah Arendt, *Eichmann in Jerusalem. Ein Bericht von der Banalität des Bösen*, München 1991. Im Folgenden zitiert als EJ.

3 Vgl. zu dieser Metapher den Brief an Gershom Scholem vom 20. Juli 1963 in: Arendt, *Wahrheit gibt es nur zu zweien*, S. 278-285, hier S. 284.

in Jerusalem wird die These von der Banalität des Bösen kontrovers diskutiert.[4] Die Kritik wirft Arendt die Verharmlosung Eichmanns zu einem autoritätshörigen Beamten vor, der den Anweisungen von oben mit Pflichteifer, aber ohne Eigeninitiative und vor allem ohne eigene Motive nachgekommen sei. Tatsächlich portraitiert Arendt Eichmann nicht als einen fanatischen Antisemiten. Im Zentrum steht vielmehr die Analyse eines ganz neuen Tätertyps, der sich allerdings, wie Julia Schulze Wessel argumentiert hat, mit Arendt durchaus als Ausdruck eines spezifisch modernen, nämlich zunehmend abstrakt und »sachlich« auftretenden Antisemitismus verstehen lässt.[5] Unabhängig von der Frage, ob Arendt der historischen Person Eichmann mit ihrem Bericht gerecht geworden ist oder nicht: Die unter Bezugnahme auf die Böswilligkeit und den Judenhass der Person Eichmanns erfolgende Beweisführung gegen Arendts vermeintlich verharmlosende These von der Banalität des Bösen verkennt die Abgründigkeit, die diese Form des Bösen bei Arendt auszeichnet. Für Arendt ist die banale Gestalt des Bösen der Schlüssel zum Verständnis eines Verbrechens – des Verbrechens des »staatlich organisierten Verwaltungsmassenmords« (EJ 22) –, das Arendt bereits in den 1950er

4 Diese These war jedoch nicht der einzige Stein des Anstoßes, den Arendts Eichmann-Buch erregte. Ebenso kontrovers waren Arendts Bemerkungen über die Funktion der europäischen Judenräte im Zusammenhang mit der nationalsozialistischen Vernichtungspolitik, ihre Kommentare zu rechtlichen Fragen und politischen Zielen der Prozessführung sowie, in Bezug zu all diesen Punkten, außerdem der Ton, in dem Arendt ihren Bericht abgefasst hatte. Für eine Zusammenfassung der Kontroverse um das Buch vgl. Young-Bruehl, *Hannah Arendt*, S. 463-518.

5 Julia Schulze Wessel, *Ideologie der Sachlichkeit. Hannah Arendts politische Theorie des Antisemitismus*, Frankfurt/M. 2006.

Jahren »radikal böse« nennt. Radikal böse ist ein Verbrechen laut Arendt dann zu nennen, wenn sich die Kategorien des Rechts ihm gegenüber als unzureichend erweisen; wenn also das Rechtssystem angesichts eines solchen Verbrechens an eine Grenze kommt. Als ein mit den Kategorien des Rechts eigentlich nicht zu fassendes und in diesem Sinne »unbestrafbares«, bleibt das radikal böse Verbrechen zugleich unverzeihlich. Es handelt sich deshalb um ein Böses, so Arendt, mit dem man sich nicht versöhnen, von dem man sich nicht abwenden, das man nicht bewältigen kann.[6]

Nun war Arendt in der Tat der Meinung, dass sich im Verfahren gegen Eichmann angesichts der »Tatbestände des staatlich organisierten Verwaltungsmassenmords« die »Unzulänglichkeit des herrschenden Rechtssystems und der gängigen juristischen Begriffssprache« zeigte (EJ 22). Allerdings war ihr dies nie Anlass, das Verfahren gegen Eichmann als solches in Zweifel zu ziehen: »Ich war und bin der Meinung«, schreibt sie 1964 in der Vorrede zur deutschen Fassung von *Eichmann in Jerusalem*, »daß dieser Prozeß im Interesse der Gerechtigkeit und von nichts sonst stattfinden mußte, und ich denke auch, daß die Richter [...] sich mit vollem Recht auf Grotius beriefen, der [...] dargelegt hat, wie die Würde und Ehre der Verletzten es erfordere, daß Straftaten nicht frei ausgehen« (EJ 15). Dennoch ist die Beobachtung des Verfahrens gegen Eichmann für Arendt von der Sorge begleitet, inwieweit das Rechtssystem angesichts der »besonderen Art des Verbrechens, das zur Ver-

6 Vgl. Hannah Arendt, *Denktagebuch. 1950-1973*, 2 Bde., München, Zürich 2002, hier Bd. 1, S. 7. Auf diese Bestimmung kommt Arendt immer wieder zurück, auch 1965, in ihrer Vorlesung über das Böse: Hannah Arendt, *Über das Böse. Eine Vorlesung zu Fragen der Ethik*, München 2007, S. 16f. Im Folgenden zitiert als B.

handlung kommt«, angesichts aber auch des »Wesens des Angeklagten, über den Recht gesprochen werden muß [...], der Gerechtigkeit überhaupt fähig ist« (EJ 14). So muss dieses Verbrechen nach Arendts Einschätzung als ein Verbrechen gegen die Menschheit[7] begriffen werden, insofern die nationalsozialistische Vernichtungspolitik mit dem Ziel, »das jüdische Volk überhaupt vom Erdboden verschwinden zu lassen, [...] einen Angriff auf die menschliche Mannigfaltigkeit als solche darstellt« (EJ 318). Es handelt sich dann um ein Verbrechen, für das keine staatliche Gerichtsbarkeit, sondern ein Internationaler Strafgerichtshof zuständig gewesen wäre – den es damals noch nicht gab (vgl. EJ 319). Das eigentlich Neue, das Beispiellose der NS-Verbrechen aber lag für Arendt nicht schon im Völkermord. Denn »Völkermorde«, so Arendt in ihrer späteren Vorrede, »sind nicht beispiellos – sie waren in der Antike an der Tagesordnung, und die Jahrhunderte der Kolonisation und des Imperialismus kennen mehr oder minder geglückte Versuche in dieser Richtung zur Genüge« (EJ 16f.). Die neue Qualität, die für Arendt mit dem Nationalsozialismus in den Völkermord als Verbrechen gegen die Menschheit kommt, ist die seiner administrativen Organisation und damit zugleich der Umstand, dass er sich »innerhalb einer legalen Ordnung« vollzog. Dies, so Arendt, ist das »eigentliche Kennzeichen« der NS-Verbrechen gegen die Menschheit, darin sind sie bei-

7 Dass die in den Nürnberger Prozessen für die Massenvernichtung in den Konzentrationslagern verwendete Formulierung »crime against humanity« in der deutschen Übersetzung als »Verbrechen gegen die *Menschlichkeit*« bekannt geworden ist – »als hätten es die Nazis lediglich an ›Menschlichkeit‹ fehlen lassen, als sie Millionen in die Gaskammern schickten«, ist, so kommentiert Arendt, »wahrhaftig *das* Understatement des Jahrhunderts« (EJ 324).

spiellos (vgl. EJ 19). Für Arendt entsteht daraus auch das zentrale, mit dem Verfahren gegen Eichmann, eine Einzelperson, aufgeworfene juristische Problem: Die Verbrechen wurden »unter Bedingungen begangen [...], in denen das Verbrechen legal und jede menschliche Handlung illegal waren« (EJ 311).

Die Einsicht in die Einbettung der Taten in einen Staats- und dazugehörigen Verwaltungsapparat hat Arendt indes gerade nicht dazu gebracht, die »Verantwortung des Täters für seine Tat im Sinne des einen oder anderen Determinismus hinwegzueskamotieren« (EJ 18). Entgegen der gängigen Trivialisierung ihrer These geht es Arendt keineswegs darum, aus Eichmann ein »Rädchen im Getriebe« zu machen, ganz im Gegenteil: Sie verteidigt mit dem Verfahren eine Logik, nach der »alle Räder und Rädchen im Getriebe vor Gericht automatisch wieder in Täter, also in Menschen zurückverwandelt« werden (EJ 17). »Das fast automatische Abwälzen von Verantwortung, wie es in der modernen Gesellschaft üblich ist«, bemerkt sie an anderer Stelle, »kommt in dem Augenblick, in dem Sie einen Gerichtssaal betreten, plötzlich zum Stillstand. Alle nichtspezifischen, abstrakten Rechtfertigungen brechen zusammen [...]« (B 21). Das Verfahren gegen Eichmann, durch das die Person zur Verantwortung gezogen wird, ist für Arendt auch ein Verfahren, durch das sich das »unmoderne« Recht gegen die »moderne« Bürokratie selbst wieder ins Recht setzt. Denn der Tag der »vollendeten Bürokratie« (EJ 18), von dem Hitler träumte, wäre der Tag einer vollendeten »Herrschaft des Niemand« (B 22) und damit zugleich der Tag, ab dem es keine Täter mehr gibt, die zur Verantwortung gezogen werden könnten. Was aber heißt es, einen Täter zur Rechenschaft zu ziehen, der sich selbst nicht als Täter versteht?

Dies, die »Frage des Schuldbewußtseins«, gehört für Arendt tatsächlich »zu den zentralen Problemen, die der Eichmann-Prozeß aufwarf, da ja alle modernen Rechtssysteme davon ausgehen, daß ein Unrechtsbewußtsein zum Wesen strafrechtlicher Delikte gehört« (EJ 327). Eine Herausforderung für die am zurechnungsfähigen Täter orientierte Institution des Strafrechts stellt das »Wesen des Angeklagten« (vgl. EJ 14) für Arendt gerade nicht aufgrund einer abgrundtiefen, einer radikalen Boshaftigkeit. Zwar war Arendt klar, dass der Nationalsozialismus auch diesen Verbrechertypus gefördert hat, zumal zu Beginn. So erklärt sie sich die »blinde Vertiertheit [der] SA-Leute« mit einem »überwältigende[n] Haß des Ressentiments [...] gegen alle sozial oder geistig oder körperlich besser Weggekommenen, die man nun, als Erfüllung unmöglich geglaubter Wunschträume, in seiner Macht hatte« (EU 932). Dieses Ressentiment, »von dem auch noch später in den Konzentrationslagern einiges zu spüren war«, erscheint Arendt jedoch »wie ein letzter Rest menschlich verstehbaren Verhaltens« (ebd.). Bereits in *Ursprünge und Elemente totaler Herrschaft* sieht sie das eigentlich »Grauenhafte der Lager« darin, dass »diese spontane Vertiertheit [...] mehr und mehr zurücktrat, nachdem die SS ihre Verwaltung übernommen hatte« (EU 932f.). Die Lager waren danach nicht mehr »der Tummel- und Vergnügungsplatz von Bestien in Menschengestalt, [...] sie wurden zu den Exerzierplätzen, auf denen vollkommen normale Menschen zu vollgültigen Mitgliedern der SS erzogen wurden« (EU 933). Und die »lehnte bekanntlich ›unzivilisierte Methoden‹ ab« (EJ 140), wie Arendt sarkastisch kommentiert. Tatsächlich bedurfte das radikal böse Verbrechen des staatlich organisierten Verwaltungsmassenmords, so Arendts mit Blick auf Eichmann weiter entwickelte These, gerade keiner besonderen Niedertracht, keiner dämonischen Motive, keines fanatischen Hasses oder ausgeprägten Sadismus bei den Tätern. Ein solches Verbrechen kann nicht mehr in Anlehnung an Kant[8] aus dem Laster des Egoismus erklärt werden, und es hat auch keinen notwendigen Zusammenhang mit dem, was die jüdisch-christliche Tradition im Sinne der Zehn Gebote als Sünde bestimmt. Das zum radikal bösen Verbrechen befähigende Böse der »neuen administrativen Massenmörder« (EJ 321) ist selbst gerade nicht im Wortsinn radikal. Es *wurzelt* nicht in einer besonders tiefen Boshaftigkeit, tritt vielmehr deutlich unauffälliger auf und zeigt sich viel oberflächlicher – und ist gerade darin unendlich abgründig:

> Das beunruhigende an der Person Eichmanns war doch gerade, daß er war wie viele und daß diese vielen weder pervers noch sadistisch, sondern schrecklich und erschreckend normal waren und sind. Vom Standpunkt unserer Rechtsinstitutionen und an unseren moralischen Urteilsmaßstäben gemessen, war diese Normalität viel erschreckender als all die Greuel zusammengenommen, denn sie implizierte [...], daß dieser neue Verbrechertypus, der [...] wirklich *hostis generis humani* [ein Feind der Menschheit oder des Menschengeschlechts, JR] ist, unter Bedingungen handelt, die es ihm beinahe unmöglich machen, sich seiner Untaten bewußt zu werden. (EJ 326).

»Die Moral zerbrach«, wie Arendt 1965 in einer Vorlesung ausführte, die sie an der New School for Social Research hielt, »nicht bei den Kriminellen, sondern bei den gewöhnlichen Leuten, die sich, solange moralische Normen gesellschaftlich anerkannt waren, niemals hatten träumen lassen,

8 Vgl. Immanuel Kant, *Die Religion innerhalb der Grenzen der bloßen Vernunft*, in: ders., *Werkausgabe*, hg. von Wilhelm Weischedel, Bd. VIII: *Die Metaphysik der Sitten*, Frankfurt/M. 1977, S. 645-879, hier bes. S. 685 f.

daß sie an dem, was sie zu glauben gelehrt worden waren, hätten zweifeln können« (B 16f.). Eichmann war für Arendt also bedrohlich gerade in jenen Aspekten, die ihn mit den lediglich »Gleichgeschalteten« verband, die »nicht aus Überzeugung handelten« (B 16). Denn die Banalität dieses so massenhaft verbreiteten Bösen – Eichmann war kein Jago, Macbeth oder Richard III. (vgl. EJ 15) – bestand darin, dass sich die Täter nicht vorstellten, was sie »*eigentlich anstellte[n]*« (vgl. EJ 16).

Ein derartiger Mangel an Vorstellungskraft ist allerdings nicht nur eine Frage individueller Disposition; er ist auch eine Folge der Vernichtung der Pluralität des öffentlichen Raums, in dem die Konfrontation mit anderen Perspektiven zu einer Überprüfung der eigenen zwingt. Die verfügte Verarmung des öffentlichen Pluralitätsgeschehens muss sich auf die Fähigkeit auswirken, »vom Gesichtspunkt eines anderen Menschen aus sich irgend etwas vorzustellen« (EJ 78). Sie muss damit zugleich einen zerstörerischen Effekt auf das haben, was Arendt Denken nennt. Denn das denkende Selbstgespräch ist laut Arendt wesentlich von einer »Signatur« (S 60) der Pluralität gezeichnet. Sofern der Mangel an Vorstellungskraft, wenn er eingetreten ist, auch selbst noch einmal davor bewahrt, andere Perspektiven an sich heranzulassen, funktioniert er für die Einzelnen als »Schutzwall gegen die Wirklichkeit« (EJ 78). Eine solche passive, nämlich von Unterlassung gekennzeichnete Armierung gegen die Wirklichkeit hatte sich in Nazideutschland massenhaft vollzogen:

> 80 Millionen Deutsche [waren] gegen die Wirklichkeit und ihre Faktizität durch genau die gleichen Mittel abgeschirmt gewesen […], von denen Eichmanns Mentalität noch 16 Jahre nach dem Zusammenbruch bestimmt war – durch die gleiche Verlogenheit und Dummheit

und durch die gleichen Selbsttäuschungen. […] Allen […] war zur Gewohnheit geworden, sich selbst zu betrügen, weil dies eine Art moralischer Voraussetzung zum Überleben geworden war; und diese Gewohnheit hat sich so festgesetzt, daß es heute noch […] manchmal schwerfällt, nicht zu meinen, daß Verlogenheit und Lebenslüge zum integrierenden Bestandteil des deutschen Nationalcharakters gehören. (EJ 81)

Allerdings setzt der Begriff der Selbsttäuschung, wie Arendt in einem anderen Zusammenhang bemerkt, »immer noch die Unterscheidung zwischen Wahrheit und Unwahrheit, zwischen Tatsachen und Erfindungen und damit einen Konflikt zwischen der Wirklichkeit und dem betrogenen Betrüger voraus, zu dem es jedoch in einem vollständig entwirklichten Denken gar nicht mehr kommt« (LP 345). Was Arendt hingegen unter dem Titel des Selbstbetrugs im Blick hat, ist eine Abkehr von der Wirklichkeit überhaupt, insofern diese auf ihre Beglaubigung aus einer Pluralität von Perspektiven angewiesen ist.[9] Dass das Gericht unfähig war, zu erkennen und in juristische Begriffe zu fassen, dass man es im Falle von Eichmann nicht mit einem klassischen Lügner zu tun hatte – was ihn zu einem gewöhnlichen Verbrecher gemacht hätte, dem man ein entsprechendes Unrechtsbewusstsein hätte unterstellen können (vgl. EJ 83) –, sondern mit einem entwirklichten Bewusstsein, erscheint ihr zwei Jahrzehnte nach dem Ende des Zweiten Weltkriegs als ein wesentlicher Grund dafür, dass die nationalsozialistische Vergangenheit unbewältigt geblieben ist (vgl. B 17f.). Eine Abdichtung gegen andere Perspektiven, die die Taten mit der moralischen Vorstellung von Mord in Verbindung

9 Vgl. zu diesem Zusammenhang auch noch einmal oben, das Kapitel »Intellektuelle in finsteren Zeiten«.

hätten bringen können – und damit mit der Wirklichkeit des staatlich organisierten Verwaltungsmassenmords –, vollzog das NS-System unter anderem durch »Sprachregelungen«, die darauf angelegt waren, die entsprechenden Tätigkeiten aus dem Horizont dieser Moralvorstellungen herauszurücken (vgl. EJ 119). An Eichmann, der sich bis zum Schluss mit sprachlichen Klischees gegen die Realität rüstete,[10] lernte Arendt die Lektion, dass »eine solche Realitätsferne und Gedankenlosigkeit in einem mehr Unheil anrichten können als alle die dem Menschen vielleicht innewohnenden bösen Triebe zusammengenommen« (EJ 16).

Was sie nämlich laut Arendt in den Einzelnen anrichten, ist der komplette Zusammenbruch der Moral als einer dem Recht vorausgesetzten – und von ihm unabhängigen – Instanz (vgl. B 26). Die Form, die der moralische Zusammenbruch in Nazideutschland konkret angenommen hatte, war allerdings nicht einfach die eines Verschwindens der Moral, sondern die ihrer Fusionierung oder Gleichschaltung mit der legalen staatlichen Ordnung. Weggefallen war damit die Unabhängigkeit der Moral gegenüber dem Recht. Wie an Eichmann zu beobachten war, wurde das Gewissen nicht etwa zum Zwecke der Enthemmung betäubt oder ausgeschaltet, sondern es wurde umfunktioniert. So behauptete Eichmann, sich sein Leben lang nach dem kategorischen

10 Die »furchtbare Banalität« dieses Bösen kulminiert für Arendt darin, dass Eichmann für seine letzten Worte vor der Hinrichtung ein sprachliches Klischee gebraucht, das er von Beerdigungen her gekannt haben muss (»Wir werden den Toten nicht vergessen«), das aber in diesem Kontext von der Verdrängung des Umstands zeugt, dass er selbst es ist, der sterben wird: »Es lebe Deutschland. Es lebe Argentinien. Es lebe Österreich. Das sind die drei Länder, mit denen ich am engsten verbunden war. *Ich werde sie nicht vergessen.*« (EJ 300)

Imperativ gerichtet zu haben, den er zu Arendts offensichtlicher Verblüffung »ziemlich genau« zitieren konnte (vgl. EJ 174). An die Stelle eines im geläufigen Sinne moralisch zu nennenden Gesetzes war jedoch der Führerwille getreten: »Handle so, daß der Führer, wenn er von deinem Handeln Kenntnis hätte, dieses Handeln billigen würde« (ebd.). Von Kants Moralprinzip, das ja als ein Prinzip der Selbstgesetzgebung zugleich die Autonomie des Urteils ins Zentrum stellen will, blieb nach dieser Umfunktionierung nicht viel mehr übrig als die Idee, dass es darum geht, den eigenen Willen mit dem Geist des Gesetzes zu identifizieren. Auf diese Weise konnte selbst noch der Rigorismus gegen affektive Regungen, den das Moralprinzip bei Kant verlangt, instrumentalisiert werden: Eichmann behauptete wiederholt, wie hart es für ihn war, die Impulse des Mitleids zu unterdrücken, um seinen mörderischen Pflichten gegenüber dem Gesetz nachzukommen (vgl. EJ 140).

Nun ist eine derartige Umfunktionierbarkeit des kategorischen Imperativs nicht nur ein historisches Skandalon, sie verweist auch auf eine systematische Schwäche in Kants Moral- beziehungsweise Autonomieprinzip. Bereits Hegel hat den »leeren Formalismus« dieses Prinzips kritisiert und darauf hingewiesen, dass dessen Inhalt unbestimmt bleibt.[11] Das Prinzip, dem zufolge der Wille dann autonom genannt werden kann, wenn er das Handeln nach einer Maxime ausrichtet, von der er zugleich wollen kann, dass sie zu einem allgemeinen Gesetz werde, gibt selbst keine Kriterien an die Hand, mittels deren sich entscheiden ließe, welche Inhalte in diesem Sinn Allgemeinheit beanspruchen dürfen

11 Vgl. Georg Wilhelm Friedrich Hegel, *Grundlinien der Philosophie des Rechts*, in: ders., *Werke in zwanzig Bänden*, Bd. VII, § 135.

beziehungsweise sollen und welche nicht. Vielmehr setzt Kant einfach voraus, dass diese Frage bereits in einer für alle selbstverständlich gültigen Weise geklärt ist. Was Kant den kategorischen Imperativ nennt, kann dann, wie Hegel kritisiert, nur als Tautologie funktionieren: Als allgemeines Gesetz kann gelten, was als allgemeines Gesetz gilt. Auch wenn man angesichts der die Moderne insgesamt kennzeichnenden Konflikte innerhalb der Moral[12] kaum wird sagen können, dass der dem kategorischen Imperativ unproblematisch vorausgesetzte sittliche Untergrund erst in Nazideutschland und »ohne große Vorwarnung über Nacht zusammenbrach« (B 11): Die weit ausgreifende Krise überkommener Moralvorstellungen in dieser Zeit der Gleichschaltung demonstriert für Arendt eindrücklich, dass an der Kantischen Annahme der Selbstverständlichkeit moralischer Gebote »etwas nicht stimmte« (ebd.). Jedoch sei der sich angesichts dieser Situation aufdrängende Schluss, dass die Moral selbst nichts anderes ist als »ein Kanon von ›mores‹, Sitten und Manieren nämlich, der gegen einen anderen ausgetauscht werden« kann (ebd.), moralphilosophisch ebenfalls nicht hinnehmbar.

Wie aber ist dann die Moral, wie das Gewissen zu denken? Dies ist das in moralphilosophischer Hinsicht unbewältigte Problem, das Arendt sich selbst nach ihrem Eichmann-Buch hinterlassen hat. Denn dadurch, dass das Schuldbewusstsein bei Eichmann fehlte, weil er sich mit den in Nazideutschland geltenden Gesetzen identifiziert hatte, dadurch dass er nicht in der Lage schien, eigenständig zwischen Recht und Unrecht zu unterscheiden, waren sei-

12 Vgl. hierzu und zu Hegels Kritik an Kant ausführlicher Rebentisch, *Die Kunst der Freiheit*, S. 104-108.

ne Taten auch »strafrechtlich nicht faßbar«. Das moderne Rechtssystem unterstellt ein Unrechtsbewusstsein des Täters, es gehört, unterstreicht Arendt, sogar zum »Stolz zivilisierter Rechtsprechung, den subjektiven Faktor immer mit in Rechnung zu stellen« (vgl. EJ 327). Wenn man nicht bestreiten will, dass man es im Blick auf den »administrativen Massenmörder« mit einem neuartigen Tätertypus zu tun hat, sondern Arendt in ihrer Einschätzung folgt, kommt man nicht umhin, die durch das mangelnde Schuldbewusstsein aufseiten des Täters aufgerissene rechtliche Lücke ebenso wahrzunehmen wie die Tatsache, dass ein (national-)staatlicher Gerichtshof nicht die geeignete Instanz ist, ein Verbrechen gegen die Menschheit zu verhandeln. Es sind letztlich überkommene Gerechtigkeitsvorstellungen, die es aus Arendts Sicht dennoch rechtfertigten, dass Eichmann in Jerusalem vor Gericht kam, und die auch dem dort gefällten Urteil Legitimität verleihen. Tatsächlich, so argumentiert Arendt, konnte die Hilflosigkeit der zur Verfügung stehenden rechtlichen Rahmen nur durch den impliziten Rekurs auf »barbarische« Vorstellungen der Sühne für die Verletzung einer »naturgegebenen Harmonie« übersprungen werden; sie »allein« konnten unter diesen Bedingungen die Todesstrafe rechtfertigen (ebd.).

Man kann, wie Christoph Menke bemerkt hat, *Eichmann in Jerusalem*, das Buch, als einen Revisionsprozess von Eichmann in Jerusalem, dem Gerichtsverfahren, lesen.[13] Am Ende ihres die rechtlichen Probleme des Verfahrens in den Blick nehmenden Revisionsprozesses kommt

13 Vgl. Christoph Menke, »Auf der Grenze des Rechts. Hannah Arendts Revision des Eichmann-Prozesses«, in: *Merkur. Deutsche Zeitschrift für europäisches Denken* 7 (2013), S. 573-588, hier S. 577.

Arendt zu dem Urteil, dass die vom Gericht verhängte Todesstrafe zwar die einzig angemessene ist, die Begründung dafür – jedenfalls in der entscheidenden zweiten Instanz – aber die falsche, weil sie aus Eichmann einen gewöhnlichen Verbrecher machte (vgl. EJ 294) und die Tat auf ein Verbrechen gegen das jüdische Volk reduzierte (vgl. EJ 318). Das Buch endet mit einer von Arendt selbst *ex post* imaginierten Rede der Richter, von der sie meinte, dass nur sie die »Rechtmäßigkeit dessen, was in Jerusalem getan wurde«, hätte manifest werden lassen. Eichmann, so ihr eigenes Argument, »konnte nicht länger auf der Erde unter den Menschen bleiben, weil er in ein Unternehmen verwickelt war, das zugegebenermaßen gewisse ›Rassen‹ für immer vom Erdboden verschwinden lassen wollte« (EJ 327). Darin komme die gegen die Menschheit insgesamt gerichtete Anmaßung zum Ausdruck, darüber zu entscheiden, »wer die Erde bewohnen soll und wer nicht« (EJ 329). Nun ist allerdings fraglich, ob das Urteil, dass Eichmann nicht mehr auf der Erde wohnen soll, dass er »hängen muss«, wie es drastisch im englischen Originaltext bei Arendt heißt,[14] die angemessene, die »einzig rechtmäßige« Antwort auf ein Verbrechen sein kann, das Arendt zufolge nicht zuletzt in der Anmaßung genau eines solchen Urteils besteht.[15] Jedoch scheint die Regression des Rechts in die Logik der Sühne, die sie hier rechtfertigt, für Arendt keine Frage gewesen zu sein, die sie weiter beschäftigt hat.

Anders sieht es jedoch mit Blick auf das Problem des von Arendt dem Angeklagten attestierten fehlendenden Un-

14 Vgl. Hannah Arendt, *Eichmann in Jerusalem: A Report on the Banality of Evil*, New York 1963, S. 279.

15 Vgl. Judith Butler, »Hannah Arendt's Death Sentences«, in: *Comparative Literature Studies* 48:3 (2011), S. 280-295, hier S. 292.

rechtsbewusstseins aus. Im Rahmen ihrer eigenen Urteilsbegründung, mit der sie die »Rechtmäßigkeit dessen, was in Jerusalem geschah«, erweisen will, spricht Arendt Eichmann zwar auf der Basis des objektiven Tatbestands seiner unbezweifelbar bedeutenden Rolle bei der Ausführung einer »Politik des Massenmordes« (ebd.), auf der Basis seiner »wirklichen Handlungen« (EJ 328) also, schuldig. Die »möglicherweise nichtverbrecherische Natur« seines »Innenlebens« sowie die »möglicherweise verbrecherischen Neigungen« seiner »Umgebung« lässt sie jedoch dezidiert außer Acht (vgl. EJ 329). Auch diese Missachtung der zentralen Rolle, die die Berücksichtigung des »subjektiven Faktors« für die zivilisierte Rechtsprechung spielt, scheint ihr angesichts des Falls offenbar gerechtfertigt. Dennoch hat sie das Problem des fehlenden Unrechtsbewusstseins nicht losgelassen. Es stellt sich für sie allerdings nicht auf der Ebene des Rechts, bezogen auf das ja argumentiert werden könnte, dass die Rückkehr zu »barbarischen« Gerechtigkeitsintuitionen ebenso wenig die Antwort auf die Herausforderung des staatlich organisierten Verwaltungsmassenmords und seiner gedankenlosen Vollstrecker sein kann wie ihre Zurechtbiegung innerhalb von bestehenden rechtlichen Kategorien. Das Problem lag für Arendt jedoch tiefer, nämlich auf der vorrechtlichen Ebene der Moral.

Dabei geht es ihr interessanterweise weniger darum, Eichmann nun doch auch wegen seines »Innenlebens« schuldig sprechen zu können – wegen seiner Gedankenlosigkeit und Urteilsunfähigkeit, seiner »Weigerung, Person zu sein« (vgl. B 101), wegen seiner eigenen Unfreiheit. Obwohl dieses Urteil naheliegt, zumal wenn man Kant folgt, für den das Böse eine Form der freiwilligen Unfreiheit ist, hat sie es niemals so ausgesprochen. Ihr Fokus verschob sich vielmehr auf die Frage, wie angesichts des verheerenden Befunds, dass die Moral für Millionen Deutsche umstandslos mit den Gesetzen ihres Landes verschmolzen werden konnte, noch sinnvoll von Moral gesprochen, wie ein vom Recht unabhängiges moralisches Urteil überhaupt noch gedacht werden konnte. Von Bedeutung sind für Arendt in diesem Zusammenhang die Ausnahmen derjenigen Deutschen, die Widerstand geleistet haben. Geschichten von solchem Widerstand sind alles, schreibt Arendt, was nötig ist, »damit dieser Planet ein Ort bleibt, wo Menschen wohnen können« (EJ 278).[16] Solchen Geschichten kommt für Arendt in der Folge jedoch nicht nur existenzielles, sondern auch systematisches Gewicht zu. Tatsächlich ergibt sich für Arendt aus der »einfachen Lehre«, »daß unter den Bedingungen des Terrors die meisten Menschen sich fügen, *einige aber nicht*« (ebd.), die Notwendigkeit, angesichts der an Eichmann diagnostizierten Umfunktionierbarkeit des kategorischen Imperativs nach einem anderen Begriff der Moral zu suchen.[17]

16 Wichtig sind für Arendt in diesem Zusammenhang nicht nur die einen heroischen, aktiven Widerstand leistenden Ausnahmen wie die der in *Eichmann in Jerusalem* genannten Geschwister Scholl (EJ 138) oder des Feldwebels Anton Schmidt, der jüdischen Partisanen mit gefälschten Papieren und Wehrmachtsfahrzeugen half (vgl. EJ 275). Ebenso bedeutend sind für Arendt diejenigen (vgl. EJ 164), die sich zurückzogen, nicht mitmachten und so dem Regime ihren Gehorsam versagten, was bei erwachsenen Menschen nichts anderes heißt als: ihre Zustimmung und Unterstützung (vgl. EJ 329). Vgl. hierzu auch Hannah Arendt, *Was heißt persönliche Verantwortung in einer Diktatur?*, München 2018, S. 51. Im Folgenden zitiert als PV.

17 Wie Eva von Redecker argumentiert hat, können viele von Arendts Schriften nach *Eichmann in Jerusalem* als Bewegungen der Suche nach einer Alternative zu Kant verstanden werden, wenn es darum geht, die Möglichkeit eines in moralischer Hinsicht autonomen Urteils zu be-

Interessanterweise sucht sie den Ausweg aus der, wie man es nennen könnte, Krise des kategorischen Imperativs weiterhin mit Kant. Ein Motiv, das Arendt in diesem Zusammenhang verfolgt, ist die Kantische Idee, dass man sich in moralischen Dingen nicht selbst widersprechen, sich nicht in die Lage bringen darf, sich selbst zu verachten (vgl. B. 34 f.). So sagt sie etwa in ihrem die Diskussion um das Eichmann-Buch direkt aufnehmenden Vortrag »Was heißt persönliche Verantwortung in einer Diktatur?«, dass diejenigen, die noch ein funktionierendes Gewissen hatten, sich schlicht die Frage stellten, »inwiefern sie mit sich selbst leben könnten, wenn sie bestimmte Taten begingen« (PV 46). Weil sich niemand von sich selbst entfernen kann, erläutert Arendt in einer Vorlesung, die den Kantischen Gedanken auf Sokrates zurückführt, sei es für das Selbst ratsam, mit sich selbst »in Übereinstimmung« zu leben, was für sie offenbar zugleich heißt, in moralischer Hinsicht unbescholten zu leben: »Wenn ich Unrecht tue, bin ich dazu verdammt, in unerträglicher Intimität mit dem Unrechttuenden zusammenzuleben« (B 70). Als Antwort auf die Krise des kategorischen Imperativs läuft dieser Gedanke jedoch leer, denn er vermag es ebenfalls nicht, das Problem des Formalismus abzustreifen: Auch hier ist die Geltung moralischer Standards schlicht vorausgesetzt, und zwar als so selbstverständlich, dass die unterstellten Standards noch nicht einmal mehr den Charakter einer Verpflichtung tragen (vgl.

gründen. Arendt sei es nach dem Eichmann-Buch mithin weniger darum gegangen, die Logik der Umfunktionierung des Gewissens bei den Tätern weiter aufzuklären, als vielmehr darum, die Möglichkeit der positiven Ausnahmen, die Möglichkeit des Widerstands zu erklären. Vgl. Eva von Redecker, *Gravitation zum Guten. Hannah Arendts Moralphilosophie*, Berlin 2013, S. 39-43.

B 51f.).[18] In einem Brief an Arendt hat Mary McCarthy gegen das überraschend naive Vertrauen ihrer Freundin darauf, dass »niemand gerne mit einem Dieb oder einem Mörder oder einem Lügner zusammenleben« (B 72) wollen kann, eingewendet, dass unter Bedingungen der Moderne durchaus ein Mörder denkbar ist, der die entsprechenden moralischen Standards nicht teilt und daher durchaus mit sich in Übereinstimmung lebt. Ebendiese Möglichkeit war ja das Problem, mit dem der Kant zitierende Massenmörder Eichmann die Philosophie der Moral konfrontierte. Denn nach Arendts eigenen Beschreibungen hatte man es hier mit einer Person zu tun, die sich zwar nichts vom Gesichtspunkt eines anderen vorstellte, deren moralisches Selbstverständnis aber durchaus von der Vorstellung getragen war, sich, und zwar in aller rigoristischen Konsequenz, bei der Ausführung ihrer mörderischen Tätigkeiten in Übereinstimmung nicht nur mit dem Gesetz des Führers, sondern – sofern sich der eigene Wille mit diesem Gesetz identifiziert hatte – auch in Übereinstimmung mit sich selbst zu befin-

18 Arendt gibt zwar zu, dass der Versuch, das Gewissen im Selbstverhältnis zu fundieren, so inhaltsleer bleibt wie Kants kategorischer Imperativ; jedoch versucht sie, diesen Einwand mit dem Hinweis darauf zu relativieren, dass das Prinzip des Mit-sich-selbst-Lebens, anders als der kategorische Imperativ, zwischen Formen des Bösen differenzieren könne – kleine Gesetzesübertretungen könne man vergeben, einen Mord nicht (vgl. B 96f.). Jedoch erlaubt auch Kants Moralphilosophie Differenzierungen von Formen des Bösen, die sich aus ihrer jeweiligen Stellung zum kategorischen Imperativ ergeben: Willensschwäche und Unlauterkeit sind in dieser Hinsicht nicht so schlimm wie die Bösartigkeit beispielsweise (vgl. Kant, *Die Religion innerhalb der Grenzen der bloßen Vernunft*, S. 676). Aber diese Differenzierungsmöglichkeiten setzen in beiden Fällen – und das ist mit dem Vorwurf des leeren Formalismus gemeint – bereits die sittlichen Gehalte voraus, nach denen jeweils geurteilt wird.

den.[19] Die Idee der Übereinstimmung mit sich scheint daher eine ungeeignete Antwort auf die die Moral von innen aushöhlenden Phänomene der mangelnden Vorstellungskraft und der Gedankenlosigkeit zu sein.

Aber die Figur des Mit-sich-selbst-Lebens ist nicht der einzige Weg, den Arendt einschlägt, um die Moral vor ihrer Gleichschaltung mit den jeweils herrschenden Sitten und Gesetzen eines Landes zu retten. Einen anders verlaufenden nimmt sie, um das Problem von Eichmanns mangelnder Vorstellungskraft zu adressieren, und er führt erneut über Kant. Allerdings wendet sich Arendt jetzt nicht noch einmal zur Kantischen Moralphilosophie zurück, sondern richtet moralphilosophische Fragen an die *Kritik der Urteilskraft*. In Kants Konzeption des Geschmacksurteils findet sie das Modell für ein Urteil vor, das sich nicht am Vorurteil, an bereits etablierten Maßstäben, an geltenden Gesetzen orientiert, sondern im Blick auf den besonderen Fall frei vollzogen wird. Dabei ist das Urteil genau besehen frei nicht vom Sozialen, sondern frei durch seine spezifische Bindung an das Soziale, das hier aber in Gestalt pluraler Perspektiven auftritt, nicht vorgegebener Normen. Entscheidend ist jetzt nicht das Selbstverhältnis, sondern das Verhältnis zu anderen (vgl. B 142). Von besonderer Bedeutung ist nämlich nun die »erweiterte Denkungsart«,[20] eine Art »sozialer Einbildungskraft«,[21] mit der man sich die Dinge, um zu einem

19 Vgl. Brief vom 16. September 1954, in: Hannah Arendt, Mary McCarthy, *Im Vertrauen. Briefwechsel 1949-1975*, München 1995, S. 79-82, hier S. 80.

20 Vgl. Immanuel Kant, *Kritik der Urteilskraft*, in: ders., *Werkausgabe*, hg. von Wilhelm Weischedel, Bd. X, Frankfurt/M. 1974, S. 227 (§ 40).

21 Susanne Lüdemann, »Vom Unterscheiden. Zur Kritik der politischen Urteilskraft bei Hannah Arendt und Giorgio Agamben«, in: Geulen,

Urteil zu kommen, »vom Gesichtspunkt anderer Menschen vorstellt« – also etwas tut, was Eichmann sich komplett abgewöhnt hatte (vgl. EJ 78). Indem der Urteilende »sich in den Standpunkt anderer versetzt«, gelangt er angesichts eines Gegenstands, für den zunächst keine Regeln der Beurteilung zur Verfügung stehen, wie Kant sagt, »über die subjektiven Privatbedingungen« hinaus zu einem »allgemeinen Standpunkt«.[22] Dieser »Gemeinsinn« oder, wie Kant auch sagt, *sensus communis*, ist als Ergebnis einer perspektivenabgleichenden »Operation der Reflexion«,[23] und das ist für Arendt entscheidend, vom vorurteilsbehafteten *common sense* strikt zu unterscheiden.

Nun setzt die innere Aktivität des Perspektivenabgleichs zunächst voraus, dass das, worauf sie sich bezieht, überhaupt als etwas wahrgenommen wird, das einer solchen Reflexion bedarf. Im Falle des konstitutiv je besonderen ästhetischen Gegenstands scheint das klar zu sein; im Falle der moralischen Gegenstände ist dies hingegen genau der fragliche Punkt, zumal unter Bedingungen totalitärer Gleichschaltung. Denn der erzwungene *common sense* zielt hier ja darauf ab, die Gegenstände dem Impuls zur Beurteilung zu entziehen. In einer solchen Situation braucht es Menschen, die »es gewohnt sind, Dinge zu überprüfen und sich eine eigene Meinung zu bilden« (PV 48) – und das heißt: zu denken.[24] Die »skeptische« (vgl. ebd.) oder kritische Einstellung gegenüber dem, was als gegeben gilt, ist dabei aber offenbar

Kauffmann, Mein (Hg.), *Hannah Arendt und Giorgio Agamben*, S. 27–40, hier S. 39.

22 Vgl. Kant, *Kritik der Urteilskraft*, S. 227 (§ 40).

23 Ebd., S. 226 (§ 40).

24 Zur Notwendigkeit der denkenden Intervention auf dem Feld der Moral vgl. auch von Redecker, *Gravitation zum Guten*, S. 106f.

selbst eine Frage der Habitualisierung. Man muss darin geübt sein, man muss es »gewohnt«[25] sein, die Dinge nicht einfach als Gegebenheit zu akzeptieren, man muss erfahren haben, dass sie auch anders betrachtet werden können und dass eine entsprechende Prüfung zu anderen Ergebnissen, anderen Urteilen führen kann. Man muss mit anderen Worten die Gewohnheit ausgebildet haben, sich gegen Gewohnheiten zu richten, gegen das, was dem Urteilen selbstverständlich, was ihm Automatismus geworden ist. Statt eines stabilen, von äußeren Faktoren unabhängigen Konzepts des Gewissens entwickelt Arendt hier Ansätze[26] zu einer Theorie des wechselseitigen Verweisungszusammenhangs von pluraler Öffentlichkeit, Denken und Urteilen, der für eine lebendige und daher nicht einfach mit den jeweils herrschenden Sitten und Gesetzen zusammenfallende Moral konstitutiv ist.

Zum einen setzt die kritische Einstellung gegenüber dem Gegebenen Erfahrungen mit einer Perspektivenpluralität voraus, die dann auch in der erweiterten Denkungsart – wie selektiv auch immer – in Anschlag gebracht werden. Das

25 Auch andernorts bestimmt sie die »Tätigkeit des Denkens« als die »Gewohnheit, das, was immer sich gerade ereignen mag, ohne Berücksichtigung des spezifischen Inhalts und ganz unabhängig von den Ergebnissen zu erforschen und zu bedenken.« Hannah Arendt, »Über den Zusammenhang von Denken und Moral«, in: dies., *Zwischen Vergangenheit und Zukunft*, S. 128-155, hier S. 129. Im Folgenden zitiert als ZDM.

26 »Das Urteilen« hätte der dritte und abschließende Teil von *Vom Leben des Geistes* werden sollen. Arendt starb, wenige Tage nachdem sie den zweiten Teil über das Wollen fertiggestellt hatte. Nach ihrem Tod fand man ein Blatt Papier in ihrer Schreibmaschine eingespannt, auf dem lediglich die Überschrift »Judging« und zwei Motti standen. Vgl. Mary McCarthy, »Nachwort der Herausgeberin«, in: Arendt, *Vom Leben des Geistes*, S. 461-476, hier S. 464.

Ergebnis der entsprechenden Operation der Reflexion, das Urteil, findet dann wiederum in der Pluralität im öffentlichen Raum einen notwendigen Prüfstein. Denn die Geltung solcher Urteile ist »niemals die gleiche wie die von Erkenntnis- oder wissenschaftlichen Aussagen, die genaugenommen keine Urteile sind«.[27] Ihr Allgemeinheitsanspruch kann nie mehr als relative Gültigkeit für sich beanspruchen. Man kann die aus einer solchen Reflexion gewonnenen Urteile den anderen nur durch Überzeugungsarbeit »ansinnen«.[28] Da es unmöglich ist, alle denkbaren Perspektiven zu berücksichtigen, bleiben noch die im Denkprozess am gründlichsten abgewogenen Urteile der Bedingung der Endlichkeit ausgesetzt – nie sind den endlichen Menschen alle Perspektiven präsent und transparent. Tatsächlich ist bereits die Vorstellung einer problemlosen Perspektivenübernahme auch nur einer einzigen anderen Perspektive schon deshalb zweifelhaft, weil die jeweiligen Weltzugänge eben nicht ganz so frei in affektiver, sozialer und epistemischer Hinsicht von sich abstrahieren können, wie Kant – und Arendt mit ihm – anzunehmen scheint (vgl. U 92). Nur allzu leicht verrutscht die wie auch immer gut gemeinte Operation, sich an die Stelle eines anderen zu versetzen, zu einer differenzverschlingenden Form seiner Vereinnahmung.[29]

27 Hannah Arendt, *Das Urteilen. Texte zur Kants Politischer Philosophie*, München 1998, S. 96. Im Folgenden zitiert als U.

28 Kant, *Kritik der Urteilskraft*, S. 130 (§ 8).

29 Ein Beispiel für das Problem der Vereinnahmung, das entstehen kann, wenn man *sich* in die Position eines anderen versetzt, liefert Arendt selbst, wenn sie ganz und gar unkritisch davon spricht, dass sie ein Versuch, »an der Stelle des Slum-Bewohners zu denken«, vermutlich zu einem Urteil führen wird, das »keineswegs notwendigerweise dasselbe sein [wird] wie das der dort Lebenden, welche gegenüber ihrer Lebenssituation mit der Zeit und durch Hoffnungslosigkeit stumpf geworden

Das Urteil, das aus der Reflexion auf eine notwendig selektive, nämlich, wie Arendt selbst betont, dem Urteilenden jeweils repräsentativ und exemplarisch erscheinende (vgl. U 148) Auswahl von Perspektiven entsteht, muss seine eigentliche Bewährungsprobe daher auch erst dann bestehen, wenn es sich dem wesentlich unvorhersehbaren Geschehen der Pluralität in der öffentlichen Auseinandersetzung aussetzt. An diesem auf die öffentliche Mitteilung von Urteilen angewiesenen Geschehen bildet sich die für die erweiterte Denkungsart notwendige Einbildungskraft. Nicht zuletzt durch die Erfahrung der Korrektur der eigenen Urteile durch bislang unberücksichtigte Gesichtspunkte und Stimmen, also durch die Erfahrung der ereignishaften Qualitäten des Pluralitätsgeschehens, vergrößert die Einbildungskraft der Urteilenden ihre Spannweite – ohne damit freilich je ihre Endlichkeit aufheben zu können.

Hinsichtlich dieses Wechselspiels von pluraler Öffentlichkeit, erweiterter Denkungsart, Urteil und Mitteilung muss nicht geleugnet werden, dass das moralische Urteil geprägt ist von durch Sozialisierung übernommenen Voreinstellungen sowie von Geschichten und Beispielen fiktiver und wirklicher, lebender und historischer Personen, von denen die Urteilenden sich haben beeindrucken lassen. Zugleich aber folgt aus diesem Umstand nicht, dass das Urteil der Einzelnen im Übernommenen aufgeht. Vielmehr wird es umso autonomer sein, je mehr Erfahrungen die Urteilenden mit anderen Weltzugängen gesammelt haben. Nichts anderes als die Pluralität selbst ist dann die Quelle einer

sein mögen« (B 142). Zu dem politischen Problem, dass Arendt offensichtlich den Armen keinen Begriff ihrer eigenen Situation zutraut, vgl. oben, das Kapitel »Politische Optik«.

gewissen Widerständigkeit der Einzelnen gegenüber den Einflüssen, denen sie jeweils unterstellt sind. Eine solche Widerständigkeit oder Autonomie gegenüber dem jeweils Gegebenen geht dann weder aus der vermeintlichen Unabhängigkeit des »integren« (vgl. B 80) Selbstbezugs noch aus einem Metawissen von dem in Wahrheit Guten hervor, sondern schlicht aus anderen, älteren Einflüssen. Das aber heißt: Pluralität muss als die entscheidende Quelle einer Moral angenommen werden, die nicht einfach in den ihr vorausgesetzten Sitten und Gebräuchen aufgeht, sondern diese zum Gegenstand der Reflexion machen und zu abweichenden Einschätzungen, zu einer Neubestimmung des als gut Geltenden kommen kann.[30]

Vor diesem Hintergrund sind nicht diejenigen das Modell moralischen Verhaltens, die die aus einer älteren Prägung übernommenen Moralvorstellungen so verinnerlicht haben, dass sie auch angesichts einer sich zunehmend gleichschaltenden Umgebung fraglose Gültigkeit für sie haben, sondern diejenigen, denen im Gegenteil nichts einfach fraglos gültig ist, weil sie es gewohnt sind, die Dinge aus verschiedenen Perspektiven zu beleuchten. Nicht fraglose Übereinstimmung mit sich beziehungsweise den eigenen moralischen Standards, sondern die Bereitschaft, die eigenen Selbst- und Weltverhältnisse gegebenenfalls immer wieder auch infrage zu stellen, um sie sich urteilend neu anzueignen, ist dann der entscheidende Zug des moralischen – und zugleich autonomen – Menschen. Die in diesem Sinne exemplarische Figur ist für Arendt Sokrates (vgl. ZDM 136f.),

30 Zu einer solchen Konzeption der Moral im kritischen Anschluss an Hegel vgl. auch Rebentisch, *Die Kunst der Freiheit*, S. 136-141. Zur Rolle der Pluralität bei der Entwicklung einer autonomen Urteilsfähigkeit im Anschluss an Gabriel Tarde vgl. ebd., S. 78f.

der die Menschen gerade dadurch »frommer, gerechter, mutiger« machte, dass er ihnen keine Werte zur »Lenkung ihres weiteren Betragens mitgab« (ZDM 141). Seine einzige Intervention bestand darin, seine Gesprächspartner in ein reflexives Verhältnis zu den überkommenen Werten zu setzen. Es ist indes kein Zufall, dass Arendt hier auf die Frage zu sprechen kommt, wie »Denken gelehrt werden kann« (ebd.) – wie also die Gewohnheit, das Gewohnte zu hinterfragen, gestiftet und erhalten werden kann. Es ist ein Punkt, in dem sich Pädagogik und Politik treffen – die Frage einer umfassenden Kultur der Pluralität, die als ein Nebenprodukt eine gewisse Autonomie der an ihr Teilnehmenden gegenüber dem jeweils als gut Geltenden und damit eine gewisse »Konditionierung« (vgl. ZDM 129) gegen das radikal Böse mit sich bringt. Denn dieses konnte Arendt zufolge einzig durch die Banalität der Gedankenlosigkeit in den Horizont der Möglichkeit treten. Eine Kultur der Pluralität ist, mit anderen Worten, der Schlüssel zu einer modernen Moral. Eine solche Moral hat die Möglichkeit der Infragestellung der sie tragenden Selbst- und Weltverständnisse reflexiv in sich aufgenommen.

Nun stand Arendt unter dem starken Eindruck, dass sich die modernen zivilisierten Gesellschaften keineswegs in die Richtung der Kultivierung einer Kultur der Pluralität entwickelten, sondern eine solche Kultivierung im Gegenteil blockierten. Dabei dachte sie keineswegs nur an die Extremformen des physischen Angriffs auf die menschliche Mannigfaltigkeit oder der totalen Gleichschaltung der politischen Öffentlichkeit. Vielmehr hat sie eine besondere Aufmerksamkeit für Pluralitätsblockaden auch im Blick auf nichttotalitäre Gesellschaften gezeigt. Mit der Frage einer Kultur der Pluralität steht für Hannah Arendt die spezifisch menschliche Erfahrung der Einzigartigkeit und Offenheit jeweiliger Weltzugänge auf dem Spiel: die Möglichkeit einer menschenwürdigen – und darin zugleich in moralischer Hinsicht lebendigen – Welt. Eine solche Welt aber zeigt sich für Arendt nicht zuletzt daran, dass in ihr streitbare Urteile öffentlich geäußert und diskutiert werden können. So betont sie in der von einem Vorbehalt nicht etwa gegenüber den Tätern, sondern gegenüber denen, die über sie urteilten, getragenen deutschen Nachkriegskultur (EJ 24; B 24) die Notwendigkeit des Urteils. Dabei geht es ihr nicht nur darum, die »Niemande« (B 191) mit den Mitteln des Rechts persönlich zur Verantwortung zu ziehen, sie als die Personen zu adressieren, die sie sich weigerten zu sein. Vielmehr ist sie davon überzeugt, dass es streitbarer Urteile wie jener, die sie selbst in *Eichmann in Jerusalem* vorgetragen hat, in einer Kultur bedarf, soll die Herausbildung einer modernen Moral eine Chance haben. In diesem Zusammenhang geht es Arendt weniger darum, inhaltlich recht zu haben, denn vielmehr um das Recht des Urteils selbst, insofern es andere aus dem Schlaf der Gewohnheit reißt und zur Stellungnahme herausfordert.[31] Eine ganze Reihe von kulturkritischen Interventionen Arendts können in einem doppelten Register verstanden werden: Sie streiten für eine Kultur der Pluralität, und sie tun dies auf streitbare Weise. Ganz sicher gilt dies auch für den Text, der nach *Eichmann in Jerusalem* wohl die meisten kritischen Reaktionen auf sich gezogen hat: ihre Reflexionen zu »Little Rock«.

31 Vgl. zu dieser Funktion der öffentlichen Intellektuellen von Sokrates über Lessing und Nietzsche bis hin zu Arendt auch noch einmal oben, das Kapitel »Intellektuelle in finsteren Zeiten«.

8. Assimilation und Diskriminierung

In einer ihrer umstrittensten öffentlichen Interventionen stellte sich Hannah Arendt gegen die 1954 vom Obersten Gerichtshof der USA entschiedene und von der Eisenhower-Regierung in den Folgejahren gegen zum Teil massiven Widerstand in den verschiedenen Bundesstaaten durchgesetzte Aufhebung der Segregation an öffentlichen Schulen. Angesichts der dramatischen Vorgänge, die sich 1957 bei der Aufnahme der ersten neun Schwarzen Schülerinnen und Schüler an der Central High School in Little Rock im Bundesstaat Arkansas abspielten – die Jugendlichen mussten schließlich zum Schutz gegen den aufgebrachten weißen Mob von Bundestruppen in die Schule eskortiert werden –, fühlte sich Arendt genötigt, Stellung zu beziehen. Dabei vertrat sie allerdings Ansichten, die, wie ihr durchaus klar war, angesichts der offiziellen Desegregationsbestrebungen »ketzerisch« erscheinen mussten.[1] Sie befürchtete eine falsche Invasion des politischen Werts der Gleichheit in eine Sphäre, in die er ihrer Meinung nach nicht hingehört: die soziale. Die Gesellschaft, jenes »zwitterhafte Reich zwischen dem Politischen und dem Privaten«, sei von der Logik der Gruppenzugehörigkeit bestimmt, die den Ausschluss, ja die Diskriminierung anderer nicht nur mit sich bringe, viel-

1 Ihr Aufsatz »Reflections on Little Rock« war 1957 auf Anfrage der Zeitschrift *Commentary* verfasst worden, erschien jedoch, nachdem Arendt sich mit den Herausgebern überworfen hatte, erst 1959 in einer anderen Zeitschrift, *Dissent*, wo er allerdings ebenfalls mit einem distanzierenden Vorwort der Herausgeber versehen wurde.

mehr müsse die Möglichkeit zur Diskriminierung hier sogar als ein fundamentales Recht verteidigt werden (LR 267).

So ausdrücklich sich Arendt in ihrem Text zwar gegen die gesetzlich verfügte Segregation in den Südstaaten wendet – »[g]esellschaftliche Diskriminierung wird in dem Augenblick, da sie per Gesetz erzwungen wird, zur Verfolgung« (LR 270), schreibt sie unmissverständlich –, so sehr spricht sie sich doch auch gegen eine per Gesetz erzwungene Integration aus. Die gesetzlich angeordnete Desegregation an den Schulen verletze das »in allen freien Gesellschaften« den Eltern »eindeutig« zustehende Recht, »über ihre Kinder zu entscheiden«, sowie das Recht auf freie Vereinigung (LR 273), und dieses Recht schließe durchaus die Möglichkeit ein, unerwünschte andere von diesen Vereinigungen auszuschließen. Arendts Beispiel sind Ferienorte, die sich exklusiv den Bedürfnissen einer spezifischen Gruppe widmen und sich entsprechend unzugänglich halten: So sei es legitim, wenn einige ausschließlich in Gegenwart von Juden, andere hingegen ausdrücklich nicht in Gegenwart von Juden Ferien machen wollten (vgl. LR 268). Man kann auch an Country Clubs, Herrenclubs oder ähnliche Einrichtungen denken, die ganz explizit mit Praktiken gesellschaftlicher Diskriminierung einhergehen. Gleichheit hingegen sei ein politischer Wert; er betreffe beispielsweise das Wahlrecht, das Recht auf Zugang zu öffentlichen Institutionen sowie zu »Dienstleistungen, die jedermann braucht, um seinen Geschäften nachzugehen, und ohne die im Alltag niemand auskommt« (LR 269).

Seyla Benhabib hat auf die Widersprüche aufmerksam gemacht, in die sich Arendt bei dem Versuch verwickelt, politische Gleichheit mit gesellschaftlicher Diskriminierung zusammenzudenken. Gesellschaftliche Diskriminierung, argumentiert Benhabib gegen Arendt, sei prinzipiell im Namen politischer Gleichheit anfechtbar. Der Umstand, dass Diskriminierung auf der Ebene informeller Praktiken gesellschaftlich fortbestehe, sei das eine. Es sei aber fraglich, ob sich in einem dem Prinzip politischer Gleichheit verpflichteten Staat Einrichtungen »auf dem Wege öffentlicher Satzungen etablieren können, die jeweils durch die Prozeduren eines ordentlichen Gerichtsverfahrens genehmigt werden müssten, wenn sie auf der Ablehnung staatsbürgerlicher oder auch politischer Gleichheit gegründet sind«.[2] Dieser Einwand gilt freilich auch und gerade im Blick auf staatliche Einrichtungen und Behörden wie Schulen, und zwar insbesondere dann, wenn durch die Formen gesellschaftlicher Diskriminierung, die sich hier fortsetzen, der Ausschluss bestimmter Gruppen aus der Öffentlichkeit bestätigt und gefördert wird.

Tatsächlich stützt Arendts Verteidigung des privaten Rechts auf soziale Diskriminierung eine Logik, nach der, wie Saidiya Hartman gezeigt hat, der öffentliche Charakter des Rassismus verdeckt und zu einer Frage individueller Vorlieben gemacht wird. So habe die rechtliche Privilegierung von vermeintlich natürlichen Affinitäten und individuellen Neigungen nach der Abschaffung der Sklaverei zu einer Fortsetzung rassistischer Ungleichheit geführt, deren Effekt nicht zuletzt in der weitgehenden Verdrängung der Schwarzen Bevölkerung aus dem Erscheinungsraum einer weißen Öffentlichkeit bestand. Ebendieser Umstand sei in politischer Hinsicht in genau dem Maße verstellt geblieben, wie die rechtliche Neutralisierung mit einer sozialen Natu-

2 Benhabib, *Hannah Arendt*, S. 242.

ralisierung rassistischer Logiken einherging.[3] Ein Beispiel für diese Verzahnung ist das von Arendt verteidigte Recht von Eltern, ihre Kinder auf die Schule ihrer Wahl zu schicken. Was abstrakt nach einem allgemeinen Prinzip klingen mag, erwies sich, wie Danielle Allen argumentiert, konkret, im Kontext der Debatten über die Desegregation in den USA der 1950er Jahre, als nicht universalisierbar: Den weißen Eltern diese Wahl zu überlassen hieß faktisch, sie den Schwarzen Eltern zu entziehen.[4] Gerade die von Arendt verteidigte Trennung des Sozialen von der politisch-rechtlichen Sphäre legte überall die Grundlagen für rassistische Unterdrückung – bei gleichzeitiger Aufrechterhaltung rechtlicher Gleichheit.[5]

Vor diesem Hintergrund ist Arendts Behauptung, dass Diskriminierung »ein ebenso unabdingbares gesellschaftliches Recht [ist] wie Gleichheit ein politisches« (LR 267), so offenkundig bestreitbar, dass man sich fragen muss, was Arendts Motivation gewesen sein mag, an ihr festzuhalten. In ihrer Arendt-Biographie deutet Elisabeth Young-Bruehl Arendts Position zu Little Rock aus der jüdischen Erfahrung: »Im Kampf der Schwarzen um Integration sah Arendt all die unlösbaren Probleme der jüdischen Assimilation.«[6] Die bestanden für Arendt vor allem darin, dass jeder Versuch, die jüdische Identität in der durch Antisemitismus und Flucht erzwungenen Anpassung an nichtjüdische gesellschaftliche Zusammenhänge vergessen zu lassen, zum Scheitern verurteilt schien. Die »Geschichte des assimilier-

3 Vgl. Hartman, *Scenes of Subjection*, S. 164-206.

4 Vgl. Danielle S. Allen, *Talking to Strangers. Anxieties of Citizenship since Brown v. Board of Education*, Chicago, London 2004, S. 55.

5 Vgl. Hartman, *Scenes of Subjection*, S. 165.

6 Young-Bruehl, *Hannah Arendt*, S. 429.

ten Judentums«, schreibt Arendt an anderer Stelle sarkastisch, habe das »Kunststück« demonstriert, dass der Beweis der »Nichtjüdischkeit« bei den sich auf diese Weise assimilierenden Juden immer nur den gegenteiligen Effekt gezeitigt habe, nämlich »umso erfolgreicher Juden zu bleiben«.[7] Denn nicht nur könne man sich an eine judenfeindliche Gesellschaft nur assimilieren, »wenn man sich an den Antisemitismus assimiliert« (RV 306). Selbst dort, wo diese Implikation in Kauf genommen werde, komme man, wie Arendt in ihrer Rahel-Varnhagen-Biographie formuliert, »aus dem Judentum nicht heraus« (vgl. RV 300).[8] Verleugne man die eigene Herkunft, mache man das Jüdischsein zu einer Frage von individuellen Eigenschaften, die potenziell abgestreift werden können. Dadurch könne man sich zwar einen Augenblick lang als ein über alle gesellschaftliche Bindung erhabenes Individuum fühlen, um dann aber im nächsten »aus solch erhabener Höhe in die Hände der Feinde zu fallen, die glücklich einmal einen ganz isolierten Juden erwischt zu haben, gleichsam einen Juden an sich, ein Abstraktum ohne gesellschaftliche und geschichtliche Bindung, ihn so behandeln werden, als sei er der Inbegriff des Judentums [...]« (RV 303).

Natürlich ist Arendt sehr bewusst, dass der offene Umgang mit der jüdischen Identität in einer antisemitischen Welt noch viel gefährlicher ist. Denn die Gesellschaft, stellt sie in »Wir Flüchtlinge« klar, habe »mit der Diskriminie-

7 Hannah Arendt, »Wir Flüchtlinge«, in: dies., *Wir Juden. Schriften 1932 bis 1966*, hg. von Marie Luise Knott, Ursula Ludz, München 2019, S. 37-52, hier S. 49. Im Folgenden zitiert als WF.

8 Vgl. zum Problem der jüdischen Assimilation am Beispiel der Situation der »Ausnahmejuden« in den Salons des 19. Jahrhunderts auch EU 141-169, 190-211.

rung das soziale Mordinstrument entdeckt, mit dem man Menschen ohne Blutvergießen umbringen kann […]« (WF 50). Dennoch steht für sie außer Frage, dass selbst unter Bedingungen der äußersten Gefahr der Versuch der Anpassung – und zwar sogar noch unabhängig von der Frage seiner Erfolgsaussichten – einen zu hohen Preis hat. Mit dem Versuch, seine Herkunft in einer »lügenhaften Selbstidentifizierung« (RV 296) vergessen zu machen, ändere man schließlich »sich aus der Welt« (vgl. RV 305). Denn mit dem Gefühl für sich verliere man den Sinn für die Wirklichkeit überhaupt. Nicht bereit, diesen Preis zu zahlen, hätten die sich ihres Status bewussten Parias zweifellos einen anderen gezahlt, indem sie die »wenigen Chancen aufs Spiel [setzten], die in einer […] verkehrten Welt sogar der Vogelfreie noch besitzt« (WF 50). Gleichwohl betont Arendt den »unbezahlbaren Vorteil«, der denjenigen zuteilwird, die trotz Diskriminierung die eigene Herkunft nicht verleugnen und auf dem Recht der von der Diskriminierung gemeinten gesellschaftlichen Differenz beharren: Einer solchen Position bleibe die Geschichte kein »versiegeltes Buch und Politik kein Privileg der Nicht-Juden« (WF 51).

Deutlich sind die Reflexionen zu Little Rock in einzelnen Aspekten von Überlegungen informiert, die Arendt zuerst in ihrem Buch über Rahel Varnhagen zum Problem der jüdischen Assimilation angestellt hat. So artikuliert Arendt in ihrer Intervention in die US-amerikanische Integrationsdebatte die Sorge, die Bedingungen sozialer Gleichheit könnten den antischwarzen Rassismus unter Umständen erst recht hervortreiben (vgl. LR 262). Vor dem Hintergrund ihrer Beobachtung, dass die sich von ihrer jüdischen Herkunft trennenden, sich an eine antisemitische Gesellschaft assimilierenden Juden der antisemitischen Wahrnehmung gerade zum Inbegriff des Judentums werden konnten, wird diese Bemerkung zumindest im Blick auf die sie tragenden Intuitionen verständlicher. Denn Arendt scheint analog zu befürchten, dass der rassistischen Wahrnehmung unter Bedingungen sozialer Gleichheit äußere Eigenschaften (vgl. LR 261f.) in dem Maße zum Gegenstand der Aggression werden können, wie sie sozial bedeutungslos sein sollen. »Wenn ein Schwarzer in einer weißen Gemeinschaft nur als Schwarzer und als nichts sonst gesehen wird [...]«, schreibt Arendt bereits Jahre zuvor in einer Passage, die nur in der englischen Version ihres Buchs über den Totalitarismus enthalten ist, »werden alle seine Taten als ›notwendige‹ Konsequenz aus Eigenschaften seines Schwarzseins erklärt [...]«.[9] Ein solcher Mechanismus, so Arendt in ihrem Kommentar zu den Vorgängen in Little Rock, »muss [...] nicht eintreten, doch wäre es [...] sehr erstaunlich, wenn dies nicht passierte« (LR 262). Nun mag der Warnung vor der Möglichkeit, dass sich durch den Versuch einer Abschaffung der sozialen Diskriminierung deren ohnehin schon potenziell tödliche Logik noch mörderischer ausprägen könnte, zwar eine gewisse empirische Berechtigung zukommen. Jedoch wird man mit diesem Hinweis kaum im Umkehrschluss die Diskriminierung selbst rechtfertigen können.

Das zweite Argument, bei dem die im Rahel-Buch entwickelte Unterscheidung zwischen dem Paria und dem anpasslerischen Aufsteigertypus des Parvenus die entscheidende Rolle spielt, ist indes anders gelagert. Bei ihrem Versuch, sich in die Position einer Schwarzen Mutter in Little Rock zu versetzen,[10] kommt Arendt zu dem Ergebnis, dass sie an

9 Arendt, *The Origins of Totalitarianism*, S. 395.

10 Dass Arendt hier vor allem *sich* in die Position einer Schwarzen Mutter

deren Stelle vor allem »mit dem Gefühl da[stünde], man habe [sie mit den staatlichen Desegregationsmaßnahmen, JR] in eine soziale Aufstiegsangelegenheit verwickelt« (LR 276). Statt sozialer Angleichung an die Welt der Weißen gelte es, für gleiche politische Rechte zu kämpfen (vgl. ebd.) – und zwar im Namen genau jener sozialen Identität, die der gesellschaftlichen Diskriminierung unterliegt. Davon auszugehen, man könne sich gegen antisemitische oder rassistische Angriffe anders denn als Jüdin oder als Schwarze verteidigen – etwa indem man als Mensch oder als deutsche oder amerikanische Staatsbürgerin Anerkennung sucht –, erscheint Arendt »töricht«.[11] Eine Forderung an die Schwarzen Eltern, sie an einen anderen kulturellen Zusammenhang anzupassen, verbietet sich für Arendt zudem mit Blick auf das Problem des Verlusts »persönlicher Integrität« (LR 276), das mit der die eigene Herkunft verdrängenden Anpassung an die diskriminierende Welt einhergehe. Ihr Vorschlag, der gesellschaftlichen Ungleichheit nicht durch die Desegregation aller Schulen, sondern durch die Verbesserung der Schulen für Schwarze Kinder und durch die »Einrichtung von Sonderklassen« (ebd.) für besonders Begabte entgegenzuwirken, erinnert, ohne dass Arendt jedoch selbst diesen Bezug explizit machen würde, an das Konzept der »Talented Tenth«. Der Begriff wurde 1896 von einem weißen Liberalen, Henry Lyman Morehouse, einem Mitglied der Ameri-

versetzt, macht in moralphilosophischer Hinsicht deutlich, wie sehr das Prinzip der Perspektivenübernahme auf das Korrektiv einer pluralen Öffentlichkeit angewiesen ist. Vgl. hierzu ausführlicher oben, die letzten Seiten des Kapitels »Eichmanns Unfreiheit«.

11 Vgl. Hannah Arendt, »Diskussion mit Freunden und Kollegen in Toronto«, in: dies., *Ich will verstehen*, S. 71-113, hier S. 107. Im Folgenden zitiert als T.

can Baptist Home Mission Society in New York, geprägt und dann ein paar Jahre später, 1903, von W. E. B. Du Bois aufgenommen.[12] Die unter dieser Überschrift verfolgte Politik hatte das Ziel, durch die Schaffung Schwarzer Colleges eine Schwarze Elite aufzubauen. Das aber war der Stand der Diskussion an der Schwelle zum 20. Jahrhundert, der noch durch die Entscheidung des Obersten Gerichtshofs der USA im Fall *Plessy v. Ferguson* (1896) bestimmt war, mit der segregierte Abteile in Eisenbahnzügen für verfassungsgemäß erklärt und das Prinzip »seperate but equal« zementiert wurde. Im Horizont von *Brown v. Board of Education* (1954) jedoch – jener Entscheidung des Obersten Gerichtshofs, mit der sich dieser der Argumentation einer Reihe von Klagen angeschlossen hatte, die Segregation an staatlichen Schulen

12 Vgl. W. E. B. Du Bois, »The Talented Tenth«, in: Booker T. Washington (Hg.), *The Negro Problem. A Series of Articles by Representative Negroes of Today*, New York 1903, S. 31-75. Mit seinem Plädoyer für die Ausbildung einer Schwarzen Elite wendete sich W. E. B. Du Bois nicht zuletzt gegen die Position des Herausgebers der Anthologie, in der sein Aufsatz erschien. Denn Booker T. Washington hatte sich 1895 in einer Rede, die von Du Bois als »Atlanta Compromise Speech« bezeichnet wurde und als solche auch in die Geschichte einging, für eine ausschließlich an technischen Berufen orientierte Ausbildung für Schwarze ausgesprochen. Statt direkt politische Macht und Bürgerrechte zu fordern, gehe es zunächst darum, sich durch gewöhnliche Arbeiten in die amerikanische Gesellschaft einzugliedern. Die Rede findet sich in Louis R. Harlan (Hg.), *The Booker T. Washington Papers*, Bd. 3, Urbana 1974, S. 583-587; zur Kritik dieser Politik, die für Schwarze nichts als Enteignung, soziale Minderwertigkeit und fehlende Unterstützung für höhere Bildung gebracht habe, vgl. W. E. B. Du Bois, *The Souls of Black Folk*, New York, Toronto u. a. 1989, S. 30-42. Eine knappe Darstellung dieser Zusammenhänge gibt Henry Louis Gates, Jr., »Who Really Invented the ›Talented Tenth‹?«, ⟨https://www.theroot.com/who-really-invented-the-talented-tenth-1790895289⟩ (Stand: 01. 05. 2021).

aufzuheben, weil sie dem Gleichheitsgrundsatz der Verfassung widerspreche – muss sich Arendts Ratschlag in den Ohren jener Schwarzen Eltern, die Klage eingereicht hatten, wie Hohn angehört haben.

Tatsächlich ist Anpassung einer Gruppe an eine andere mit dem Ziel des sozialen Aufstiegs eine sehr schiefe Beschreibung für den Prozess der Desegregation, der von beiden Seiten Änderung verlangt – und zwar nicht zuletzt, wie Danielle Allen formuliert, auf der Ebene der »deep rules«, der tiefliegenden, habitualisierten Regeln, die die Interaktion von Fremden im öffentlichen Raum regeln.[13] In diesem Prozess geht es darum, das Soziale zu repolitisieren, also die Naturalisierung rassistischer Unterdrückung im Zeichen privater Rechte und Vorlieben zurückzuweisen, den öffentlichen, den politischen Charakter von Rassismus anzuerkennen. Entsprechend geht es auch nicht um eine individuelle »Aufstiegsangelegenheit«, sondern um den Versuch der Rekonfiguration einer rassistischen Ordnung mit ihren eingespielten kommunikativen Parametern, ihren Wahrnehmungsmustern und materiellen Voraussetzungen. Dieser Versuch war für die Schwarzen Familien mit erheblichen persönlichen Kosten verbunden, nämlich mit der Erfahrung einer angesichts dieses Versuchs in der Tat besonders aggressiv auftretenden rassistischen Gewalt. Statt um Anpassung im Dienste sozialen Aufstiegs geht es eher um etwas wie eine desegregative Verweigerung der Integration in eine Ordnung weißer Vorherrschaft. Es geht um nichts weniger als um eine soziopolitische »Revolution«, wie Fred Moten dann zu sagen vorschlägt, »wenn mit Revolution die Weigerung gemeint ist, die künstliche Trennung zwischen

13 Vgl. Allen, *Talking to Strangers*, S. 10.

Sozialität und Öffentlichkeit anzuerkennen, deren Aufrechterhaltung für Arendt in politiktheoretischer Hinsicht die Segregation an Schulen rechtfertigte«.[14]

Arendt hingegen schien von diesen Zusammenhängen weniger der Umstand auffällig zu werden, dass es hier um den Versuch des Umbaus einer soziopolitischen Ordnung ging, der alle – also auch die weißen Familien – zur Veränderung zwang. Sie nahm an diesem Versuch vor allem wahr, dass die Schwarzen Jugendlichen durch diesen Versuch in eine Situation gebracht wurden, in der sie nicht erwünscht waren, also in eine »Lage« versetzt wurden, die sie für »entwürdigender« hielt als den »vorherigen Zustand« des Lebens in einer segregierten Gesellschaft (LR 276). »Psychologisch betrachtet«, schreibt sie,

> ist die Situation, daß man unerwünscht ist (eine typisch soziale Zwangslage), schwerer zu ertragen als offene Verfolgung (eine politische Zwangslage), denn der persönliche Stolz ist hierbei mit im Spiel. Unter Stolz verstehe ich nichts dergleichen wie den »Stolz, ein N**** zu sein«, oder ein Jude, oder ein weißer angelsächsischer Protestant usw., sondern das angeborene und natürliche Gefühl, mit allem, was wir durch den Zufall der Geburt eben sind, identisch zu sein. (LR 275[15])

Von ihrer eigenen Mutter dazu erzogen, Situationen, in denen sie als Kind unerwünscht war, sofort zu verlassen und nach Hause zu gehen (vgl. GG 52 f.), war Arendt davon überzeugt, dass man seinen Stolz, seine Würde, nur dann bewahren kann, wenn man nicht »aus einer Gruppe heraus in eine andere hinein[ge]drängt« wird (ebd.). Andernfalls

14 Vgl. Moten, *The Universal Machine*, S. 100.

15 Zu den identitätspolitischen Implikationen von Arendts Auffassung, man müsse mit allem, »was wir durch den Zufall der Geburt eben sind, identisch [...] sein«, vgl. unten, das Kapitel »Das Erscheinen des Streits«.

trete mit einer gewissen Notwendigkeit an die Stelle des Stolzes die Logik der Anpassung. Denn mit dem potenziellen Konflikt zwischen einem noch segregierten Zuhause und einer schon desegregierten Schule werde mit einem »Streich sowohl die Autorität der Lehrer als auch die der Eltern« beseitigt und durch die »öffentliche Meinung« verdrängt, wie sie »unter Kindern herrscht«, die noch nicht gelernt haben, sich eine eigene Meinung zu bilden, also zu urteilen (vgl. LR 274).

Im Hintergrund dieser Befürchtung steht Arendts ungefähr zeitgleich entwickelte Position zur Erziehung. In »Die Krise in der Erziehung« plädiert sie *expressis verbis* für ein konservatives Erziehungsideal, dem zufolge die erziehende Autorität dem Kind gegenüber den Status quo der Welt vertreten soll, in die sie es einführt.[16] Während sie sich für den Bereich des Politischen eine Welt wünscht, die sich nicht zuletzt im Streit pluraler Perspektiven bilden und erhalten soll, plädiert sie hinsichtlich des Bereichs der Erziehung für die Behauptung fraglos gültiger Autoritäten und Traditionen. Um beide Seiten miteinander zu versöhnen, schlägt sie vor, »das Gebiet der Erziehung von anderen, vor allem den politisch öffentlichen Lebensgebieten entschieden [zu] scheiden« (KE 275) und »eine klare Grenze […] zwischen den Jungen und den Erwachsenen« zu ziehen (KE 276). Die Forderung nach Autoritäten, die dem Kind gegenüber für die Welt Verantwortung übernehmen (vgl. KE 272), in die es geboren wird, scheint von der Intuition getragen zu sein, dass innerhalb der beiden Sphären der Erziehung – der

16 Vgl. Hannah Arendt, »Die Krise in der Erziehung«, in: dies., *Zwischen Vergangenheit und Zukunft*, S. 255-276, hier S. 273. Im Folgenden zitiert als KE.

Familie und der Schule – die Frage von sozialen Differenzen und konfligierenden Weltauffassungen eine möglichst geringe Rolle spielen soll. Durch geteilte soziale Ausgangslagen sollen Bedingungen geschaffen werden, in denen ein Kind in der Welt heimisch werden (vgl. ebd.) und Stolz ausbilden kann. Auf der Linie dieses Arguments scheint sich Arendt segregierte Schulen als soziale Milieus vorzustellen, in denen vor dem Hintergrund sozialer Ähnlichkeit die »freie Entwicklung der Eigenart und der Begabungen« gefördert werden kann, also all das, »wodurch ein jeder Mensch sich von jedem anderen in seiner Einzigartigkeit unterscheidet« (KE 270). Dabei soll die Schule dem Kind gegenüber, anders als die Familie, zwar bereits Welt repräsentieren, doch handelt es sich hier um eine Art Zwischensphäre, die den Übergang von der Familie zur Welt ermöglichen soll (KE 269). Anders als die Welt der politischen Öffentlichkeit soll die Welt, die die Schule dem Kind gegenüber vertritt, durch soziale Ähnlichkeit und fraglos geteilte Traditionsbestände bestimmt sein. Wie eine an solcher Homogenität orientierte Erziehung die Heranwachsenden jedoch dazu befähigen soll, sich als Erwachsene politisch gegen den Sog der Gruppenidentität, also potenziell auch der eigenen, zu wenden, führt Arendt nicht aus.

Dabei steht das Plädoyer für einen Konservatismus in Erziehungsfragen in einem deutlichen Spannungsverhältnis zu den pädagogischen Implikationen von Arendts Moralphilosophie, die ich gegen Ende des Kapitels »Eichmanns Unfreiheit« diskutiert habe. In deren Horizont erscheint nicht die dem Kind gegenüber den Status quo der Welt vertretende Autorität (vgl. KE 273) als Ideal des Erziehers, sondern im Gegenteil der sokratische Typ, der in den Schülern die Gewohnheit pflanzt, das Gegebene im Lichte anderer möglicher Sichtweisen zu überprüfen. Denn sich eine eigene Meinung zu bilden, also mündig zu werden, lernt man nicht dort am besten, wo man daran gewöhnt ist, einer Autorität zu folgen und das Gegebene hinzunehmen, sondern dort, wo man durch eine Konstellation von Perspektiven, durch die Konfrontation mit Differenz also, herausgefordert ist, es zu hinterfragen und eigenständig zu durchdenken.

Auch Arendts Bestimmung des Stolzes über das Identifikationsverhältnis zu dem, was von Geburt festliegt, steht zu einem anderen Strang ihres Nachdenkens über die menschliche Würde durchaus quer. Während Einzigartigkeit im Rahmen ihrer Bestimmung des Stolzes als das Ergebnis der Kultivierung dessen verstanden wird, was biologisch und sozial durch den Zufall der Geburt vorgegeben ist, wird sie dort an ein Pluralitätsgeschehen gebunden, in dem sich der Weltzugang des Einzelnen im Spiegel anderer Perspektiven als ebenso einzigartig wie offen, nämlich von diesem Geschehen durchaus affizier- und also veränderbar erfahren lässt.[17] Nicht der Raum sozialer Identität, sondern die Ereigniszeit der Differenzerfahrung, aufgrund deren das unbefragt Gegebene auf Abstand gebracht und zum Gegenstand des Urteilens gemacht werden kann, ist für diese Bestimmung menschlicher Würde zentral. Im Kontext ihrer Schriften zur Erziehung wird die Dynamik dieses Differenzgeschehens von Arendt mit dem Argument beschränkt, dass das Kind nur in einer durch die Erziehung in ihrem Bestand gesicherten Welt selbst die Erneuerung *sein* kann (vgl. KE 273). Allerdings wird diese Erneuerung,

17 Vgl. zu den alternativen Deutungen personaler Einzigartigkeit bei Arendt noch einmal oben, das Kapitel »Das Geschehen der Pluralität«.

die jedes Kind qua Geburt ist, dann nur die Erneuerung einer in ihren Grundfesten kaum zu erschütternden Welt sein können.

Das genaue Gegenteil einer solchen den Bestand der Welt in ihrer höchst relativen Dynamik bewahrenden und – in diesem Wortsinn – konservativen Erziehungsvorstellung ist für Arendt die »Rousseausche Vorstellung [...], daß man eine neue Welt dadurch begründen könne, daß man sie innerhalb der Welt der Kinder, also in der Schule, gleichsam im Modellmaßstab einrichtet und hofft, sie werde sich nun so natürlich und automatisch weiterentwickeln, wie die Kinder heranwachsen« (KE 259). Ein derartiger Versuch der Neugründung einer Ordnung durch Eingriff in die Schulen, schreibt sie in »Die Krise in der Erziehung«, sei in den Südstaaten der USA gemacht worden. Eine solche Neuordnung aber könne nicht funktionieren, wenn man mit den Kindern ein Problem lösen wolle, das die Erwachsenen nicht zu lösen imstande waren (vgl. ebd.). Gewiss bezog Arendts Kritik an den Integrationsmaßnahmen in Little Rock einen Teil ihrer Motivation aus dem für sie unerträglichen Umstand, dass sie auf dem Rücken von Heranwachsenden erzwungen wurden. Auslöser der Empörung war für Arendt eine in

> Zeitungen und Illustrierten abgedruckte Fotografie, die ein junges Mädchen zeigt, wie es in Begleitung eines weißen Freundes ihres Vaters von der Schule weggeht und hautnah von einer Horde johlender und grimassierender Jugendlicher verfolgt wird. Von dem Mädchen wurde offensichtlich verlangt, es solle ein Held sein – also etwas, zu dem sich weder ihr abwesender Vater noch die gleichfalls abwesenden Vertreter der NAACP [National Association for the Advancement of Colored People, JR] aufgerufen fühlten. (LR 265)

Zwar schildert Arendt hier eine Szene, die anderswo stattgefunden hat – das von Arendt beschriebene Bild zeigt nicht Elizabeth Eckford in Little Rock, sondern Dorothy Counts in Charlotte, North Carolina; denn nur das Bild von Counts zeigt die Figur eines väterlichen Begleiters, der indes nicht weiß, sondern Schwarz ist.[18] Aber auch von Elizabeth Eckfords erstem Schultag an der Little Rock Central High School zirkulierten Bilder in der Presse, die Arendt sicher Anlass für eine ähnliche Reaktion gegeben hätten, wenn sich nicht beide Bilder in ihrem Kopf ohnehin vermischten. Ein besonders berühmtes zeigt Eckford auf dem Weg zur Schule, umgeben von hasserfüllten Gesichtern vor allem weißer Frauen. Aus Berichten weiß man, dass Eckford bei ihrem Versuch, die Schule zu betreten, von der sie daran hindernden weißen Menge verflucht wurde. »Lynch her, lynch her!«, wurde skandiert. Elizabeth Eckford zog sich zur Bushaltestelle zurück und entkam der Situation schließlich mit Hilfe eines weißen Reporters von der *New York Times* und einer weiteren, weißen Frau.[19] In beiden Fällen, dem von Dorothy Counts und dem von Elizabeth Eckford, wurde aus Arendts Perspektive wohl »die Last der Verantwortung von den Schultern der Erwachsenen auf die Schultern der Kinder verlagert« (LR 276).

In einem Interview mit Robert Penn Warren beantwor-

18 Zusätzlich zu ihrer Ungenauigkeit hinsichtlich des Pressebilds, auf das sie sich beruft, trifft auch Arendts Beschreibung der Situation, der zufolge der Vater von Dorothy Counts »abwesend« gewesen sei, nicht ganz zu. Er hatte seine Tochter zur Schule gefahren. Vgl. Roger Berkowitz, »Zur Kritik an Hannah Arendts ›Reflections on Little Rock‹«, in: Blume, Boll, Gross (Hg.), *Hannah Arendt und das 20. Jahrhundert*, S. 137-146, hier S. 137f.

19 Für eine umfassendere Schilderung der Vorgänge in Little Rock vgl. Allen, *Talking to Strangers*, S. 31-33.

tete Ralph Ellison Arendts Vorwurf an die Schwarzen Eltern deutlich: Arendt habe »absolut keine Vorstellung« von dem, was in den Köpfen der Schwarzen Eltern vorgehe, die ihre Kinder »durch Spaliere feindseliger Leute« schickten. Denn die Eltern seien sich der »Obertöne eines Initiationsritus« sehr wohl bewusst, den ein derartiges Ereignis für ihr Kind bedeuten muss, schließlich handele es sich hier um eine unverstellte »Konfrontation mit dem Terror des sozialen Lebens«. »Aus der Sicht der Eltern (die sich sicher wünschten, das Problem existiere nicht)«, so Ellison,

> wird von dem Kind erwartet, dass es sich dem Terror stellt, seine Angst und seine Wut kontrolliert, *gerade* weil es ein Schwarzer Amerikaner, eine Schwarze Amerikanerin ist. Man verlangt von ihm, mit den inneren Spannungen umzugehen, die die rassistische Situation erzeugt, und wenn es dabei verletzt wird – dann ist das ein weiteres Opfer. Das ist eine harte Forderung, aber wenn das Kind diesen basalen Test nicht besteht, wird sein Leben noch härter sein.[20]

Nach der Lektüre dieses Interviews wandte sich Arendt in einem privaten Brief an Ellison und gab zu, das »Ideal des Opfers« tatsächlich nicht verstanden zu haben. Sie habe zwar gewusst, dass sie irgendwie falschliege, und sich gedacht, dass sie das Element der nackten Gewalt, der elementaren, körperlichen Angst in der Situation nicht erfasst hatte. Ellisons Bemerkungen erschienen ihr so vollständig richtig, dass sie nun sehen könne, dass sie schlicht die Komplexität der Situation nicht verstanden habe.[21] Für Ellison war das, was die »Little Rock Nine«, also die neun ersten afroamerikanischen Schülerinnen und Schüler der Little Rock Cen-

20 Vgl. den Interview-Teil des Ellison-Portraits von Robert Penn Warren, bes. WS 344.

21 Hannah Arendt, »A Letter to Ralph Ellison, July 29, 1965«, Library of Congress, Correspondence File, 1938-1976, Box 10.

tral High School, zu denen auch Elizabeth Eckford gehörte, auszuhalten hatten, ein Beispiel für den »impliziten Heroismus von Leuten, die in einer Gesellschaft leben müssen, in der ihnen keine Anerkennung, kein richtiger Status zuerkannt wird, in deren Ideale sie aber gleichwohl involviert sind und in der sie versuchen, einen Weg zu finden, ihre wahre und rechtmäßige Position zu finden« (WS 342). Solche Leute, heißt es bei Ellison weiter, »lernen mehr über das Wesen dieser Gesellschaft, über den wahren Charakter ihrer Werte als diejenigen, denen der Platz in ihr selbstverständlich ist«. Diese Wahrheit zeigten sie nicht in einer philosophischen Debatte, sondern »führten sie vor«, durch Handlungen, die die weiße Gesellschaft mit der Inkongruenz zwischen Realität und demokratischem Selbstverständnis konfrontierten (vgl. WS 343).[22] Dabei müsse die »Lust an der persönlichen Rache dem Interesse des Gemeinwohls geopfert« werden (WS 342).

Trotz des Bekenntnisses ihrer Fehleinschätzung der Situation bleibt allerdings unklar, wie grundsätzlich Arendt sich von Ellison tatsächlich hat belehren lassen und was sie hier eigentlich genau verstanden hat. So hat sie aus dem Austausch mit Ellison weder die Konsequenz gezogen, sich von ihrer prinzipiellen Kritik an der staatlichen Anordnung der Desegregation an Schulen zu distanzieren,[23] noch hat sie sich von ihrer problematischen Trennung zwischen politischer und sozialer Sphäre angesichts des von Ralph Ellison bezeichnenderweise häufig als »soziopolitisch« bezeichneten

22 Eine solche konfrontative Provokation eines Verlusts der Unschuld aufseiten des weißen Amerika heißt bei James Baldwin »Liebe«. Vgl. hierzu oben, das Kapitel »Liebe zum Leben, Liebe zur Welt«.

23 Vgl. Berkowitz, »Zur Kritik an Hannah Arendts ›Reflections on Little Rock‹«, S. 140.

Problems einer durch Rassismus strukturierten Gesellschaft verabschiedet.[24]

Nun war Arendt keineswegs der Meinung, dass an einer solchen Gesellschaft keine Veränderungen vorgenommen werden sollten. Nur sollten diese sich ihrer Meinung nach darauf beschränken, »diskriminierende Gesetze« abzuschaffen. An oberster Stelle stand hier für Arendt das bei Erscheinen ihres Artikels im Jahr 1959 noch in 29 von 49 US-Bundesstaaten geltende Gesetz, das die »Schließung einer Mischehe zu einer strafbaren Handlung macht« (LR 264). Es sei das »schändlichste Gesetz der Südstaaten« (ebd.). Denn das »Recht zu heiraten, wen man will«, sei ein »elementares Menschenrecht, mit dem verglichen ›das Recht eine integrierte Schule zu besuchen [...]‹« ein weniger bedeutendes Recht sei (LR 264). Selbst noch das Wahlrecht sei »zweitrangig« gegenüber den »Menschenrechten auf ›Leben, Freiheit und das Streben nach Glück‹, wie sie in der Unabhängigkeitserklärung proklamiert wurden« und zu denen »fraglos das Recht [zähle], einen Hausstand zu gründen und zu heiraten« (ebd.). Konfrontiert mit der Einschätzung eines Kritikers, dass für die meisten Schwarzen »›das diskriminierende Verbot der Mischehe und der Rassenvermischung der letzte Punkt in der Prioritätenliste‹« sei (LR 258), antwortet Arendt arrogant, dass »unterdrückte Minderheiten [...] nie gerade die besten Sachkenner [gewesen seien], wenn es um Prioritäten in solchen Fragen ging« (ebd.). Nun ist, wie Saidiya Hartman gezeigt hat, der spezielle Widerstand, der gegen die Aufhebung gerade dieses Gesetzes bestand – erst 1967 urteilte der Oberste Gerichthof, dass Ge-

24 Vgl. zur Verwendung dieser sich so deutlich von Arendt absetzenden Formulierung bei Ellison Allen, *Talking to Strangers*, S. 29f.

setze gegen »Rassenmischung« verfassungswidrig sind –, in der Tat symptomatisch für die zentrale Bedeutung, die dieser Frage bei der Aufrechterhaltung der rassistischen Ordnung nach der Abschaffung der Sklaverei zukam. So zitiert Hartman unter anderem ein Urteil, das 1877 in Alabama die »Unzucht zwischen den Rassen« mit der Begründung verbot, dass die Heirat nicht nur ein Vertrag zwischen zwei übereinkommenden Vertragspartnern sei, sondern eine Institution, auf der die gesellschaftliche Ordnung beruhe und die daher von der souveränen Macht des Staates kontrolliert werden müsse.[25] Indes ist eine solche Politik, wie Hartman ebenfalls detailliert zeigt, aufs Engste mit dem Schutz des Rechts auf soziale Diskriminierung verschränkt, das Arendt so vehement verteidigt. Denn durch diesen Schutz wurden Schwarze Forderungen nach Zugang zu öffentlichen Einrichtungen wie Schulen nicht als die Forderung nach der Garantie von Bürgerrechten verstanden, sondern als die unerwünschte Zumutung sozialer Vermischung, als Verletzung der vermeintlich natürlichen Grenzen »zwischen den Rassen« – ein Verständnis, das der rassifizierenden Biopolitik des Staates genau entsprach.[26]

Arendt hingegen sah diese Zusammenhänge nicht. Für sie war das Recht zu heiraten, wen man will, vor allem eine Privatangelegenheit. Im Privaten, bei der Wahl unserer Freunde und Partner, so Arendt, »lassen wir uns nicht von ähnlichen oder übereinstimmenden Gruppeneigenschaften leiten [...], sondern die Wahl fällt [...] auf eine Einzelperson, auf einen Menschen in seiner Einmaligkeit und seiner Unverwechselbarkeit [...]« (LR 269). Diese Passage

25 Vgl. Hartman, *Scenes of Subjection*, S. 183-191, hier bes. S. 188.
26 Vgl. ebd., S. 190.

erstaunt nicht nur hinsichtlich ihrer überaus romantischen Vorstellungen von Freundschaft und Liebe, denen zufolge die Gravitation sozialer Zugehörigkeit bei der Wahl unserer nahen Bezugspersonen keine Rolle spielen soll. Darüber hinaus muss man sich fragen, wie Arendt sich die praktische Umsetzung des Rechts zu heiraten, wen man will, in einer Welt vorgestellt hat, in der zugleich das Recht auf soziale Diskriminierung fortbestehen soll. Die Gesetze gegen die Mischehe abzuschaffen, ohne zugleich die segregationistische Praxis in Schulen, Bussen, Erholungsgebieten oder Restaurants zu ändern, hätte bedeutet, so Robert Bernasconi, dass so gut wie niemand in die Lage gekommen wäre, von dem Recht Gebrauch machen zu wollen – und wohl auch, dass die »Leiden der Diskriminierung« (LR 269) für diejenigen unerträglich geworden wären, die es unter diesen Bedingungen im Namen ihres »persönlichen Glücks« (ebd.) tatsächlich in Anspruch genommen hätten.[27]

Arendts »Reflections on Little Rock« gelten gemeinhin als gänzlich misslungener Versuch, die zeitgleich in *Vita activa* – die englische Version erscheint als *The Human Condition* bereits 1958 – entwickelten Unterscheidungen zwischen privater, sozialer und politischer Sphäre auf eine zeitgenössische Problemstellung anzuwenden. Misslungen, so hat sich gezeigt, ist dieser Versuch nicht zuletzt deshalb, weil Arendt durch diese Unterscheidungen stark beschränkt, was Pluralitätsgeschehen, was Streit um das Gemeinsame der gemeinsamen Welt beinhalten kann. Die Verteidigung der Logik sozialer Diskriminierung hat indes für Arendt

27 Vgl. Robert Bernasconi, »The Double Face of the Political and the Social: Hannah Arendt and America's Racial Devisions«, in: *Research in Phenomenology* 26 (1996), S. 3-24, hier S. 16.

noch einen weiteren, bislang noch nicht angesprochenen Hintergrund, der in *Vita activa* eine wichtige Rolle für ihre Kritik der Gesellschaft spielt. Er besteht in der Befürchtung, dass sich der Wert der Gleichheit in einer Massengesellschaft vor allem in Dynamiken des Konformismus, das heißt als Anpassung und Angleichung, realisiert, die jede Kultur der Pluralität früher oder später ersticken müssen. In diesem Zusammenhang scheint sie sich die Logik sozialer Diskriminierung tatsächlich, wie Elisabeth Young-Bruehl formuliert, als »eine wichtige Sperre gegen die ›Massengesellschaft‹«[28] vorzustellen. »Eine Massengesellschaft«, bemerkt Arendt in ihrem Kommentar zu Little Rock, »in der die Unterscheidungslinien verwischt und die Gruppenunterschiede eingeebnet werden, ist eine Gefahr für die Gesellschaft an sich« (LR 267). Nun ist die Logik der sozialen Diskriminierung, wie sie sich in einer rassistisch segregierten Welt ausdrückt, ganz offenbar nicht geeignet, eine der Gesellschaft zuträgliche Kultur der Pluralität zu fördern, weil sie deren öffentlichen Ausdruck im Gegenteil auf einen weißen Erscheinungsraum beschränkt. Dennoch ist ernst zu nehmen, dass Arendt sich, wie Didier Eribon zusammenfasst, an einer Argumentation versucht, mit der »sie die Idee der politischen und rechtlichen Gleichheit und die Idee des Unterschieds oder der kulturellen Unterschiedenheit zugleich zu verteidigen sucht«[29] – und zwar vor dem Hintergrund ihrer an Alexis de Tocqueville orientierten Diagnose, »daß die dem Gleichheitsprinzip innewohnenden widerstreitenden Tendenzen und Schwierigkeiten eines Tages

28 Young-Bruehl, *Hannah Arendt*, S. 427.

29 Vgl. den Anhang »Hannah Arendt und die ›diffamierten Gruppen‹« in: Didier Eribon, *Betrachtungen zur Schwulenfrage*, Berlin 2019, S. 405-416, hier S. 409.

zur gefährlichsten Herausforderung der amerikanischen Lebensart werden könnten« (LR 262). Was hat es mit dieser Sorge um eine Kultur der Pluralität unter Bedingungen moderner Massengesellschaften auf sich?

9. Paradoxien der Gleichheit

Hannah Arendts vor allem in *Vita activa* formulierte Kritik der modernen Massengesellschaft schließt an eine philosophische Tradition der Sorge um die Demokratie an, die in der Diagnose einer »normative Paradoxie« gründet.[1] Eine normative Paradoxie entsteht dann, wenn sich ein Wert, der zunächst einen qualitativen Freiheitsgewinn versprach, im Laufe der Zeit tendenziell so verkehrt, dass er einer solchen Entwicklung entgegensteht. Entsprechend lautet der Befund, dass sich der demokratische Wert der Gleichheit in den modernen westlichen Gesellschaften tendenziell in Form von Zerrbildern realisiert hat, die das Versprechen einer Verwirklichung von Freiheit blockieren und die Demokratie der Gefahr aussetzen, in ihr Anderes – Tyrannei, Totalitarismus – umzuschlagen. Diese Zerrbilder der Gleichheit lauten auf die Namen Homogenität und Konformismus, Durchschnitt und Mittelmaß; und sie unterminieren die Möglichkeit der Verwirklichung individueller Freiheit und mit ihr eines der wesentlichen Lebenselemente der Demokratie: eine Kultur der Pluralität. Die Diagnose einer solchen paradoxalen Verkehrung des demokratischen Werts der Gleichheit findet sich bei so unterschiedlichen Autoren wie Alexis de Tocqueville, John Stuart Mill, Friedrich Nietzsche oder auch bei Arendts Zeitgenossen Theodor W. Adorno und Max Horkheimer. Allerdings wird die Dia-

1 Zum Begriff der normativen Paradoxie vgl. Axel Honneth, Ferdinand Sutterlüty, »Normative Paradoxien der Gegenwart – eine Forschungsperspektive«, in: *WestEnd. Neue Zeitschrift für Sozialforschung* 1 (2011), S. 67-85.

gnose einer normativen Paradoxie der Gleichheit bei den genannten Autoren verschieden verhandelt. Es stehen sich hier idealtypisch vor allem zwei Deutungsmuster gegenüber: Während in dem einen Fall die Genese der normativen Paradoxie auf die Norm der Gleichheit selbst zurückgeführt wird, wird sie im anderen durch die Umstände ihrer faktischen Verwirklichung erklärt. Das erste Muster kann man aristokratisch nennen, das zweite aber ist von einem demokratischen Impuls getrieben. Auffällig ist, dass sich diese inkompatiblen Deutungsmuster zum Teil in ein und demselben Werk auffinden lassen. Dies gilt nicht nur für Alexis de Tocqueville und Friedrich Nietzsche,[2] sondern auch für Hannah Arendt.

Denn in Arendts Kritik an den modernen Zerrbildern der Gleichheit vermischen sich aristokratische Motive und demokratische Impulse. Die aristokratisch getönten Stränge ihrer Kritik der modernen Massengesellschaften ergeben sich aus ihrer polemischen Gegenüberstellung von griechischer und moderner Welt. So hat der antike Begriff der politischen Gleichheit, an dem sich Arendts Kritik der modernen Massengesellschaften orientiert, mit dem demokratischen Verständnis von Gleichheit wenig zu tun. Das Ideal der politischen Gleichheit, das sie sich zum Maßstab für ihre Kritik an der »modernen Egalität« (VA 52) nimmt, ist

2 Vgl. zu den Paradoxien der Gleichheit bei Tocqueville und Nietzsche ausführlich Juliane Rebentisch, Felix Trautmann, »Zerrbilder der Gleichheit. Demokratie und Massenkultur nach Tocqueville«, in: *WestEnd. Neue Zeitschrift für Sozialforschung* 1 (2017), S. 99-117; Juliane Rebentisch, »Kritik der Mittelmäßigkeit. Nietzsche und die Paradoxien der Gleichheit«, in: Axel Honneth u. a. (Hg.), *Normative Paradoxien. Verkehrungen des gesellschaftlichen Fortschritts*, Frankfurt/M. 2022, S. 63-82.

vielmehr das der Ebenbürtigkeit der Mitglieder der antiken Polis (vgl. VA 53). Tatsächlich bezeichnet Ebenbürtigkeit die Standesgleichheit von Geburts wegen, es handelt sich also um einen durch und durch aristokratischen Begriff. Auch wenn Arendt hier nicht an diesen Sinn des Begriffs gedacht haben mag, sondern eher an die Gleichwertigkeit von Gegnern im öffentlichen Wettstreit, so ist doch auch von dieser Bedeutung der Ebenbürtigkeit die aristokratische Färbung nicht abziehbar. Denn ein Leben unter Ebenbürtigen in der Polis zubringen zu dürfen war, wie Arendt selbst betont, ein »Privileg« der Wenigen (ebd.). Es fußt auf der Herrschaft über andere, Nichtgleiche. Erst die durch die Arbeit anderer ermöglichte Befreiung von den Zwängen der Notwendigkeit ermöglicht es den privilegierten Hausherren, durch das (Sprech-)Handeln »unter [ihres]gleichen« (VA 220) in der Polis die Erfahrung der Einzigartigkeit ihres eigenen Weltzugangs zu machen – jene Erfahrung also, die für Arendt den Kern der politischen Freiheit und damit zugleich: eines menschenwürdigen Lebens bildet. Jedoch habe der griechische Stadtstaat, den Arendt als den »›individualistischsten‹ und unkonformistischsten politischen Körper« bezeichnet, »den wir aus der Geschichte kennen« (vgl. VA 54), nur bestehen können, weil die Zahl der Bürger in Grenzen gehalten wurde. Große Bevölkerungen hingegen, das hätten schon die Griechen gewusst, schleppten »in die menschlichen Angelegenheiten bereits den Konformismus, den Behaviorismus und den Automatismus unweigerlich« ein (ebd.). In diesem Zusammenhang scheint Arendt das demokratische Verständnis der Gleichheit als das Problem zu identifizieren, das die Funktion der Gleichheit von der Ermöglichung der Freiheit zu deren Blockade verkehrt. Denn das demokratische Verständnis meint eine Gleichheit der Vielen und gerade nicht die privilegierte und deshalb »immer kleine Zahl der ›Gleichen‹« (vgl. VA 53) in der Polis.

Nun lassen sich vor dem Hintergrund der vorstehenden Kapitel gegen das Ideal der antiken Gleichheit – mit und gegen Hannah Arendt – erhebliche Einwände erheben. Denn das Unbefriedigende der politischen Freiheit der wenigen Gleichen liegt keineswegs allein in dem Umstand beschlossen, dass es eine Freiheit der Wenigen ist, die Nichtgleiche ausgrenzt. Das Problem liegt in der Verfasstheit der politischen Freiheit der Privilegierten selbst. Nicht nur fußt diese Freiheit auf Herrschaft, und das heißt auf einem Moment des souveränen Sich-Durchsetzens gegen andere, das Arendts antisouveräner Konzeption politischer Freiheit aus der Abhängigkeit von anderen diametral entgegensteht. Vor dem Hintergrund ihrer Überzeugung, dass die Entfaltung menschlicher Freiheit der Erfahrung der Differenz bedarf, eines Abgleichs unterschiedlicher Perspektiven, deren Aufeinandertreffen nicht zuletzt auch die Quelle autonomen Urteilens und eines unverstellten Wirklichkeitssinns ist, muss sich die politische Freiheit der unter ihresgleichen bleibenden Privilegierten selbst als defizitär erweisen. Denn mit der Beschränkung des Zugangs zur politischen Öffentlichkeit werden die Perspektiven reduziert, die in dieser zum Erscheinen kommen können. Die unter sich bleibenden Hausherren werden mit einer gewissen Zwangsläufigkeit eine tendenziell entwirklichte, weil die Perspektiven der Nichtgleichen ausklammernde Weltwahrnehmung ausbilden. Und das wiederum wird sich hemmend auf die Ausbildung ihrer Urteilsfähigkeit auswirken, insofern diese gebunden ist an die Möglichkeit der Korrektur der eigenen *doxa*, der eigenen Meinungen, durch die Perspektiven anderer.

Es bedurfte nicht zufällig eines Außenseiters wie Sokrates, um in der Polis eine Entwicklung in Gang zu setzen, in deren Verlauf die Wahrhaftigkeit denkender, also die Herausforderung anderer Perspektiven annehmender Selbstkritik nicht als Krise, sondern als Fundament einer funktionierenden politischen Öffentlichkeit sich abzeichnen konnte. Im Zuge derselben Entwicklung konnten auch die Weltzugänge der Einzelnen nicht nur zunehmend als einzigartig, sondern – weil sie selbst von dem Pluralitätsgeschehen affizierbar sind, in das sie sich einschalten – zugleich als offen für Veränderung erfahren werden. Wenn also das Idealbild der antiken Polis gerade in pluralitätstheoretischer Hinsicht selbst mit erheblichen Problemen belastet ist, dann muss man sich fragen, ob Arendts polemische Gegenüberstellung von antiker und moderner Welt nicht eigentlich mehr verstellt als erhellt – zumal Arendt auch in diesem Zusammenhang dazu tendiert, wie Judith Shklar kritisiert hat, »ausschließlich in absoluten Gegensätzen zu denken, und niemals in Abstufungen oder Nuancen«.[3] Viel hängt davon ab, ob sich Arendts Diagnose, dass es sich bei der »moderne[n] Egalität« (VA 52) nicht um eine demokratisierte, das heißt auf die Vielen ausgedehnte Variante des antiken Privilegs politischer Freiheit, sondern um dessen größte Perversion handelt, ein Sinn abgewinnen lässt, der die modernen Massendemokratien nicht bloß von außen, von einem aristokratischen Standpunkt aus kritisiert, sie vielmehr an ihrem eigenen Selbstverständnis – einer Verwirklichung von Freiheit für die Vielen – misst.

3 Judith Shklar, »Antike und Moderne«, in: dies.: *Über Hannah Arendt*, hg. von Hannes Bajohr, Berlin 2020, S. 30-48, hier S. 37.

Tatsächlich geht Arendts Kritik an den modernen Zerrbildern der Gleichheit nicht in der aristokratischen Kritik an der Demokratisierung der politischen Gleichheit auf. Ihr Impuls für die Kritik an der Moderne gründet weniger in einer Nostalgie für die von einer privilegierten Herrenkaste gebildete politische Öffentlichkeit der griechischen Antike denn in ihrer Sorge um die politische Freiheit unter Bedingungen der Moderne – unter Bedingungen also, unter denen die Forderung nach Freiheit für alle, die demokratische Forderung der Gleichheit, unhintergehbar geworden ist. So besteht auch für Hannah Arendt kein Zweifel, dass sich nach der Französischen Revolution »jene, die sich der Sache der Freiheit verschrieben hatten, niemals mehr mit einem Zustand versöhnen konnten, in dem die Freiheit von Not ein Privileg der Wenigen war«.[4] Mit der Französischen Revolution, so Arendt, »wurde ein für allemal festgeschrieben, daß der Sieg über die Armut eine Voraussetzung für die Gründung der Freiheit ist [...]« (RF 244). Entsprechend erwähnt sie in *Vita activa* – bei aller Kritik an Marx – durchaus anerkennend, dass er der Erste gewesen sei, der die Willkür von Gewalt und Unterdrückung dort entdeckt hat, wo »man bisher nur die ewig gleichen Naturbedingungen menschlichen Lebens auf Erden gesehen hatte« (VA 79). Allerdings, und das ist Arendts eigentlicher Punkt, kommt die Bekämpfung sozialer Ungleichheit nicht schon automatisch einem Kampf für die politische Freiheit – für die »Freiheit, sich an den öffentlichen Angelegenheiten zu beteiligen, [die] Freiheit des Tuns«[5] – gleich. Die Befreiung von der

4 Hannah Arendt, »Revolution und Freiheit«, in: dies., *Zwischen Vergangenheit und Zukunft*, S. 227-251, hier S. 241. Im Folgenden zitiert als RF.

5 Arendt, *Die Freiheit, frei zu sein*, S. 40.

Not mag der Etablierung der politischen Freiheit zwar wegen ihrer Dringlichkeit notwendig vorausgehen (RF 249). Die Freiheit von der Not, die Freiheit, frei zu sein, ist jedoch nicht schon mit der positiven Verwirklichung der Freiheit beziehungsweise der vollen Entfaltung des menschlichen Würdepotenzials identisch. Insofern wäre es nach Arendt verkürzt, Freiheit allein mit voller (sozialer) Gleichheit zu identifizieren (vgl. RF 241). Zur Verwirklichung von Freiheit bedarf es, so Arendts Überzeugung, vielmehr zweier Stadien: Auf das »Stadium der Befreiung – von Armut oder Fremdherrschaft« muss das »Stadium der Gründung der Freiheit« folgen (RF 249). Wie auch immer man zu diesem Zwei-Stadien-Theorem stehen mag (ich werde darauf zurückkommen): Arendts Kritik an der »modernen Egalität« (VA 52) ist von einer Sorge angesichts jener Dynamiken getragen, die eine demokratische Kultur der Freiheit, eine demokratische Kultur der Pluralität in der Moderne blockieren.

Es ist eine von Arendts zentralen modernitätskritischen Thesen, dass sich diese Blockade mit dem Aufstieg dessen bildet, was sie »die Gesellschaft« nennt: einer hybriden Sphäre, in der sich die klassische Unterscheidung zwischen dem Privaten und dem Öffentlichen, dem Oikos und der Polis, verwischt – wobei Arendt hinsichtlich der Genealogie dieser Entwicklungen durchaus unterschiedliche Auskünfte gibt.[6] Entscheidend ist zunächst jedoch die an Nietzsche und Heidegger erinnernde Formulierung der Diagnose selbst. Denn mit diesen Entwicklungen soll sich eine Umkehr der griechischen Wertehierarchie vollzogen haben, de-

6 Vgl. hierzu auch Jean L. Cohen, Andrew Arato, *Civil Society and Political Theory*, Cambridge (Mass.) 1994, S. 177-200, bes. S. 182-184.

ren weitreichende Konsequenzen Arendt zufolge lediglich durch das »tiefe Mißverständnis« verdeckt werden, »das in der lateinischen Übersetzung des Wortes ›politisch‹ durch ›sozial‹ zum Ausdruck kommt« (VA 38, vgl. auch 34). Im Zuge der Entwicklungen zur Herausbildung der Gesellschaft soll sich nichts Geringeres als der Verlust des gesamten antiken Verweisungszusammenhangs aus Pluralität, Welt, Politik und Freiheit vollziehen. An die Stelle der gemeinsamen Orientierung an einer durch das (Sprech-)Handeln der Menschen – und das heißt: durch den Abgleich ihrer je singulären Perspektiven – erschlossenen Welt sei am Ende dieser Entwicklung, in der modernen Arbeits- und Massengesellschaft, die Ausrichtung am Leben der Gattung getreten, in das sich das Leben der Einzelnen gerade durch die individualistische Orientierung an Arbeit, Familie und Konsum bruchlos einfügt.[7] Was die Griechen als die niedrigste Form menschlicher Tätigkeiten erachteten, die sich in den Notwendigkeiten der Reproduktion des Lebens erschöpfende Arbeit, werde jetzt zum Entscheidenden. In der modernen Arbeits- und Massengesellschaft verdränge sie selbst noch das von Zweck-Mittel-Relationen beherrschte Herstellen. Bereits zuvor nämlich, so Arendts genealogische Erzählung einer Umwertung aller das tätige Leben bestimmenden Werte, war das Paradigma des Herstellens an die Stelle des von Zweck-Mittel-Relationen freien griechischen Modells des (Sprech-)Handelns in der Polis getreten; Handeln wurde im Zeichen des Homo faber (des schaffenden Menschen oder Handwerkers) zum instrumentellen Handeln. Erklärungsbedürftig sei aber, wie Arendt weiter ausführt,

7 Vgl. zu diesen Motiven bei Arendt auch oben, das Kapitel »Liebe zum Leben, Liebe zur Welt«.

»nicht die moderne Wertschätzung von Homo faber, sondern die Tatsache, daß [...] auf sie verhältnismäßig schnell die Verherrlichung der Arbeit gefolgt ist« (VA 390). Obwohl Arendt betont, dass »die Verabsolutierung der Zweck-Mittel-Kategorie und die Überzeugung, daß das Prinzip des Nutzens alle Probleme lösen und alle menschlichen Motive erklären kann« (VA 389), auch in der Spätmoderne zu finden sind, bleibt sie nicht bei einer Kritik der Zweckrationalität stehen. Die moderne Arbeitsgesellschaft sei nämlich weniger durch das Prinzip der Zweckrationalität gekennzeichnet, sondern vor allem durch das der Selbsterhaltung. Entsprechend steht nicht der Homo faber, sondern das »Animal laborans« (das Arbeitstier) am Ende ihrer großformatigen Geschichte der Werteverkehrung.

Diese Geschichte ist zugleich eine der Weltentfremdung – wobei es hier durchaus nicht nur um die Entfremdung von derjenigen Welt geht, die zwischen denen entsteht, die sprechend und handelnd miteinander umgehen, sondern auch um die von der hergestellten Dingwelt. Denn das hergestellte Ding wird im Zuge der von Arendt geschilderten Entwicklungen zu einem Nebenprodukt von Produktionsprozessen, in denen es nicht mehr primär um Nützlichkeit geht, sondern um »Wohlbefinden«, also um »Lust- und Unlust-Kalküle« (vgl. VA 393), die »gegenständlich nicht mehr bestimmt sind und daher prinzipiell nicht gesättigt werden können« (VA 382). Das ist für Arendt nicht allein als Symptom der »Entwicklung der Warengesellschaft« interessant, in der bekanntlich, wie sie am Rande bemerkt, der Tauschwert über den Gebrauchswert »den Sieg davontragen konnte« (VA 391). Vielmehr deutet sie die beständige Aufzehrung der gegenständlichen Welt durch die kapitalistische Akkumulation (vgl. VA 323) selbst noch als Ausdruck und

Effekt eines viel älteren und weitreichenderen Prozesses der Weltentfremdung.[8] An dessen Ende aber steht ein nach kapitalistischer Wachstumslogik sich selbst zur Verbrennung befeuernder »Lebensprozess der Gesellschaft« (vgl. VA 326f.). Schon durch das industriekapitalistische Prin-

8 So könne schon die Weltentfremdung, die in der kapitalistischen Akkumulation selbst liegt, natürlich nicht ohne die ihr vorausliegende Weltentfremdung gedacht werden, die sich durch die Enteignung vollzieht (vgl. VA 324). Wiewohl Arendt diese Zusammenhänge durchaus betont, geht es ihr um eine noch weiter ausgreifende Entwicklung. Weltentfremdung müsse als das »Kennzeichen der Neuzeit« überhaupt verstanden werden. In ihr laufen, so Arendts These, vorderhand sehr unterschiedlich gelagerte Entwicklungen aus den Bereichen von Naturwissenschaft, Philosophie und Religion mit dem kapitalistischen »Doppelprozess von Enteignung und Akkumulation« (VA 337) zusammen. Als weitere Faktoren der Weltentfremdung nennt Arendt daher die Reformation ebenso wie die Vermessung der Erde und den modernen Flugverkehr, durch die die Erde jeweils in dem Maße neu angeeignet werden konnte, wie es möglich geworden war, sich von ihr zu entfernen (vgl. VA 321). Eine noch wirkmächtigere Entwicklung in diese Richtung aber sieht Arendt in der Entwicklung der neuzeitlichen Naturwissenschaft, die für die Menschen verschiedene Wege erschlossen habe, »auf Erden und inmitten ihrer Natur zu schalten, als verfügten wir über sie von außen [...]« (VA 334). Die mit Galilei beginnende »Erd-Entfremdung« (ebd.) der Naturwissenschaft habe überhaupt eine Krise des unmittelbar sinnlich vermittelten Weltbezugs nach sich gezogen, auf die Descartes mit einer weiteren, nun philosophischen Weltentfremdung geantwortet habe: dem Rückzug des Bewusstseins auf sich selbst. Der Kapitalismus habe sich, so Arendt, nicht zuletzt aufgrund einer solchen, in verschiedene Lebensbereiche ausgreifenden neuzeitlichen Weltentfremdung ausbreiten können, denn »kein Prinzip weltlicher Stabilität« habe ihn noch behindern können (vgl. VA 326). Entsprechend sei auch »die Größe von Max Webers Entdeckung der Ursprünge des Kapitalismus« in dem Nachweis zu sehen, »daß eine durchaus diesseitige Aktivität möglich ist, ohne daß die Beteiligten sich am Diesseits zu orientieren brauchen, also ohne Sorge für die Welt, ohne Weltgenuß; daß all dies vielmehr dem Interesse an dem eigenen Selbst und der Sorge um das Seelenheil entspringen kann« (VA 325).

zip der Arbeitsteilung sieht Arendt, wie sie 1951 in ihr Denktagebuch notiert, »Pluralität [...] pervertiert in ein Monster-Individuum«, ein »Massen Subjekt«,[9] in das die Einzelnen eingehen, ohne je noch als Einzigartige öffentlich – und das heißt: überhaupt in Erscheinung zu treten. Der Höhepunkt dieser Entwicklung wird jedoch dann erreicht sein, spekuliert Arendt Ende der 1950er Jahre, wenn sich die Arbeitsgesellschaft in eine »Gesellschaft von Jobholders« verwandelt haben wird, in der selbst noch »das Wort Arbeit für das, was man tut oder zu tun glaubt, gleichsam zu hoch gegriffen ist« (VA 410). Denn eine Gesellschaft von Jobholders verlange

> von denen, die ihr zugehören, kaum mehr als automatisches Funktionieren, als sei das Leben des Einzelnen bereits völlig untergetaucht in den Strom des Lebensprozesses, der die Gattung beherrscht, und als bestehe die einzige aktive, individuelle Entscheidung nur noch darin, sich selbst gleichsam loszulassen, seine Individualität aufzugeben, bzw. die Empfindungen zu betäuben, welche noch die Mühe und Not des Lebens registrieren [...]. (VA 410 f.)

Unter diesen Bedingungen werden die Tätigkeiten des Menschen nicht mehr, wie das Sprechen und Handeln im Erscheinungsraum der politischen Öffentlichkeit oder das Herstellen vermittels der Dingwelt, »in die Erscheinung treten können, sondern zu Prozessen werden« (VA 411). Das wären dann Bedingungen, so Arendt weiter, unter denen die »letzte Spur von Handeln aus dem Tun der Menschen« verschwunden und menschliche Geschichte Naturgeschichte geworden wäre (VA 409). Für Arendt ist ebendies, dieser Albtraum, der Inbegriff einer »vergesellschafteten Menschheit« (ebd.). Denn die Gesellschaft sei »in Wahrheit die

9 Arendt, *Denktagebuch*, S. 80.

Form [...], in welcher der Lebensprozeß selbst sich öffentlich etabliert und organisiert hat« (VA 58):

> Die Gesellschaft ist die Form des Zusammenlebens, in der die Abhängigkeit des Menschen von seinesgleichen um des Lebens selbst willen und nichts sonst zu öffentlicher Bedeutung gelangt, und wo infolgedessen die Tätigkeiten, die lediglich der Erhaltung des Lebens dienen, in der Öffentlichkeit nicht nur erscheinen, sondern die Physiognomie des öffentlichen Raumes bestimmen dürfen. (VA 59)

Egal, was man von ihr im Einzelnen halten mag: Die düstere Diagnose eines progressiven »Erfahrungsschwunds« (VA 412) in der Moderne, der auf die Herrschaft von Zweckrationalität und Selbsterhaltung zurückgeht, ist durchaus auch aus anderen Denkschulen vertraut; man kann an Heideggers Analyse der modernen Technik als »Gestell« ebenso denken wie an die Kritik der Zweckrationalität bei Max Weber und Georg Lukács oder an die Kritik der instrumentellen Vernunft bei Theodor W. Adorno, die die These enthält, dass deren Herrschaft am Ende auf »verwilderte Selbsterhaltung«[10] hinausläuft.

Das Gewicht bei Arendt liegt indes auf der Wirkung, die die entsprechenden Entwicklungen auf das politische Gemeinwesen haben, nämlich sich immer mehr in die Richtung eines einheitlichen Kollektivsubjekts zu verwandeln. Neben der kapitalistischen Produktionsweise macht sie für

10 Theodor W. Adorno, *Negative Dialektik*, in: ders., *Gesammelte Schriften*, hg. von Rolf Tiedemann, Bd. VI, Frankfurt/M. 1997, S. 285. Vgl. zu den Gemeinsamkeiten zwischen Arendt und den genannten Autoren auch Richard J. Bernstein, »Rethinking the Social and the Political«, in: ders., *Philosophical Profiles. Essays in a Pragmatic Mode*, Cambridge 1986, S. 238-259, hier bes. S. 240.

diese Entwicklung die Überformung der politischen Öffentlichkeit durch ökonomische Interessen verantwortlich. In der modernen Gesellschaft werde das Gemeinwesen ökonomisch nach dem Modell einer großen Familie verstanden. Für das Verständnis der Gesellschaft als einer Art Familienverbund sei es unerheblich, ob deren Mitglieder de facto sozial gleichgestellt sind oder nicht, entscheidend sei vielmehr, dass es für die Gesellschaft wie für eine Familie unter der patriarchalen Herrschaft eines Familienoberhaupts »nur eine Ansicht und nur ein Interesse geben kann« (VA 50). In der Gesellschaft werde diese Funktion der »Ein-Herrschaft«, die in der Antike die typische Organisationsform des Haushalts gewesen war, jedoch von keinem konkreten Herrscher übernommen. Maßgeblich sei nun vielmehr die Fiktion einer Einheitlichkeit des ökonomischen Gesellschaftsinteresses, wie sie von der frühen Nationalökonomie produziert werde. Arendt nennt beispielhaft Adam Smith' Annahme einer »unsichtbaren Hand«, die »das gesellschaftliche Verhalten der Menschen leitet und so die Harmonie der widerstreitenden Interessen immer wieder herstellt« (VA 56). Die Nationalökonomie ist für Arendt nicht zuletzt deshalb die entscheidende Wissenschaft der Gesellschaft, weil deren »wichtigstes wissenschaftliches Rüstzeug«, die Statistik, die Fiktion einer solchen Einheitlichkeit und mit ihr: die »Berechenbarkeit menschlicher Angelegenheiten« (VA 53) voraussetzt. Vom statistischen Standpunkt aus gesehen, reduzierten sich »Taten oder Ereignisse in ihrer Vereinzelung« auf »bloße Abweichungen oder Schwankungen« (VA 54). Zwar seien Taten oder Ereignisse – als Unterbrechungen eines in der Tat berechenbaren Alltäglichen – wirklich selten. »Nur vergißt man dabei«, so Arendt, »daß auch diese Alltäglichkeit den ihr eigenen Sinn nicht aus dem Alltag selbst bezieht, sondern aus dem Ereignis oder der Tat, die diesen Alltag und seine Alltäglichkeit allererst konstituiert haben« (ebd.). Die Statistik schalte mithin das als »gegenstandslos« aus, was »dem an sich Sinn- und Bedeutungslosen – dem alltäglichen Verhalten und den automatischen historischen Prozessen – einen Sinn zu verleihen vermag« (ebd.): die Politik ebenso wie die Geschichte. Auf der Ebene der Gesellschaftswissenschaften entspreche dem der Behaviorismus, der die Menschen nicht mehr als Handelnde, sondern als sich Verhaltende in den Blick nimmt (vgl. VA 57).

Die Regierungsform aber, die der Herrschaft der politischen Ökonomie in der Gesellschaft entspreche, sei die Bürokratie, eine »Herrschaft des Niemand« (vgl. ebd.). Eine solche Herrschaft sei jedoch keineswegs zu verwechseln mit »Nicht-Herrschaft« (ebd.), im Gegenteil: Die bürokratische Herrschaft kann sich, wie Arendt vor dem Hintergrund ihrer Überlegungen zum Totalitarismus betont, »als eine der grausamsten und tyrannischsten Herrschaftsformen entpuppen« (VA 51), eben weil sie die Einzelnen tendenziell so lange vom eigenverantwortlichen Handeln entbindet, wie sie sich regelkonform verhalten. So sei nach und nach in der Gesellschaft an die Stelle des öffentlichen (Sprech-) Handelns in der Helligkeit eines öffentlichen Erscheinungsraums ein interessengesteuert gruppenangepasstes Sich-Verhalten in der Grauzone einer diffus zwischen Privatem und Öffentlichem sich einrichtenden Sphäre der Gesellschaft getreten. Deren gleichmacherische Dynamik schlucke am Ende auch noch die Differenzen der sozialen Gruppen (vgl. VA 52). So gilt Arendt die moderne Massengesellschaft als der Höhepunkt einer Entwicklung hin zur Nivellierung sozialer Differenzen, die jedoch bezeichnenderweise keineswegs mit der tatsächlichen Durchsetzung sozialer Gleichheit einhergeht. Konsequenterweise schreibt Arendt in diesem Zusammenhang, dass nicht das demokratische »Prinzip der Gleichheit«, das man »seit Tocqueville für den Konformismus verantwortlich zu machen geneigt« sei (VA 50), sondern die Dynamik der Gesellschaft selbst wesentlich gleichmacherisch sei.

Im Rahmen dieses Arguments versteht Arendt das Gesellschaftliche offensichtlich nahezu synonym mit politischer Ökonomie[11] – insofern nämlich in der Gesellschaft »der private Haushalt und das in ihm erforderliche Wirtschaften eine Sache der Öffentlichkeit geworden« sei (VA 57), und zwar so sehr, dass sich die Ökonomie an die Stelle der politischen Öffentlichkeit setzt. Die weitere Diagnose einer Koppelung der kapitalistischen Ökonomie mit (proto)kybernetischen[12] Sozialtechniken erweist sich auch heute als durchaus aktuell. Zwar denkt Arendt in den späten 1950er Jahren nicht an eine Sozialintegration *qua* Individualisierung, wie sie heute unter dem Schlagwort »digitaler Kapitalismus« analysiert wird, sondern im Gegenteil an Techniken der Reduktion von Differenz auf das Durchschnittliche und Berechenbare. Gleichwohl wird im Blick auf die von Arendt kritisierten (proto)kybernetischen Sozialtechniken eher eine Kontinuität als ein Bruch zwischen den an Konformität orientierten »Disziplinargesellschaften« der 1950er

11 Vgl. Cohen, Arato, *Civil Society and Political Theory*, S. 182.

12 Mit der Kritik an diesen Techniken war Arendt nicht allein. Zu einer Darstellung der frühen Kritik an der Kybernetik vgl. Diedrich Diederichsen, »Sachlichkeit und Weltlichkeit: Was wäre eine Kybernetik der Armen, wer sind die Armen, und was hat das mit Kunst zu tun?«, in: ders., Oier Etxeberria (Hg.), *Cybernetics of the Poor*, Berlin 2020, S. 27-40.

Jahre und den die Abweichung organisierenden »Kontrollgesellschaften« von heute sichtbar.[13]

Arendt diskutiert ihre Diagnose eines für die modernen Gesellschaften charakteristischen Verlusts pluraler Öffentlichkeit auch im Blick auf den Bereich der Kultur; und wiederum ist die Stoßrichtung ihrer Argumente vornehmlich kapitalismuskritisch. Auch in diesem Kontext gilt ihr die Massenkultur des 20. Jahrhunderts nur als Höhepunkt einer Entwicklung zur »Vergesellschaftung der Kultur«, die viel früher, nämlich in den Salons des 18. Jahrhunderts beginnt.[14] Was die Massenpsychologie als Symptome des Massenmenschen entdeckt habe, »seine Verlassenheit [...] bei größter Anpassungsfähigkeit; seine Erregbarkeit und Haltlosigkeit; seine außerordentliche Konsumfähigkeit [...] bei völliger Unfähigkeit, Qualitäten zu beurteilen oder auch nur zu unterscheiden; vor allem aber sein Egozentrismus und seine verhängnisvolle Weltentfremdung, die er [...] als Selbstentfremdung mißversteht« (KP 278) – all dies sei keineswegs ein Phänomen der Masse im Sinne der Quantität, sondern beginne mit der sogenannten »guten Gesellschaft« in den Salons, die sich »sogar noch einbilden« konnte, »eine Elite zu sein« (ebd.). Denn in den Salons habe man damit begonnen, die Kultur ökonomisiert, nämlich als »Kulturwert« zu verstehen, mit dessen Hilfe sich die Einzelnen eine höhere gesellschaftliche Position sichern konnten (vgl. ebd.).

13 Vgl. Gilles Deleuze, »Postskriptum über die Kontrollgesellschaften«, in: ders., *Unterhandlungen. 1972-1990*, Frankfurt/M. 1993, S. 254-262. Ich werde auf diese Zusammenhänge am Ende dieses Kapitels noch einmal zurückkommen.

14 Hannah Arendt, »Kultur und Politik«, in: dies., *Zwischen Vergangenheit und Zukunft*, S. 277-304 hier S. 278. Im Folgenden zitiert als KP.

Wiederum ist es bemerkenswert, dass Arendt an dieser Stelle und anders als Tocqueville die Dynamik der kulturellen Distinktion ausdrücklich nicht auf die demokratische Gleichheit,[15] sondern allein auf die Logik der Vermarktlichung selbst zurückführt: »Wenn man oft meint, daß Demokratie kulturfeindlich sei und daß Kultur nur in Aristokratien gedeihen könne, so ist das richtig, wenn man unter Demokratie die Vergesellschaftung von Mensch und Welt versteht – was sie allerdings keineswegs immer zu sein braucht.« (KP 281)

Während die Reduktion der Kultur auf das, »was Werte immer sind, nämlich Tauschwerte«, in der Salonkultur der »Bildungsphilister« zwar bereits mit einer »Entwertung« der Kultur zu einem Mittel für gesellschaftliche Zwecke einherging, blieben die Erzeugnisse der Kultur gleichwohl »weltlich-objektiver Bestand« (KP 278). Dass auch die Kulturdinge »verzehrt und konsumiert« werden, also – wie alles andere in der Arbeits- und Massengesellschaft auch – die Kraft verlieren, »zu versammeln, das heißt, zu trennen und zu verbinden« (vgl. VA 66), ist indes nach Arendt ein Phänomen erst der modernen Massengesellschaft. Die massenkulturellen Produkte der »Vergnügungsindustrie« (KP 278)

15 Tocqueville deutet die über Distinktionskämpfe und Luxusheuchelei vermittelte soziale Mobilität als einen Effekt der demokratischen Gleichheit. Sie erzeuge eine Nähe zwischen den vormals getrennten Klassen, lasse aber paradoxerweise gerade dadurch die noch bestehenden Differenzen umso deutlicher hervortreten. Vgl. Alexis de Tocqueville, *Über die Demokratie in Amerika. Beide Teile in einem Band*, München 1976, bes. S. 523 und S. 536; vgl. zu dieser in den Sozialwissenschaften auch als »Tocqueville-Paradox« bezeichneten Dynamik Claus Offe, *Selbstbetrachtungen aus der Ferne. Tocqueville, Weber und Adorno in den Vereinigten Staaten*, Frankfurt/M., 2004, S. 31; Rebentisch, Trautmann, »Zerrbilder der Gleichheit«, S. 111-113.

dienten »dazu, die Zeit zu vertreiben, das aber heißt, sie dienen dem Lebensprozess der Gesellschaft, von dem sie nicht anders verzehrt werden als andere Konsumgüter auch« (KP 278f.). Die »leere Zeit«, die hier vertrieben werde, sei die »biologische Zeit, die übrigbleibt, wenn der Arbeit und dem Schlaf Genüge getan ist« (KP 279).

Das eigentliche Problem dabei, betont Arendt, liege jedoch nicht schon in der Herstellung von Produkten zum Amüsement. Denn die benötige der Lebensprozess ebenso zu seiner »Erhaltung und Erholung« (ebd.) wie das Brot. Es trete vielmehr erst dann auf, wenn sich die Vergnügungsindustrie der Kulturgüter bemächtige – und ebendas sei, was in der Massenkultur geschehe. Einen »Verfall der Kultur« (KP 180) sieht Arendt, das ist ihr Beispiel, entsprechend nicht schon in der massenhaften Reproduktion von Werken der Philosophie, sondern in deren populärer Aufbereitung für ein Massenpublikum gegeben. Dieses Argument erinnert an das von Horkheimer und Adorno, dem zufolge die Kulturindustrie das reine Amüsement des Zirkus und der Volkskunst ebenso betrüge wie die Intellektualität der Avantgarde. »Verderbt«, schreiben die beiden entsprechend, »ist die Kulturindustrie [...] nicht als Sündenbabel, sondern als Kathedrale des gehobenen Vergnügens«.[16] Auch Arendt geht es weniger um eine Kritik des reinen Vergnügens denn um eine an den Prozessen, die die »Kulturdinge« als Kulturwaren zum Konsum zurichten. Denn erst diese Prozesse zeugen vom Sieg einer Gesellschaft, die sich ganz in die »Al-

16 Vgl. das Kapitel »Kulturindustrie. Aufklärung als Massenbetrug« in: Max Horkheimer, Theodor W. Adorno, *Dialektik der Aufklärung. Philosophische Fragmente*, in: Adorno, *Gesammelte Schriften*, Bd. III, S. 141-191, hier S. 165.

ternative von Arbeiten und Konsumieren« stellt (KP 280). Sind aber die Dinge der Kultur erst einmal zu einer »Funktion des Lebensprozesses des Einzelnen oder der Gesellschaft« depotenziert, trägt der »Kulturschwund« (KP 281) zur »Vergesellschaftung der Welt« (ebd.) oder, was für Arendt dasselbe ist: zu ihrem Verlust bei. Denn Kultur hat für Arendt ursprünglich – und hier bringt sie erneut die griechische Antike ins Spiel – die Funktion, der wesentlich flüchtigen Welt, die aus dem (Sprech-)Handeln in der politischen Öffentlichkeit entsteht, Form zu geben, also einer gewissen »Verdinglichung« (KP 288) zuzuführen, die ihren Bestand zu sichern vermag. Ebendiese Funktion jedoch könne Kultur nur dann erfüllen, wenn sie selbst vor dem Gebraucht- und Verbrauchtwerden geschützt wird (vgl. KP 296[17]).

In diesem Kontext dient also die antike Welt vornehmlich als Kontrastfolie, um den zerstörerischen, den aufzehrenden Effekt der Ökonomie auf die politische Öffentlichkeit sowie die Ding- und Kulturwelt sichtbar zu machen. Die Kolonisierung aller Lebensbereiche durch die Ökonomie erscheint hier als zentrale Ursache der in pluralitätstheoretischer Hinsicht so fatalen Homogenisierungseffekte – sei es hinsichtlich der generellen Durchsetzung einer Normalisierung des Handelns zum Sich-Verhalten oder hinsichtlich des an

17 Der Umstand, dass das Herstellen von Kulturdingen bis zu einem gewissen Grad auch durch ein Denken in Zweck-Mittel-Relationen bestimmt sei, erkläre die Gleichzeitigkeit von Abwehr und Bewunderung, die der Kultur von der Politik im antiken Griechenland entgegengebracht worden sei. Denn zwar sei das politische (Sprech-)Handeln aufgrund seiner Flüchtigkeit auf die Herstellung der Kulturdinge angewiesen, könne aber umgekehrt die für das Herstellen leitende Zweckrationalität nicht in ihrem Bezirk dulden (vgl. KP 290-295).

den Wahrscheinlichkeitsrechnungen von Marktforschungsinstituten orientierten Mittelmaßes der spätmodernen Kulturgüter. In jedem Fall geht es hier um die Artikulation einer Sorge um eine plurale Öffentlichkeit als Substanz funktionierender Demokratien. Nicht nur braucht eine solche Öffentlichkeit Gegenstände der gemeinsamen Bezugnahme, die für die Einzelnen mehr und anderes sind als bloß Mittel zum Zweck. Sie ist darüber hinaus für ihren dynamischen Bestand auf das Erscheinen des von Arendt immer wieder betonten Vortrefflichen, Herausragenden und in diesem Sinne Nichtdurchschnittlichen (VA 53) ebenso angewiesen wie auf das des provokant Abweichenden, des Nichtkonformen, Nichtidentischen. Die Demokratie braucht, wie schon John Stuart Mill bemerkt,[18] Exzentriker, und zwar durchaus auch diejenigen, deren Auftritte und Produktionen sich nicht an den etablierten Standards zur Ermittlung von Leistungen messen lassen. Sie braucht sie als Herausforderung, welche die Bürgerinnen und Bürger aus der Trägheit bloß übernommener Meinungen in eine aktive, sich im Spiegel anderer Möglichkeiten reflektierende Position zwingt. Nur wer um die Möglichkeit der Abweichung vom Gegebenen weiß, sie sich – auch als Möglichkeit des eigenen Selbst – bewusst gemacht hat, kann, was zuvor bloß Gewohnheit war, wahrhaftig, nämlich aus einer reflektierten Distanz heraus, (re-)affirmieren oder verändern, also selbst bestimmen. Sofern die Anlässe zu einer solchen, der Selbstbestimmung notwendig vorgelagerten Erfahrung der Differenz eingezogen werden, läuft die Demokratie Gefahr, so die von Arendt mit Mill, Tocqueville und Nietzsche geteilte Befürchtung, in ihr Gegenteil umzuschlagen: eine weder Gesicht noch Namen

18 John Stuart Mill, *Über die Freiheit*, Stuttgart 1988, hier bes. S. 97.

kennende, aber gerade in ihrer Unkörperlichkeit besonders wirksame, nämlich normalisierende Form der Tyrannei.[19]

Tocquevilles Diagnose, dass die Möglichkeit dieses Umschlagens an die Durchsetzung des demokratischen Werts der Gleichheit gekoppelt ist, wird von Arendt zwar zunächst zurückgewiesen. Allerdings geschieht dies lediglich zugunsten der These von einer umfassenderen historischen Entwicklung, in die sie die politische Forderung und daran anschließende Institutionalisierung der demokratischen Gleichheit an relativ später Stelle eingliedert. So schreibt sie in *Vita activa*, dass »der Sieg der Gleichheit in der modernen Welt [...] nur die politische und juristische Anerkennung der Tatsache« sei, »daß die Gesellschaft den Bereich des Öffentlichen erobert hat [...]« (VA 52). Mit anderen Worten: Die demokratische Institutionalisierung der Gleichheit sei bloß eine Konsequenz aus den von ihr als Vergesellschaftung kritisierten Prozessen; lediglich ein weiterer Schritt in Richtung sozialer Gleichförmigkeit. Es ist also kein Widerspruch, wenn Arendt sich mit Blick auf diesen Stand der Entwicklung durchaus affirmativ auf Tocquevilles Warnung bezieht, dass die demokratische »Gleichheit der Bedingungen und Chancen« aufgrund der ihr innewohnenden »widerstreitenden Tendenzen« zu einer Gefahr für die Demokratie werden kann (vgl. LR 262). Während sie in ihrem Text über Little Rock die politischen Forderungen nach sozialer Gleichstellung in diesem Sinne als einen weiteren

19 Diese Form der Tyrannei ist nicht nur selbst unkörperlich, eine Herrschaft des Niemand; sie hat es auch nicht mehr auf eine Beherrschung des Körpers abgesehen, um auf diese Weise »die Seele zu treffen«. Vielmehr zielt sie, wie Tocqueville sagt, »gleich auf die Seele«. Vgl. de Tocqueville, *Über die Demokratie in Amerika*, S. 295.

Motor gesellschaftlicher Homogenisierungsprozesse deutet, dem sie sich mit der Verteidigung der Diskriminierung als Maßnahme zum Erhalt von Gruppenunterschieden meinte entgegenstellen zu müssen,[20] gilt ihr die soziale Gleichheit in ihren etwas späteren Texten über die Revolution als notwendige, wenn auch nicht hinreichende Bedingung für die Erfahrung der politischen Freiheit. Denn diese Erfahrung denkt Arendt gerade nicht als Identifikation mit Gruppenidentitäten – die Differenz der sozialen Gruppen ist schließlich nur eine Schwundform der Pluralität, um die es Arendt geht. Nicht um den Pluralismus sozialer Identitäten, sondern um die Pluralität jeweiliger Singularitäten ist es ihr zu tun. Damit diese aber zur Erscheinung kommen kann, so ist sie überzeugt, bedarf es der wechselseitigen Anerkennung von politisch Gleichen. In diesem Kontext erscheint ihr nicht der demokratische Kampf um politische Gleichstellung, sondern deren Koppelung an Fragen der sozialen Gerechtigkeit als das entscheidende Problem. Besonders in diesem Argumentationszusammenhang zeigen sich allerdings die Spezifika der analytischen Folie, auf der Arendt ihre Kritik der modernen Gesellschaften entfaltet, nämlich der klassischen Polis-Oikos-Unterscheidung, in ihrer vollen Konsequenz.

Spontane Ausbrüche revolutionären Geistes feiert Arendt zwar durchaus emphatisch als Manifestationen öffentlicher Freiheit. Dennoch hält sie, wie bereits gesehen, die Französische Revolution deshalb für gescheitert, weil in ihr die »soziale Frage«, also das Problem der Armut, zentral wurde (vgl. R 74). Die Revolution habe dort unter dem Eindruck der zugleich »unwiderstehlichen« wie »dringlichen«

20 Vgl. hierzu oben, das Kapitel »Assimilation und Diskriminierung«.

Not der Elenden gestanden (vgl. R 73). Wo aber »die Lebensnotwendigkeiten sich in ihrer elementar zwingenden Gewalt zur Geltung bringen«, sei es um »die Freiheit einer von Menschen erstellten Welt« geschehen (R 75). Tatsächlich habe die »drängende Not des Volkes« in Frankreich den Terror »losgelassen« und die Revolution »vernichtet« (vgl. R 75). Der Kampf gegen die Gewalt des Lebensnotwendigen sei nämlich mit einer gewissen Notwendigkeit selbst von einer »rücksichtslosen Gewaltsamkeit« (vgl. R 146). Alle Herrschaft habe ihre »ursprünglichste und legitimste Wurzel« in dem »Wunsch, sich von [der] Lebensnotwendigkeit zu emanzipieren und eine, wenn auch immer begrenzte Freiheit zu erobern« (R 145). »Solange wir denken können«, schreibt Arendt, »haben Menschen diese Befreiung sich mit Gewalt auf Kosten anderer verschafft, indem sie andere zwangen, einen Teil der Lebenslast für sie zu tragen« (ebd.).

Dies ist jedoch für Arendt keineswegs ein Grund, diesen Umstand selbst zu politisieren, also den entsprechenden Begriff von Freiheit ebenso zu problematisieren wie die naturalisierte Vorstellung einer Sphäre der Notwendigkeit, von der er sich abheben soll. Vielmehr hält sie an ihrer Überzeugung fest, dass die Politik als ein von der Last der Selbsterhaltung, der Rationalität der Zwecke und der Gewalt der Herrschaft befreiter Bezirk, nämlich als »Erscheinungsraum der Freiheit« (R 79), konzipiert werden muss. Das politische (nicht: soziale) Elend der modernen Welt habe seine Ursache nicht zuletzt darin, diesen Sinn politischer Freiheit ganz in Fragen sozialer Gerechtigkeit verloren zu haben. Sosehr Arendt sich der Gewalt bewusst ist, die dem Reich der Freiheit traditionell als Bedingung vorgelagert ist, so sehr hält sie also gleichwohl an der aristotelischen Bestimmung der politischen Sphäre als einer Sphäre der Freiheit von der

Notwendigkeit fest. Konsequenterweise ist das Problem, wie die Freiheit von der Last der Notwendigkeit *für alle* zu bewerkstelligen sei, für Arendt kein im eigentlichen Sinne politisches Problem, sondern wird als eine der Politik vorgelagerte, eben als eine soziale Frage verstanden, die nicht mit den Mitteln der Politik, sondern mit denen der Technik zu lösen sein soll:

> [W]enn wir heute sagen können, daß die alte und furchtbare Wahrheit, daß nur Gewalt und Herrschaft über andere wenigstens einigen Menschen die Freiheit verschafft, überholt und nicht mehr gültig ist, so danken wir diesen wirklichen Fortschritt nicht etwa irgendwelchen modernen politischen Ideen oder Ideologien, sondern einzig der modernen Technik. (R 145[21])

An anderer Stelle spricht sie davon, dass den Nöten der Menschen nicht mit politischen Mitteln abgeholfen werden kann, sondern »einzig und allein auf dem Wege fachmännisch geleiteter Verwaltung« (R 116). Angesichts von Arendts eigener Kritik an bürokratischer Verwaltung, Technik und moderner Sozialwissenschaft mögen diese technokratischen Vorstellungen überraschen; sie sind aber eine logische Konsequenz aus Arendts Überzeugung, dass Fragen des Lebensnotwendigen in den Bereich des Sozialen gehören und nicht in den des Politischen.[22]

Wenigen Gedanken Hannah Arendts ist wohl so häufig

21 Entsprechend lobt Arendt Lenin für dessen »unmarxistische« Vision, die »Befreiung vom Fluch der Armut« technisch (und nicht politisch) zu »bewältigen«: »Wir haben es hier mit einem jener seltenen Beispiele zu tun, in denen Lenins staatsmännische Begabung seine marxistische Verbohrtheit und seine Ideologiebesessenheit durchbrach.« (R 82) Zu Arendts Einschätzung, der »Schiffbruch der Freiheit auf dem Felsen der Notwendigkeit« sei noch am ehesten durch Entwicklungen in (Natur-)Wissenschaft und Technik zu verhindern vgl. auch RF 250.

22 Vgl. Bernstein, »The Social and the Political«, S. 253f.

widersprochen worden wie der vor dem Hintergrund der griechischen Trennung zwischen Polis und Oikos für die Moderne erhobenen Forderung nach einer Trennung zwischen Politischem und Sozialem – einer Trennung, die auch die strikte Entgegensetzung von Welt und Leben mit sich führt. In der Tat muss man sich fragen, wie viel Welt auf der Seite des Politischen noch vorkommen kann, wenn das Soziale komplett aus der politischen Sphäre ausgeschieden ist. »Was eigentlich«, fragte Mary McCarthy auf einer 1972 um Arendts Werk herum organisierten Konferenz in Toronto, »soll jemand auf der öffentlichen Bühne, im öffentlichen Raum noch tun, wenn er sich nicht mit dem Sozialen befasst? Soll heißen: Was bleibt da noch? [...] Wenn [...] alle Fragen der Wirtschaft, der menschlichen Wohlfahrt, des ›busing‹ – was immer die soziale Sphäre berührt – von der politischen Bühne ausgeschlossen sind, dann wird es für mich mysteriös.« (T 87f.) Und Albrecht Wellmer setzte bei derselben Gelegenheit mit der Frage nach, ob es überhaupt möglich ist, ein einziges soziales Problem anzugeben, das *nicht* politisch gewendet werden kann (T 90). Arendts unbefriedigende Antwort auf das Drängen ihrer Freundinnen und Herausforderer, Kriterien für die für sie so wichtige Unterscheidung zwischen politischen und sozialen Fragen anzugeben,[23] lautet, dass politische Probleme sich durch ihren öffentlichen Charakter auszeichnen, dadurch, dass sie »es wert sind, in der Öffentlichkeit beredet zu werden« (T 88). Doch unterschätzt diese Antwort systematisch, dass die Frage, wer bestimmt, was sich als öffentliche Angelegen-

23 Vgl. zu der Auseinandersetzung und einer ausführlichen Kritik an Arendts Versuch, auf diese Herausforderung zu antworten, ebd., S. 250-256.

heit und daher als wahrhaft politischer Gegenstand qualifiziert, selbst eine hochgradig politische Angelegenheit ist.

Emphatisch politische Momente ereignen sich nicht zuletzt dort, wo die Grenze zwischen dem Politischen und dem Nicht- oder Präpolitischen, wo folglich auch die Unterscheidung zwischen öffentlicher und privater Sphäre auf dem Spiel steht. So erzählt man sich die Geschichte moderner Demokratien nicht zuletzt im Blick auf Ereignisse, in denen sich das zuvor dem Privaten Zugerechnete als öffentlich relevant behauptet, in denen das zuvor politisch Unsichtbare Sichtbarkeit beansprucht, also die öffentliche Anerkennung seiner Erscheinung, und damit eine Rekonfiguration des öffentlichen Erscheinungsraums erzwungen hat. Wenn es zu einer Neuaufteilung dieser Sphären kommt, ereignet sich Politik gewissermaßen als Ausnahme von sich selbst, nämlich von sich selbst in der institutionalisierten Gestalt, in der eine bestimmte Unterscheidung zwischen politischem und nichtpolitischem, öffentlichem und privatem Leben Wirklichkeit gewinnt.[24] Die Einsicht, dass Veränderungen auch auf dieser Ebene immer möglich sind, zwingt dazu, eine viel radikalere Dynamik des Pluralitätsgeschehens als die von Arendt beschriebene zu denken, geht es doch hier um etwas ganz anderes als um das, was sich kommunikativ zwischen den – privilegierten – Mitgliedern eines öffentlichen Erscheinungsraums ereignen kann: Jeder Anspruch auf öffentliches Erscheinen durch diejenigen, denen ein Platz jenseits der etablierten Rahmen für ein solches Erscheinen zugewiesen war, ist der Anspruch auf eine

24 Dem entspricht in der jüngeren politischen Theorie die Unterscheidung zwischen der Politik und dem Politischen. Vgl. dazu Oliver Marchart, *Die politische Differenz. Zum Denken des Politischen bei Nancy, Lefort, Badiou, Laclau und Agamben*, Berlin 2010.

mal mehr, mal weniger drastische Metamorphose der Rahmen selbst[25] – eine Transformation des Erscheinungsraums, der ihm institutionell zugrunde liegenden Fassungen von Gleichheit ebenso wie der in ihm etablierten Weltverständnisse.

Solche Konflikte betreffen nicht zuletzt auch die Ausdeutung dessen, was Arendt in ihrem Denktagebuch als eine der Quellen der Pluralität angibt: die Bedürftigkeit des Menschen, seine Abhängigkeit von anderen.[26] Denn weder die konkrete Form der Bedürfnisse noch die konkrete Gestalt, welche die Abhängigkeiten der Menschen voneinander annehmen, noch die Positionen, die sie in ihnen jeweils einnehmen, sind als etwas schlicht Gegebenes, als Faktum feststellbar, dem dann nur noch (verwaltungs-)technisch zu begegnen wäre.[27] Vielmehr müssen sie ebenso als Voraussetzung wie als Gegenstand eines Geschehens der Pluralität begriffen werden, das sich aus der Dynamik aufeinander bezogener Positionen entspinnt. Gerade weil Pluralität mit Arendt als mehr und als anderes denn als eine bloße Ansammlung bezugsloser und objektivierbarer Verschiedenheiten verstanden werden kann, nämlich als ein kommunikatives Geschehen, das diejenigen, die sich in es einschalten, nicht unberührt lässt, sind die sich in diesem Geschehen implizit ausdrückenden oder explizit artikulie-

25 Vgl. Jacques Rancière, *Zehn Thesen zur Politik*, Berlin 2008, bes. S. 35.

26 Arendt, *Denktagebuch*, S. 218.

27 Eine Kritik an Arendts Blindheit gegenüber dem Umstand, »daß menschliche Bedürfnisse immer schon interpretierte Bedürfnisse, Formen menschlichen Zusammenlebens immer auch schon qualitativ bestimmte Weisen sind, die ›Welt‹ zu prägen«, formuliert auch Rahel Jaeggi, *Welt und Person. Zum anthropologischen Hintergrund der Gesellschaftskritik Hannah Arendts*, Berlin 1997, S. 47.

renden Abhängigkeiten, Bedürfnisse und Positionen nicht von ihm abzuspalten. Statt Abhängigkeiten, Bedürfnisse und Positionen als Gegebenheiten vorauszusetzen und also zu verdinglichen, müssen sie innerhalb dieses Geschehens als potenzielle Gegenstände der politischen Auseinandersetzung anerkannt werden.[28] Das aber heißt: So, wie die Gleichheit nicht reduziert werden sollte auf eine in ihrer konkreten Gestalt politisch nicht weiter zu befragende Bedingung der Freiheit, sollte auch das Leben mit seinen Notwendigkeiten nicht schlicht als das Andere der Welt verstanden werden. Schließlich spielte die Behauptung einer Trennbarkeit von Freiheit und Notwendigkeit genau dem Verständnis von Freiheit als souveräne Unabhängigkeit von anderen zu, gegen das sich Arendt immer wieder ausgesprochen hat. Ihr eigener Hinweis, dass die Pluralität aus der Abhängigkeit und Bedürftigkeit der Menschen verstanden werden muss, spricht indes für eine Politisierung ebenjener Dimension, der Arendt selbst sich durch ihre Orientierung an der griechischen Antike verschlossen hat. Auch ihr Zugeständnis an Marx, er habe Willkür von Gewalt und Unterdrückung dort entdeckt, wo »man bisher nur die ewig gleichen Naturbedingungen menschlichen Lebens auf Erden gesehen hatte« (VA 79), weist in diese Richtung, allerdings hat Arendt aus ihm nie die systematische Konsequenz gezogen. Dabei zeigt sich die Freiheit des Politischen nicht zuletzt darin, dass als Ausdruck sedimentierter Handlungen und institutioneller Strukturen, also als weltlich und gestaltbar verstanden werden kann, was sich jeweils als »un-

28 Vgl. zur Rolle dieser Anerkennung für Beziehungsweisen, die es verdienten, frei genannt zu werden, auch Bini Adamczak, *Beziehungsweise Revolution. 1917, 1968 und kommende*, Berlin 2017, S. 285.

widerstehliche« (vgl. R 73) Notwendigkeit oder als unbezweifelbares Faktum gibt – »von den selbstverständlichen Wahrheiten Gottes über die der Natur, der Technologie und des Kapitals bis hin zu denen der Identität, des Geschlechts, der Rasse und der Ethnie«.[29]

In einer solchen Erweiterung von Arendts Modell öffentlicher Freiheit auf den von ihr dem Bereich der Notwendigkeit zugeschlagenen Bereich liegt, wie Bonnie Honig zu Recht unterstrichen hat, nicht nur eine Emanzipation des Sozialen als potenziell politikfähig, sondern auch eine des politischen Handelns aus seiner begrifflichen »Domestizierung«[30] auf eine eng umschränkte und institutionell vorab definierte Sphäre. Wenn dies aber richtig ist, dann greift das von Arendt nahegelegte Zweistufenmodell der Freiheit, dem zufolge auf der ersten Stufe die als Befreiung von der Notwendigkeit verstandene soziale Gleichheit hergestellt werden soll, auf deren Basis dann auf der zweiten Stufe die von diesen Fragen unberührte Gründung der politischen Freiheit erfolgen kann, zu kurz. Die Politisierung des als »unwiderstehliche« Notwendigkeit, als unbezweifelbares Faktum Gesetzten kann eine Transformation des öffentlichen Erscheinungsraums in Gang bringen, die nicht nur verändert, was von politischer Relevanz, was von öffentlichem Interesse ist, sondern auch, welche Kontur der Erscheinungsraum selbst annimmt. Überdies ist die Gestaltung dessen, was zuvor als Gegebenheit akzeptiert war, ein entscheidendes Worumwillen der aus dieser Transformation

29 Bonnie Honig, »Agonaler Feminismus: Hannah Arendt und die Identitätspolitik«, in: Institut für Sozialforschung Frankfurt (Hg.), *Geschlechterverhältnisse und Politik*, Frankfurt/M. 1994, S. 43-71, hier S. 58.

30 Vgl. ebd., S. 56.

entstehenden politischen Öffentlichkeit und der durch sie ermöglichten Freiheit. Die Dynamiken zwischen Privatem und Öffentlichem, Sozialem und Politischem lassen sich also nicht auf zwei Stufen aufteilen, von denen die eine unter dem Titel der sozialen Befreiung von der Not, die andere unter dem der politischen Gründung einer Ordnung der Freiheit stünde. Vielmehr greifen beide Aspekte der Freiheit – Befreiung und Gründung – in dieser Dynamik viel stärker ineinander, als es bei Arendt den Anschein hat. Wenn aber das Moment der Befreiung damit selbst als ein wesentlicher Aspekt der politischen Freiheit verstanden werden muss,[31] dann muss es, dann muss die befreiende Infragestellung etablierter Ordnungen selbst Berücksichtigung finden, wenn es darum geht, eine Ordnung der Freiheit zu denken, die nicht aristokratisch, sondern demokratisch zu nennen wäre.

Tatsächlich zeichnet sich die Demokratie gegenüber allen anderen Regierungsformen dadurch aus, dass sie sich noch vor jeder konkreten inhaltlichen Bestimmung des öffentlich Relevanten auf ein öffentliches Pluralitätsgeschehen verpflichtet, in dem solche Bestimmungen infrage gestellt werden können, in dem also immer wieder die konkrete Einrichtung der demokratischen Ordnung selbst zur Verhandlung stehen kann.[32] Das einzige Fundament einer solchen Ordnung, und das ist ein durchaus arendtianisches Motiv, ist dann die Verpflichtung auf die Dynamik des öffentlichen

31 Zur Kritik an Arendts einseitigem Verständnis politischer Freiheit, das die strukturelle Bedeutung der Momente der Befreiung für eine demokratische Ordnung der Freiheit unterschätzt, vgl. auch Francesca Raimondi, *Die Zeit der Demokratie. Politische Freiheit nach Carl Schmitt und Hannah Arendt*, Konstanz 2014, S. 93f.

32 Vgl. Rebentisch, *Die Kunst der Freiheit*, hier bes. S. 21.

Pluralitätsgeschehens selbst; mehr noch, man kann mit Arendt sagen, dass der Vollzug dieses Geschehens das entscheidende Telos demokratischer Politik ist (vgl. VA 262f.[33]). Doch steht in diesem Geschehen, und diesen Punkt hat Arendt systematisch unterschätzt, potenziell immer auch die Ordnung, in deren Rahmen Perspektiven zur Erscheinung kommen können, stehen mithin auch der Sinn und die Reichweite der diese Ordnung jeweils kennzeichnenden Pluralität mit zur Disposition.

Die weitreichenden Konsequenzen dieses Verständnisses einer demokratischen Ordnung der Freiheit schlagen sich auch in der Diskussion um die für die Demokratie so bedrohlichen Zerrbilder der Gleichheit nieder. Dies lässt sich an einem Vergleich der Überlegungen Hannah Arendts mit denen Jacques Rancières zu diesem Thema verdeutlichen, der sich, zum Teil auch in direkter Auseinandersetzung mit Arendt,[34] immer wieder gegen die konzeptuelle Verdinglichung der Unterscheidung zwischen Politischem und Präpolitischem gestellt und für ein Politikverständnis argumentiert hat, das sich wesentlich auf die Möglichkeit einer Neuaufteilung dieser Sphären und der damit angestoßenen Neugestaltung der politischen Ordnung konzentriert. Allerdings ist zunächst erstaunlich, wie nah sich Arendt und Rancière in der kritischen Diagnose einer Perversion der Gleichheit in spätkapitalistischen Gesellschaften auf den ersten Blick zu kommen scheinen. So hallt Arendts Kritik an dem Ineinanderwirken von politischer Ökonomie und (proto)kybernetischer Sozialtechnik in der Mitte der 1990er Jahre von

33 Vgl. hierzu noch einmal oben, das Kapitel »Das Geschehen der Pluralität«.

34 Vgl. etwa Rancière, *Zehn Thesen zur Politik*, S. 8.

Rancière formulierten Diagnose nach, der zufolge die westlichen Demokratien im Begriff sind, sich in Postdemokratien zu verkehren. Als Symptome der Postdemokratie gelten Rancière nämlich unter anderem die Gleichsetzung demokratischer Politik mit einer Verwaltungspraxis, die sich über die vermeintliche Alternativlosigkeit wirtschaftlicher Notwendigkeit legitimiert, sowie das Verschwinden der Politik und des Erscheinens in der statistischen Erfassung der »öffentlichen Meinung«.[35] Auch für ihn kommt diese Situation einem Verlust des öffentlichen Erscheinens nichtidentischer Subjekte gleich, den auch er für den Verlust des Politischen, schließlich des Wirklichen selbst hält, insofern die Konfrontationen ausbleiben, die dafür sorgen könnten, »die getrennten Welten zusammen sehen [zu] lassen«.[36]

Allerdings erfolgt die Kritik bei Arendt und Rancière vor dem Hintergrund ganz anderer Verständnisse des Politischen. Während Arendt einen Erscheinungsraum der Freiheit verteidigt, dem Gleichheit vorausgesetzt ist, die Gleichheit der schon Freien nämlich, verteidigt Rancière die Erscheinungsformen von politischen Subjektivitäten, die mit ihrem Erscheinen die jeweils institutionell konkretisierte Bedeutung der Gleichheit infrage stellen. Folglich verteidigen beide auch etwas sehr anderes, wenn sie das Erscheinen eines Nichtidentischen auf der Bühne des Politischen einklagen, ohne welches diese Bühne selbst sich auflösen müsste: Arendt die Singularität und Außergewöhnlichkeit der sich im interesselosen Wettstreit mit Ebenbürtigen produzierenden Einzelnen, Rancière den Dissens zwischen

35 Vgl. das Kapitel »Demokratie und Konsens« in: Jacques Rancière, *Das Unvernehmen. Politik und Philosophie*, Frankfurt/M. 2002, S. 105-131, hier bes. S. 112, 122.

36 Vgl. ebd., S. 114.

einer etablierten Macht des Miteinanders und den von ihr Ausgeschlossenen. Dem entspricht schließlich eine andere Färbung der vorderhand so verwandt wirkenden Problemdiagnosen. Denn Arendt kritisiert die Verunreinigung der reinen, nämlich als Reich der Freiheit verstandenen politischen Sphäre durch ein Öffentlichwerden des zuvor Privaten, so dass als Faktoren der Verunreinigung widerspruchsfrei die Durchsetzung kapitalistischer Privatinteressen im öffentlichen Raum ebenso angegeben werden können wie der Erfolg sozialer Bewegungen. Rancière hingegen hält die beiden Dinge voneinander getrennt. Für ihn ist die Kolonisierung der demokratischen Politik durch die Ökonomie in ihrer jüngsten Gestalt nicht zuletzt dafür verantwortlich, dass die Möglichkeit zur Politisierung des Sozialen verstellt ist. Postdemokratie nämlich ist bei ihm primär der Name für eine Gesellschaftsformation, die vorgibt, dass es eines Streits um die Gestalt des Erscheinungsraums, um die Bedeutung des öffentlich Relevanten nicht mehr bedarf, weil in ihr bereits allen die Möglichkeit zur individuellen Verwirklichung der eigenen Potenziale gegeben ist. Wie das Modell der griechischen Polis blendet auch die Postdemokratie die politische Frage nach den materiellen Grundlagen der Freiheit ab. Allerdings geschieht dies hier nicht durch rigiden Ausschluss, sondern durch absoluten Einschluss, nicht durch die harte, weil überhaupt unverhandelbare und unabänderliche Grenzziehung zwischen öffentlicher und privater Sphäre, sondern durch die Anmutung einer Aufhebung dieser Grenze. In beiden Fällen wird das Erscheinen individualisiert und damit in gewisser Weise depolitisiert; jedenfalls schrumpft es auf die »reinen Aktualitäten« (vgl. VA 262) des Sprechens und Handelns selbst zusammen, mit dem sich keine Interessen mehr verbinden – im einen

Fall (dem der Polis), weil sie in eine andere Sphäre ausgelagert werden, im anderen (dem der Postdemokratie), weil die entdifferenzierte Möglichkeit der Sichtbarkeit zugleich den Beweis liefern soll, dass hier jeder und jedem das ihr und ihm Zustehende bereits zugekommen ist. Transparenz jedoch, die Herrschaft der »All-Sichtbarkeit«, wie Rancière sagt, ist gerade nicht die Befreiung des Erscheinens, sondern im Gegenteil sein Verlust.[37]

Nun spricht Rancière aus einer Situation heraus, die sehr anders ist als diejenige, die Arendt in den 1950er Jahren vor Augen hatte, als sie ihre Kritik am Konformismus formulierte, aus einer Situation nämlich, in der selbst und gerade das Erscheinen individueller Einzigartigkeit ökonomisiert worden ist. Der »neue Geist des Kapitalismus«[38] bringt dort, wo er greift,[39] Strukturen hervor, in deren Rahmen es nicht mehr darum geht, die Subjekte nach bestimmten Rollenbildern zu normieren, sondern darum, ihr Potenzial zur Abweichung auszubeuten. Er setzt mit anderen Worten genau dort an, wo Hannah Arendt noch die Grenze der »in der Warengesellschaft herrschenden Degradierung der Person« zum Ding sah: bei dem Umstand, dass sie sich in ihrer Lebendigkeit aller »Vergegenständlichung und Verdinglichung« entzieht (vgl. VA 268f.). Es ist indes genau diese Potenzialität, das Hinausschießen der Einzelnen über jede konkrete Performance – ihre Leistung und/oder ihre Rolle –, die nun in der Ware Arbeitskraft gesucht wird. Die Logik der Kommodifizierung ist, mit anderen Worten, in diejenige

37 Rancière, *Das Unvernehmen*, S. 114.

38 Luc Boltanski, Ève Chiapello, *Der neue Geist des Kapitalismus*, Konstanz 2003.

39 Der neue Geist des Kapitalismus ersetzt den alten nicht einfach, vielmehr besteht dieser neben jenem fort.

Sphäre vorgedrungen, von der Arendt gemeint hat, sie sei nicht kommodifizierbar, weil nämlich »Wer-jemand-ist an Größe und Bedeutung alles übersteigt, was dieser Jemand möglicherweise leisten oder vollbringen mag« (VA 269). Im zeitgenössischen Kapitalismus verkörpert die Figur des Performers nicht mehr den Gegensatz zur Arbeitsgesellschaft. Während Arendt in *Vita activa* die virtuosen Performancekünste zum Modell des politischen Handelns machen konnte, weil sie ihren Zweck im Vollzug selbst finden (vgl. VA 262f.) und deshalb dem Handeln näher stehen als dem zweckrationalen Herstellen oder dem an Selbsterhaltung orientierten Arbeiten, erscheint die Performance heute als das Mittel zum Zweck, um sich auf dem Arbeitsmarkt zu halten. Dass die Performance nicht mehr für die Freiheit von den Zwängen der Arbeitsgesellschaft steht, sondern sogar zu einem ihrer Ideale geworden ist, zeigt sich daran, dass sie in den wachsenden Sektoren immaterieller Arbeit in der Tat ein sehr vermarktbares Produkt geworden ist. Überdies benötigt die entsprechende Ökonomie immer neue Arten von Performance, immer neue Fertigkeiten. Was in diesem Rahmen am meisten nachgefragt wird, ist nicht nur, wie Paolo Virno im kritischen Anschluss an Arendt betont hat,[40] die Virtuosität der Performer, die wie die Tänzer oder die Schauspielerinnen ihre Vermögen in immer anderen Settings zu aktualisieren verstehen, sondern eine Virtuosität, die flexibel genug ist, sich in immer anderen Kunstformen zur Geltung zu bringen und in unerwarteten Situationen zu improvisieren. Unter solchen Bedingungen interessiert das performative Potenzial der Einzelnen nicht mehr primär

40 Paolo Virno, *Grammatik der Multitude. Untersuchungen zu gegenwärtigen Lebensformen*, Berlin 2005, S. 43-50.

in ihrer jeweiligen konkreten Leistung, ihrem Gebrauch, sondern in dem, was über diesen hinausgeht: der Möglichkeit künftiger Aktualisierungen, ihrer Brauchbarkeit, einem Versprechen auf Zukunft.

Dieses Versprechen aber kann sich nur als Versprechen realisieren, wenn sich die Performanz der Subjekte in bestimmter Weise, nämlich als wesentlich flexibel, zeigt, wenn sie als solche ausgestellt oder aufgeführt wird. Sofern sich das performative Subjekt ausstellt, zeigt es sich deshalb stets nur als Version seiner selbst – immer als die beste Version seiner selbst, versteht sich, aber immer nur als Version. Keines der Bilder vom Selbst soll sich als eigentliches Bild behaupten; es muss vielmehr demonstriert werden, dass die Subjekte vor allem eines sind: zukunftsoffen. Diese Situation kommt einer Perversion der Form von öffentlicher Freiheit gleich, die Arendt im Kopf hatte, als sie diese als Erfahrung der Einzigartigkeit und Offenheit des eigenen Weltzugangs konzipierte, die von den an ihr Teilnehmenden in der pluralen Öffentlichkeit gemacht werden kann. Denn dort zeigt sich die prinzipielle Offenheit des eigenen Weltzugangs allein negativ. Sie macht sich implizit geltend in der durch die Konfrontation mit anderen angestoßenen Veränderung der Selbst- und Weltverständnisse, in Situationen der Revision der eigenen Sichtweisen und Überzeugungen. Unter Bedingungen jedoch, in denen die Einzelnen angehalten sind, die Offenheit ihres Weltzugangs selbst zu verkörpern, müssen sich die Performenden von der Gegenwart ihrer Vollzüge entfremden; es tritt mit anderen Worten eine Entfremdung zwischen dem Subjekt und ihm selbst als Handelndem ein. Die einseitige Ausrichtung an seinen vermeintlich endlosen Möglichkeiten verkehrt dem Subjekt die Zukunft zur Gegenwart und verdammt die eigene Gegenwart zu geschichtsloser Zeitlosigkeit. Darin bereits zeigt sich das ökonomische als unglückliches Bewusstsein. Überdies aber ist das Postulat gelebter Unendlichkeit, sofern das Subjekt nicht umhinkann, in einer konkreten Welt mit konkreten Beschränkungen zu leben und die Konsequenzen für seine Handlungen zu übernehmen, zum Scheitern verurteilt. Das Symptom des Versuchs, die in sich widersprüchliche Idee einer abstrakten Unendlichkeit tatsächlich im Raum der Praxis zu installieren, ist die Verkehrung des euphorischen Möglichkeitssinns in ein Gefühl innerer Leere.

Es gibt jedoch noch ein weiteres Problem mit der Ideologie des unendlichen Selbst. Denn die Offenheit, die von den Subjekten verlangt wird, muss sich stets an Anschlussfähigkeit ausrichten. Die Potenzialität der Person wird, wie Maurizio Lazzarato zu sagen vorschlägt, »moduliert«,[41] die öffentlich erscheinende Differenz zur ökonomisch konvertierbaren Distinktion gezähmt. Für die Entleerung der Differenz zur Distinktion sind die Netzwerke, in denen die Selbstdarstellungskultur mit der Konsumkultur über die *Like*-Ökonomie verschaltet ist, sicher paradigmatisch.[42] Die diesem Stand der Dinge entsprechende Kulturindustrie orientiert sich nicht mehr an Masse und Durchschnitt, sondern an den Einzelnen und ihren Abweichungen. Allerdings setzen sich in ihr, nicht zuletzt durch ihre kybernetische Organisationsform, die Tendenzen zum Durchschnittlichen und Mittelmäßigen fort, die Arendt an der Kulturindustrie

41 Maurizio Lazzarato, »The Concepts of Life and the Living in the Societies of Control«, in: Martin Fuglsang, Bent Meier Sørensen (Hg.), *Deleuze and the Social*, Edinburgh 2006, S. 171-190, bes. S. 178.

42 Vgl. hierzu Geert Lovink, *Das halbwegs Soziale. Eine Kritik der Vernetzungskultur*, Bielefeld 2013; ders., *Im Bann der Plattformen. Die nächste Runde der Netzkritik*, Bielefeld 2017.

ihrer Zeit kritisierte. Denn die immer raffinierteren individuellen Distinktionen sind hier paradoxerweise ein Effekt der algorithmisch erschlossenen Ähnlichkeiten mit anderen. Wo den Einzelnen Konsumangebote über den Horizont dessen hinaus erreichen, was er ohnehin schon kennt, erfolgt dies über das Verkaufsverhalten vergleichbarer Konsumenten. Die zeitgenössische »Gesellschaft der Singularitäten«, wie Andreas Reckwitz sagt,[43] ist nicht das absolute Gegenteil einer konformistischen Gesellschaft, sondern vielleicht ihre bis dato perfideste Gestalt.

Gleichwohl können all diese arendtianischen Motive nicht hinreichend innerhalb des begrifflichen Rahmens adressiert werden, den sie in *Vita activa* aufspannt. Denn das gravierendste Problem der gegenwärtigen Gesellschaft der Singularitäten ist, dass sie auf einer falschen Behauptung von Gleichheit gründet. Soziale Konflikte werden in dem Maße abgeblendet, wie individuelle Freiheit als voraussetzungslos gesetzt wird. Die entsprechende Anrufung der Freiheit des Einzelnen – die, nebenbei bemerkt, natürlich leugnet, irgendetwas Ideologisches an sich zu haben – verdeckt alle Formen sozialer Ungleichheit. Dieser antiideologisch auftretenden Ideologie zufolge soll die Frage, welchen Platz die Einzelnen in der Gesellschaft einnehmen, allein eine Frage individueller Performanz sein. Die Freiheit, die eigenen Potenziale zu verwirklichen, wird den Einzelnen mit anderen Worten in genau dem Maße großzügig zugesprochen, wie die Frage nach den sozialen Bedingungen zu einer solchen Verwirklichung verdrängt wird. Dadurch werden soziale Differenzen naturalisiert und soziale Antagonis-

43 Vgl. Andreas Reckwitz, *Die Gesellschaft der Singularitäten. Zum Strukturwandel der Moderne*, Berlin 2017.

men auf bloße soziale Tatsachen reduziert – ihr Konfliktpotenzial wird damit tendenziell ausgelöscht. Dies aber ist ein herausragendes Merkmal ideologischer Prozesse.

Eine pluralitätstheoretisch motivierte Kritik der kapitalistischen Ökonomie muss also mit einer ausdrücklichen Verteidigung der Möglichkeit einer politischen Auseinandersetzung um die jeweilige Ausgestaltung sozialer Gleichheit zusammengedacht werden. Eine solche Verteidigung, so hat sich im Vorstehenden bereits angedeutet, impliziert indes nicht nur ein gegenüber Arendt deutlich erweitertes Verständnis des Pluralitätsgeschehens, sondern auch einen anderen Begriff politischen Erscheinens.

10. Das Erscheinen des Streits

Im Erscheinungsraum der antiken Polis soll es nach dem Bild, das durch Aristoteles überliefert ist, um ein von der Durchsetzung von Interessen befreites öffentliches Sprechen, um einen zwanglosen Wettstreit um die beste Regelung der gemeinsamen Angelegenheiten gegangen sein. Entsprechend sieht Hannah Arendt, für die diese aristotelische Vorstellung des öffentlichen Erscheinungsraums maßgeblich geworden ist, in ihm einen Raum strikt für die Präsentation individueller Vortrefflichkeit, nicht aber für die Repräsentation von Interessen, wie dies für das Verständnis der politischen Arenen der Moderne kennzeichnend ist. So betont sie, dass im öffentlichen Erscheinungsraum der griechischen Antike nicht private Individuen, sondern Personen einander gegenüberstanden, um auf den Umstand hinzuweisen, dass die Bürger der Polis nicht als Vertreter ihrer Privatinteressen an die Öffentlichkeit traten. Vielmehr sollten sie diese im Oikos zurücklassen. Arendt spricht auch von der »Kluft«, die von den Hausherren zu »überqueren« war, »um den engen Bezirk des Hauses zu übersteigen und aufzusteigen in den Bereich des Politischen« (VA 43). Man könnte auch sagen: Es bedurfte einer spezifischen Verwandlung der privaten Individuen in öffentliche Personen.

In *Über die Revolution* betont Arendt den theatralen Aspekt des öffentlichen Erscheinens, indem sie auf die Geschichte des lateinischen Wortes *persona* hinweist. Ursprünglich, so Arendt, meinte das Wort »die Maske, in der die Schauspieler des Altertums gemeinhin auftraten« (R 135). Diese aber hatte eine »doppelte Funktion«: »[S]ie sollte das natürliche Gesicht des Schauspielers verbergen oder besser ersetzen, und sie mußte gleichzeitig so konstruiert sein, daß die natürliche Stimme noch durchklingen konnte« (R 136). Die Maske gab den Schauspielern – in der Antike waren es stets Männer – im Spiel eine zeichenhafte Identität, die auch noch von den oberen Zuschauerrängen leicht erkannt werden konnte; zugleich hatte sie Öffnungen nicht nur für die Augen, sondern auch für den Mund des Schauspielers, durch die dessen Stimme vernehmbar werden konnte. Nun ist das *per-sonare*, das Durchtönen der Stimme des Schauspielers durch die Maske im antiken Schauspiel, berücksichtigt man den deklarativen Stil, in dem gesprochen wurde, wohl kaum im Sinne eines Hörbarmachens seiner natürlichen, unverwechselbaren Stimme zu verstehen. Dennoch ist es dieses Motiv, das Arendt politisch interessiert. So sei »jedenfalls« diese »Doppelfunktion der Maske in dem Augenblick zum Ausdruck [gekommen], in dem das Wort *persona* metaphorisch gebraucht [wurde] und aus der Theatersprache in die juristische Terminologie überwechselt[e]« (ebd.). Wer in Rom »im Besitz« einer *persona* war, war mehr und anderes als nur privates Ich, nämlich Bürger, juristische Person. Das Gesetz hatte den Bürger »gleichsam mit der Maske versehen, mit der er in der Öffentlichkeit erscheinen sollte, aber diese Maske war gleichzeitig das Medium, durch das sich seine eigene, individuelle und unveränderte Stimme Gehör verschaffen sollte« (ebd.). Arendt übersetzt sich dies in ein Modell öffentlichen Auftretens, dem zufolge gerade durch die Konzentration der Auftretenden auf ihre öffentliche Funktion oder Rolle die Einzigartigkeit von deren Wesen zum Ausdruck kommen soll. Der öffentliche Auftritt darf entsprechend nicht der Erzeugung von Aufmerksamkeit für die Auftretenden selbst gelten. Die öffentliche Person soll sich nicht produzieren; vielmehr soll sie vom eigenen Selbst absehen, um gerade dadurch, in einem strikt auf die öffentlichen Angelegenheiten bezogenen (Sprech-)Handeln, als einzigartige zur Erscheinung zu kommen. Das aber heißt: Man erscheint nie unvermittelt als öffentliche Person; *one makes an appearance*, wie es im Englischen heißt. Schon der Begriff »Privatperson« erscheint in dieser Perspektive als Oxymoron.

Für wie notwendig sie das durch die Maske der *persona* vermittelte Auftreten »für alle Politik und alles öffentliche Leben« (R 138) hält, verdeutlicht Arendt an der Figur des Heuchlers. Denn der Heuchler schauspielere gerade dort, wo er vorgibt, keine Maske zu tragen, also authentisch als er selbst, als »natürlicher« Mensch auf der öffentlichen Bühne zu erscheinen (vgl. R 137). So meine auch das griechische Wort für Heuchler, *hypokritis*, nicht die Maske des Schauspielers, sondern diesen selbst. Im Zwielicht jener diffus zwischen Öffentlichem und Privatem angesiedelten Sphäre, als die Arendt die moderne Gesellschaft charakterisiert, finde der Hypokritiker ideale Bedingungen vor. Denn mit der Trennung zwischen öffentlichem und privatem Bereich falle auch die antike Unterscheidung zwischen dem mit einer *persona* ausgestatteten Bürger einerseits und dem *homo* andererseits, dem Menschen, der »nichts [ist] als ein Mensch und daher zumeist ein Sklave« (R 136). Auch in diesem Kontext sieht Arendt das Problem nicht in der Befreiung des *homo* zum Bürger, sondern darin, dass sich mit dieser Befreiung der Sinn des Bürgerseins verändert habe. Denn im Zuge der Französischen Revolution habe man das Ziel aus den Augen verloren, die Bürger zu emanzipieren, also ihren Anspruch auf »eine politisch-juristische Persönlichkeit« zu erfüllen, mit der sie in der Öffentlichkeit erscheinen und ›durch‹ die hindurch sie im wörtlichen Sinne handeln konnten« (R 137). Stattdessen hätten »die Männer der Revolution« sich darangemacht, »den natürlichen Menschen in den Bürgern zu befreien, der auf ihm angeborene Rechte Anspruch hat, unabhängig von dem Gemeinwesen, zu dem er gehört« (R 137f.).

In Arendts Kritik der modernen Gesellschaft laufen, wie die vorstehenden Kapitel bereits gezeigt haben, verschiedene Stränge zusammen. An dieser Stelle vermischt sich die Kritik an den Menschenrechten, die in einer nationalstaatlich organisierten Welt gerade nicht fähig waren, den »natürlichen Menschen unabhängig von dem Gemeinwesen, zu dem er gehört«, zu schützen, mit der Kritik an dem öffentlichen Aufstieg der Privatinteressen. So überzeugend bis heute Arendts Betonung der zentralen Rolle rechtlicher Anerkennung für die Entfaltung des menschlichen Würdepotentials ist und so anschlussfähig die Kritik an der Kolonisierung der politischen Öffentlichkeit durch die kapitalistische Ökonomie für die heutige Gesellschaftskritik bleibt, so wenig überzeugend sind die Dichotomien von Welt und Leben, von Öffentlichkeit und Privatheit und von Politischem und Sozialem, die all ihren kritischen Einsätzen unterliegen. Denn das Denken in diesen Polaritäten hat sie unter anderem auch dazu verleitet, das politische Erscheinen von zuvor als privat oder »bloß natürlich« geltenden Subjektivitäten auf der öffentlichen Bühne lediglich als ein weiteres Element der Vereinnahmung des Öffentlichen durch das Private, des Politischen durch das Soziale, der Welt durch das Leben zu kritisieren.

Das politische Erscheinen von zuvor als privat oder bloß naturwüchsig geltenden Subjektivitäten auf den öffentlichen Bühnen aber sollte nicht als eine Erscheinungsform des »nur Menschlichen« missverstanden werden, geht es doch dabei um nichts Geringeres als um eine Veränderung der Bedingungen öffentlichen Erscheinens – und mit ihnen des Verhältnisses und also jeweiligen Verständnisses von Öffentlichem und Privatem, Politischem und Sozialem, Welt und Leben. Offensichtlich kann das Auftreten solcher Subjektivitäten aber auch nicht nach dem Modell des Anlegens einer für den öffentlichen Auftritt bereits bereitstehenden Maske verstanden werden. In dem aus dem antiken Theater stammenden Bild der politisch-juristischen *persona*, die im öffentlichen Auftritt an- und danach wieder abgelegt werden kann, bleiben sich die Maske der Rechtsperson und das individuelle Ich eigenartig fremd. Die Gestalt der politisch-rechtlichen *persona* wird von denen, die sie bekleiden, nicht geprägt und nicht verändert, und umgekehrt bleibt das Ich, das sich die Maske der *persona* auf- und absetzt, von diesem Vorgang unberührt. Die Frage nach der Form der Maske selbst, also der institutionellen Gestalt, der konkreten Bedeutung dessen, was es heißt, eine Rechtsperson zu sein, wird hier ebenso wenig gestellt wie die nach der Sozialisierung, der Prägung des individuellen Ichs durch die politischen und rechtlichen Instanzen seiner Anerkennung oder Nichtanerkennung.

Nun scheint das Modell eines vom privaten Ich absehenden öffentlichen Erscheinens, in dem aber gleichwohl – oder gerade deshalb – die Einzigartigkeit der so Erscheinenden hervortreten soll, auch noch in anderer Hinsicht fragwürdig zu sein. So betont Arendt zum einen, dass das öffentliche Erscheinen nach einer Transformation des privaten Ichs verlangt, einer Maske, durch die der Einzelne sich eine Form gibt, die Form einer öffentlichen Person. Wenn sie nun zum anderen betont, dass wir gar nicht umhinkönnen, in allem, was wir tun, immer auch uns selbst (mit) zu zeigen – und dass dies in besonderer Weise für das (Sprech-)Handeln in der Öffentlichkeit gilt (vgl. GG 70) –, dann weist sie damit, könnte man zunächst meinen, implizit auf das potenziell Krisenhafte in der Erscheinung der öffentlichen Person hin: Die Maske verleiht eine öffentliche Form, aber durch sie hindurch tönt – wie auch immer verformt – noch das, was sie zu verdecken sucht.[1] Was auf der Bühne des Öffentlichen erscheint, die durch das Auftreten selbst hervorgebrachte, in die Welt oder zur Welt gebrachte öffentliche Person, kann die Gebundenheit an die private Sphäre als Rückseite des öffentlichen Erscheinungsraums nie vollständig vergessen machen.[2] Das aber bedeutet nichts anderes, als dass der Erscheinungsraum kein Raum des rein Öffentlichen sein kann.

Dies ist jedoch offensichtlich nicht die Weise, wie Arendt selbst diesen Zusammenhang verstanden wissen will. Im Gegenteil sieht sie in dem Verhältnis zwischen der in der Figuration der öffentlichen *persona* sich behauptenden Abspaltung vom »natürlichen Ich« (R 136) und der gleichwohl sich durch die Maske hindurch Ausdruck verschaffenden Einzigartigkeit des von ihr Verborgenen deshalb kein Problem, weil sie das eine als Bedingung des anderen versteht. Innerhalb eines begrifflichen Rahmens, der an der antiken

1 Vgl. Bettine Menke, »On/Off«, in: Juliane Vogel, Christopher Wild (Hg.), *Auftreten. Wege auf die Bühne*, Berlin 2014, S. 180-188, hier bes. S. 184 f.

2 Vgl. ebd.; zur Gebundenheit des theatralen Auftrittsorts an das, was ihm im Off – als Rückseite der Bühne – vorausliegt, auch Samuel Weber, »Vor Ort. Theater im Zeitalter der Medien«, in: Gabriele Brandstetter, Helga Finter, Markus Weßendorf (Hg.), *Grenzgänge. Das Theater und die anderen Künste*, Tübingen 1998, S. 31-51.

Polis-Oikos-Unterscheidung orientiert ist, ist die Abspaltung vom »natürlichen«, also dem Reich der Notwendigkeit unterworfenen Ich die Bedingung der Möglichkeit für das Erscheinen seiner Einzigartigkeit. Denn die Dimension der Notwendigkeit wird hier als diejenige Dimension des Menschseins verstanden, die die Bedingung der Pluralität und damit die Bedingung der Möglichkeit, dieses Menschsein als Menschsein im anspruchsvollen Sinne erst eigentlich zum Ausdruck kommen zu lassen, verstellt: In »den immer identisch bleibenden Bedürfnisse[n] und Notdürfte[n]«, so Arendt, sind wir gleich (VA 213). Diesem Verständnis zufolge ist die Befreiung von solchen Notwendigkeiten die Voraussetzung dafür, das »natürliche Ich« in einem ganz anderen Sinne im Öffentlichen ertönen und erscheinen zu lassen: Nur in der von den Notwendigkeiten des Lebens gereinigten Öffentlichkeit sollen die Differenzen zwischen den Menschen, soll ihre jeweilige Einzigartigkeit zur Geltung kommen können. Mit anderen Worten: Nur unter ausgesprochen privilegierten Bedingungen nimmt das Natürliche für Arendt eine Qualität an, die nicht im Gegensatz zu einer Manifestation menschlicher Freiheit stehen, sondern in ihr aufgehen soll. Ein solches Erscheinen aber braucht, weil es eine natürliche Gegebenheit nicht abspalten, sondern im Gegenteil zum Ausdruck bringen soll – keine Maske; es erstrahlt schlicht durch das soziale Privileg, das ihm vorausgesetzt ist. Entsprechend nimmt es nicht weiter wunder, dass sich am Ende des Revolutionsbuchs die Theatermetaphern verkehren. Im Zuge einer kleinen Auseinandersetzung mit einem Text von René Char charakterisiert Arendt das Auftreten im öffentlichen Raum euphorisch als eine Form »unfreiwilliger Selbstoffenbarung«, für die man »keine Maske und keine Schauspielerei« braucht, weil man den anderen vielmehr als der erscheinen kann, der man ist, es sich also leisten kann, »›nackt zu gehen‹« (R 361). Es sei die tiefe Freude, »in Wort und Tat ohne Zweideutigkeit und ohne Selbstreflexion zu erscheinen, die allem Handeln innewohnt« (ebd.).[3]

Der Gedanke eines öffentlichen Erscheinens individueller Einzigartigkeit auf der Basis einer Abspaltung der reproduktiven Anteile des »natürlichen Ichs« beruht auf einem Verständnis von Belangen der menschlichen Reproduktion als eines statisch in sich abgeschlossenen Reichs der Notwendigkeit, dem ein ebenso statisches und auf den Austausch zwischen Privilegierten beschränktes Reich der Freiheit gegenübersteht. Diese Vorstellung verkennt jedoch, wie im letzten Kapitel deutlich werden konnte, dass sich die Freiheit des Politischen nicht zuletzt dort geltend macht, wo sie als gestaltbar versteht, was zuvor als notwendig und also alternativlos galt. Zudem betrügt die Beschränkung der Freiheit auf den Austausch von Privilegierten Arendts eigene sokratische Intuition, dass die Erfahrung der Freiheit auf die Konfrontation mit Differenz angewiesen ist. Nicht nur ermöglicht allein die Auseinandersetzung mit anderen und anderem die Erfahrung der Spezifik des eigenen Weltzugangs. Vielmehr ermöglicht allein sie auch die Erfahrung seiner Offenheit, seiner Veränderlichkeit und Dynamik – insofern durch die Auseinandersetzung mit neuen Gesichtspunkten und Perspektiven, mit bislang Ungekanntem und Fremdem die eigenen Überzeugungen, das eigene Selbst- und Weltverständnis korrigiert werden können. In nichts anderem als in diesen Prozessen bilden sich überdies Wirk-

3 Eine ähnliche Bestimmung des öffentlichen Erscheinens als »Enthüllung« der Person findet sich auch in *Vita activa*, siehe VA 233.

lichkeitssinn und Urteilsvermögen, für Arendt Kennzeichen einer menschenwürdigen Existenz.

Wie auch immer widersprüchlich Arendts Verwendung der Theatermetaphern sein mag: Das durch die Metaphorik der antiken Maske nahegelegte Bild verdinglicht das öffentliche Leben zu einem Skript mit festliegenden Rollen und essenzialisiert das Ich hinter den Masken. Besonders deutlich wird dies dort, wo Arendt die Metapher der römischen Maske nicht mehr für das politische Erscheinen, das Erscheinen der Bürgerinnen und Bürger, sondern für das gesellschaftliche Erscheinen, etwa in der Funktion einer öffentlichen Intellektuellen beansprucht. So spricht Arendt 1975, kurz vor ihrem Tod, am Ende einer Rede, die sie aus Anlass der Verleihung des Sonning-Preises in Kopenhagen hielt, davon, dass sich die Metapher der Maske der *persona* auch dafür eigne, über die Weisen nachzudenken, wie »wir in der Gesellschaft erscheinen«, und zwar dort, »wo wir keine Bürger sind [...], sondern wo wir als Individuen eigenen Rechts und doch nicht ausschließlich als menschliche Wesen akzeptiert werden«, in »den Rollen, die uns unsere Berufe zuteilen«.[4] Den Vorteil der »Vorstellung von der ›persona‹« sieht sie in diesem Zusammenhang darin, dass »die Masken und die Rollen, die die Welt uns zuteilt und die wir annehmen, ja uns sogar aneignen müssen, wenn wir überhaupt am Spiel der Welt teilnehmen wollen, austauschbar sind«, so dass »wir« nicht nur »frei« sind, »die Rollen und Masken, wie sie im großen Spiel der Welt angeboten werden mögen, zu wechseln«, sondern auch, nachdem wir

4 Hannah Arendt, »Die Sonning-Preis-Rede. Kopenhagen 1975«, in: *Text und Kritik* 166/167 (2005), S. 3-12, hier S. 10. Im Folgenden zitiert als SPR.

sie abgelegt haben, frei sind, »in [einer] nackten ›Diesheit‹ (Haecceitas) durch die Welt zu gehen« (SPR 11). So, wie durch die jeweiligen gesellschaftlichen Rollen ein zugleich »völlig Idiosynkratisches, Undefinierbares und doch unmissverständlich Identifizierbares« (SPR 10) hindurchtönen soll, so soll auch nach dem Ablegen der öffentlichen Masken etwas übrig bleiben, das identifizierbar, aber nicht definierbar ist (vgl. SPR 11).

An diesem Bild verwundert nicht nur die essenzialistische (und authentizistische) Vorstellung eines sich aller definierenden Verallgemeinerung entziehenden individuellen »So-und-nicht-anders-Seins« des Ichs, das von dem Sozialen, in dem es zur öffentlichen Erscheinung kommt, unbeeindruckt bleiben soll (VA 233), sondern auch der Voluntarismus der Vorstellung, die Masken, die »im großen Spiel der Welt angeboten werden«, wären von den Einzelnen frei zu wechseln. Dies irritiert umso mehr, als Arendt sich sehr wohl bewusst war, dass man sich die Rollen in diesem Spiel nur sehr bedingt aussuchen kann. In krassem Kontrast zu dem, was sie in der Sonning-Preis-Rede über die öffentlichen Rollen von Berufen sagt (vgl. SPR 10), waren ihr soziale Identitäten wie das Frausein oder Jüdischsein so »unbezweifelbare Gegebenheiten« ihres Lebens, dass ihr deren Infragestellung, wie sie an Gershom Scholem schreibt, »verrückt« vorgekommen wäre.[5] Nun mag man Berufe müheloser wechseln können als etwa die Geschlechtsidentität; dennoch ist beides stärker miteinander verschränkt, als es bei Arendt den Anschein hat. Welche beruflichen Rollen

5 Vgl. zu dieser Formulierung den Brief an Gershom Scholem vom 20. Juli 1963, in: Arendt, *Wahrheit gibt es nur zu zweien*, S. 278-285, hier S. 279.

»die Welt uns zuteilt« (SPR 10), hängt aufs Engste mit den sozialen Identitäten zusammen, die uns zugeschrieben werden.[6] Und umgekehrt muss als umkämpft begriffen werden, was Identitätskategorien wie »Frau« oder auch »Jüdin«[7] gesellschaftlich implizieren. Arendts Argumentationen jedoch, diejenige, in der die soziale Rolle des Berufs als eine bloß äußere Maske begriffen, und diejenige, in der die sozialen Identitäten der Jüdin und der Frau als unstrittige, quasinatürliche Tatsachen verstanden wird, verweisen von zwei Polen her erneut auf das Problem einer mangelnden Vermittlung von Politischem und Sozialem. Es ist kein Zufall, dass dieses Problem immer wieder dort besonders virulent wird, wo es um Fragen der Identitätspolitik geht. Denn in diesem Zusammenhang treten Probleme hervor, die sich ohne die Berücksichtigung der von Arendt notorisch vernachlässigten Dimension der Sozialisierung nicht adressieren lassen. Sozialisierung gleicht die Menschen einander in Hinsichten an, die nicht in der Dimension der Notwendigkeit verstanden werden können, von der Arendt glaubte, sie sei die Dimension, in der die Menschen einander gleich sind; und sie differenziert die Menschen in Hinsichten voneinander, die nichts mit der Anerkennung einer in keiner Identität aufgehenden Einzigartigkeit zu tun haben, von der Arendt zuweilen sagt, sie sei der eigentliche Kern der

6 Tatsächlich kommt die Vorstellung einer Welt, in der Tätigkeiten von den sozialen Identitäten entkoppelt wären, die man üblicherweise mit ihnen assoziiert, einer antiidentitären Utopie gleich. Für die Formulierung einer solchen Utopie im Anschluss an Marx und Foucault vgl. Adamczak, *Beziehungsweise Revolution*, S. 218.

7 Vgl. zu einer Kritik an Arendts »konstativem« Verständnis der jüdischen Identität anhand ihrer Auseinandersetzung mit Scholem auch Honig, »Agonaler Feminismus«, S. 43-71, hier S. 64-69.

Person, nämlich der Person nicht in ihrem »Was« (den Masken), sondern in ihrem »Wer«.

Vor dem Hintergrund des Hinweises auf die Rolle der Sozialisierung – und also auf die Subjektkonstitution durch die soziopolitischen Strukturen einer Gesellschaft – kann indes noch einmal deutlich werden, warum Einzigartigkeit mit und gegen Arendt nicht als angeborenes und im Wesentlichen nicht erschütterbares »So-und-nicht-anders-Sein« verstanden werden sollte, sondern als die Einzigartigkeit des Weltzugangs, die allein im kommunikativen Austausch mit anderen erfahren werden kann.[8] Dass die Einzelnen durch Sozialisierung geprägt sind, relativiert nicht den Umstand, dass ihr Weltzugang, die Perspektive, aus der ihnen die Welt erscheint, irreduzibel einzigartig ist; der Austausch mit der sozialen Welt ist vielmehr das Medium seiner Erfahrung. In ihm erfahren die Einzelnen ihren Weltzugang indes nicht nur als einzigartig, sondern auch als offen – und zwar besonders in jenen Momenten, in denen sie durch die Pluralität des kommunikativen Geschehens, in das sie sich einschalten, dazu gebracht werden, zu ihren bisherigen Überzeugungen – und das heißt nicht zuletzt: zu ihren einsozialisierten Selbst- und Weltverhältnissen – Abstand zu nehmen und diese gegebenenfalls zu korrigieren. Die Lebbarkeit der individuellen Veränderung aber, die durch den Kontakt mit nicht gekannten Perspektiven, durch die Konfrontation mit anderen und anderem initiiert werden kann, ist ebenfalls vom Sozialen abhängig. Denn die Veränderung von Selbst- und Weltverhältnissen, also eine Veränderung etwa in der Auffassung dessen, was es bedeutet, eine Frau

8 Zur Unterscheidung dieser zwei Verständnisse vgl. oben, das Kapitel »Das Geschehen der Pluralität«.

oder eine Jüdin zu sein, kann auch versagt werden. Die Möglichkeit neuer Anfänge kann mithin nicht einfach als eine »Fähigkeit« verstanden werden, in deren »Besitz« der Mensch qua Geburt ist (VA 216). Vielmehr ist sie an die soziale Welt gebunden.

Nun ist Arendt die politische Dimension der sozialen Identität nicht entgangen. Allerdings siedelt sie diese nicht schon auf der Ebene der Sozialisierung und ihrer Institutionen an.[9] Das Problem taucht für sie erst hinsichtlich der soziopolitischen Konsequenzen auf, die sich aus der fraglosen Faktizität sozialer Identitäten für die Einzelnen ergeben können. In ihrem Brief an Scholem spricht sie von ihrer Haltung zu ihrer jüdischen Identität als einer »Gesinnung grundsätzlicher Dankbarkeit für das, was ist, wie es ist, gegeben und nicht gemacht«.[10] Eine solche Gesinnung sei »präpolitisch«, könne allerdings, setzt sie hinzu, »unter außergewöhnlichen Umständen [...] gleichsam negativ politische Folgen«[11] haben. Sie mache nämlich »bestimmte Verhaltensweisen unmöglich«, unter anderem die, die Scholem ihr unterstellte, nämlich so zu tun, als sei sie »etwas anderes« als Jüdin.[12] Tatsächlich hat Arendt stets betont, dass ihr die zunächst selbstverständliche jüdische Identität erst unter dem Druck äußerer Umstände zum Thema wurde; dann allerdings niemals in Form der Versuchung, sie zu verleugnen. »Wenn man als Jude angegriffen ist, muß

9 Familie und Schule haben für Arendt vielmehr die Aufgabe, das Kind vor einer Infragestellung seiner sozialen Identität zu schützen. Zu Arendts konservativen Ansichten über Erziehung vgl. oben, das Kapitel »Assimilation und Diskriminierung«.

10 Vgl. den Brief an Gershom Scholem vom 20. Juli 1963, S. 279.

11 Ebd.

12 Ebd.

man sich als Jude verteidigen«, sagt sie zu Günter Gaus in dem berühmten Fernsehinterview (GG 57). Es sei »töricht«, ergänzt sie an anderer Stelle, zu meinen, man könne sich gegen derartige Diskriminierungen verteidigen, indem man die Identität, gegen die diese sich richten, vermeidet und darauf hinweist, etwas anderes zu sein, eine deutsche Staatsbürgerin etwa oder ein menschliches Wesen (vgl. T 107). Man muss, mit anderen Worten, politisch die Identität annehmen, die der Gegenstand der Diskriminierung ist, um sie zu kontern.

Dies aber ist, belässt man es bei dieser allgemeinen Formulierung, der Einsatz jeder Identitätspolitik. Sofern man hier noch einmal die Metapher der Maske bemühen will, geht es in dieser Perspektive allerdings um den offensiven Umgang mit einem Typus von Maske, dem gleichsam die Öffnungen für das Durchtönen der je einzigartigen Stimme fehlen. Das ist, wie Susan Bickford bemerkt, die Funktionsweise kultureller Stereotype: Sie setzen ein bestimmtes Bild einer sozialen Gruppe so vor die Wahrnehmung ihrer Mitglieder, dass es diesen unmöglich wird, in ihrer Einzigartigkeit im öffentlichen Raum zu erscheinen oder unverzerrt ihre Stimme ertönen zu lassen.[13] Auch unter Bedingungen politischer Gleichheit können dergestalt Ungleichheiten fortbestehen, die sich, worauf Claude Lefort gegen Hannah Arendt aufmerksam gemacht hat, nicht zuletzt in der Sprache niederschlagen. Die Rede ist nicht nur ein Medium wechselseitiger Überzeugung, und das öffentliche Sprechhandeln ist nicht per se egalitär. Vielmehr kann Sprache

13 Susan Bickford, »In the Presence of Others: Arendt and Anzaldúa on the Paradox of Public Appearance«, in: Honig (Hg.), *Feminist Interpretations of Hannah Arendt*, S. 313-335, hier S. 318.

die Ungleichheit bestehender Herrschaftsverhältnisse übermitteln und befestigen.[14] Gegen die aufgezwungene Maskierung mit einer sozialen Identität, die im etablierten Erscheinungsraum nichts oder kaum zählt, die die Einzelnen in ihrem Erscheinen blockiert oder verzerrt, kann indes, um noch einen Moment im Bild zu bleiben, nur durch eine Aneignung der oktroyierten Maske vorgegangen werden; und zwar mit dem Ziel, ihr eine Öffnung beizubringen, die es den Einzelnen ermöglicht, durch sie hindurch als Einzigartige zu erscheinen. Dem Prozess dieser Aneignung entspricht offenkundig ein politisches Erscheinen, das nicht selbst schon die Realisierung der Einzigartigkeit der Einzelnen sein kann, weil es allererst auf die Bedingung zielt, unter der es möglich wäre, die Besonderheit der je einzelnen Person hervortreten zu lassen: die Bedingung der Gleichheit. Denn einzig durch die soziopolitische Gleichstellung ebenjener Identität, die den Zugang zum öffentlichen Leben verstellt, können Bedingungen geschaffen werden, unter denen die unter ihr Gefassten sich von dieser Identität auch wieder emanzipieren, nämlich in ihrer personalen Einzigartigkeit erscheinen können. Das ist der Grund, weshalb soziale Bewegungen gemeinhin recht homogen sind, aber ihrer Tendenz nach auf die Selbstauflösung in einer pluralen Vielheit zielen, in der die Stimme der Einzelnen – unabhängig von der entsprechenden Gruppenzugehörigkeit – zählte. Die Öffnung der Maske der sozialen Identität auf die singuläre Stimme jedenfalls kann nur durch eine Transformation der hegemonialen Wahrnehmung erfolgen, und

14 Claude Lefort, »Hannah Arendt and The Question of the Political«, in: ders., *Democracy and Political Theory*, Minneapolis 1988, S. 45-55, hier S. 53f.

das heißt: durch eine Veränderung der sie stützenden soziopolitischen Strukturen.

Die Forderung nach Gleichstellung setzt einen öffentlichen Erscheinungsraum voraus, in dem ihr Gehör verliehen wird, in dem also die Fordernden als politische Subjekte wahrgenommen werden, deren Handeln und Sprechen öffentlich zählt und auf das reagiert werden muss. Dies ist indes, wie die Geschichte der sozialen Bewegungen gezeigt hat, keineswegs selbstverständlich; auch nicht in demokratischen Gesellschaften, die sich ostentativ in das Zeichen politischer Gleichheit stellen. Die Demonstrierenden müssen dann so tun, als ob bereits der Raum existierte, in dem ihr Sprechen und Handeln zählt, sie müssen so tun, als ob sie zumindest so weit an der Öffentlichkeit partizipierten, dass ihr Sprechen und Handeln als intelligibel und allgemein nachvollziehbar, also als öffentlich relevantes Sprechen und Handeln wahrgenommen wird. Jacques Rancière zufolge ergibt sich daraus für Demonstrationen, die auf eine Veränderung des Erscheinungsraums zielen, die Paradoxie, dass sie das voraussetzen müssen, was sie als Ergebnis anstreben. Die politischen Subjekte der Demonstration erscheinen daher, so Rancière, im Modus des »Als-ob«.[15]

Allerdings wären das demonstrierende Handeln und Sprechen als Vollzug im Modus des »Als-ob« gründlich missverstanden, wenn man sie mit irgendwie unwirklichen Angelegenheiten verwechselte. Denn der Vorgriff auf einen bereits veränderten Erscheinungsraum, den die Demonstration vornimmt, geschieht dadurch, dass hier Akteure auf eine immer auch sehr materiale, körperliche Weise insistieren, die oftmals nicht zuletzt aufgrund ihrer spezifischen Kör-

15 Vgl. Rancière, *Das Unvernehmen*, S. 64.

perlichkeit aus der Sphäre der Öffentlichkeit herausgehalten werden sollen.[16] Wenn das öffentliche Erscheinen bestimmter Körper von den hegemonialen soziopolitischen Strukturen nicht vorgesehen ist oder sogar kriminalisiert wird, ist das schiere Verharren dieser Körper an Orten, die nicht für sie bestimmt sind, bereits eine faktische Veränderung des Erscheinungsraums, die deshalb oft auch die polizeiliche Verteidigung seiner ursprünglichen Gestalt auf den Plan ruft. Die staatliche Gewalt, mit der eine solche Verteidigung gewöhnlich einhergeht, bestätigt dann zugleich den Unwillen der Herrschenden, in den Demonstrierenden mehr zu sehen als potenziell gewalttätige Körper, in ihren Äußerungen mehr zu hören als bloßen Lärm, kurz: sie als politische Subjekte, als Personen, wahrzunehmen. In der Demonstration vollzieht sich das Drama des Kampfs um die Grenzziehung zwischen *persona* und *homo* an den Körpern der Demonstrierenden. Ihre Präsenz in der Öffentlichkeit zielt auf eine Veränderung der soziopolitischen Ordnung, die die Demonstrierenden aus der verdinglichenden Wahrnehmung befreite – einer Wahrnehmung, die sie auf Körperlichkeit reduziert, oder genauer: auf jene physischen Charakteristika, die zugleich ihren Ausschluss aus der Öffentlichkeit besiegeln. Aber ebendieser Statuswechsel, auf den die öffentlich beharrenden Körper vorgreifen, kann ihnen auch verweigert werden. Für die Demonstrierenden bleibt immer das Risiko, in den präpolitischen Bereich des Nichtöffentlichen zurückverwiesen, gewaltsam auf die Dimension der Körperlichkeit zurückgestoßen zu werden. Dass es aber die öffentliche Insistenz von Körpern, ja in gewisser Hinsicht die In-

16 Vgl. hierzu Butler, *Anmerkungen zu einer performativen Theorie der Versammlung*, bes. S. 112f.

sistenz der Körperlichkeit selbst ist, die hier auf eine Rekonfiguration des Erscheinungsraums drängt, verweist zugleich auf die politische Bedeutung, die der Körperlichkeit gerade auch dort zukommt, wo sie der hegemonialen Wahrnehmung nach nichts anderes sein soll als ebendies: reine Körperlichkeit.

In den politischen Demonstrationen bekundet sich grundsätzlich ein, wie Judith Butler sagt, »Spalt in der Erscheinungssphäre«, durch den der Widerspruch ihres Universalitätsanspruchs offengelegt wird.[17] Der Erscheinungsraum wird, mit anderen Worten, im Moment der Demonstration in seiner jeweiligen institutionalisierten Gestalt als partikularer ausgewiesen. Tatsächlich ist es unter Bedingungen gesellschaftlicher Ungleichheit, die sich unter anderem in Formen von Antisemitismus, Rassismus, Klassismus, Heterosexismus und Ableismus zeigt, ein Zeichen von Macht und Privileg, unabhängig von Identitätskategorien wahrgenommen zu werden: »So, wie es ein Aspekt von Unterdrückung ist, als das Stereotyp einer Gruppenidentität wahrgenommen zu werden«, schreibt Susan Bickford, »ist es ein Aspekt des Privilegs, in einer Position zu sein, in der Gruppenidentität keine Rolle spielt«.[18] Dieses Privileg verdanke sich nicht bloß einer Wahrnehmungseinstellung, sondern dem Umstand, dass die Öffentlichkeit durch soziopolitische Strukturen und Arrangements strukturiert ist, die bestimmte Normen natürlich erscheinen lassen[19] – nicht zuletzt diejenigen, die dafür sorgen, dass einige selbstverständlich in ihrer jeweiligen Individualität wahrgenommen werden; andere hin-

17 Ebd., S. 70f.
18 Bickford, »In the Presence of Others«, S. 319.
19 Vgl. ebd., S. 319f.

gegen mal mehr, mal weniger ausdrücklich mit den Masken von Identitätskategorien zu kämpfen haben, die ihnen dieses Privileg verstellen. In dem Moment aber, in dem das individuelle Erscheinen in der Öffentlichkeit in seiner sozialen Bedeutung als Privileg markiert wird, wird mit einem Schlag nicht nur der Anspruch auf Universalität, sondern auch der Anschein einer von sozialen Prägungen gänzlich unabhängigen Singularität fragwürdig, den Arendt mit dem Auftritt der öffentlichen Person verbindet. Tatsächlich kann die Prägung durch das Allgemeine der sozialen Norm gerade dort ins Auge fallen, wo sich die öffentlich auftretende Person selbst besonders einzigartig wähnt.[20] Es ist also die soziale Position gerade jener Privilegierten mitzudenken, die als Einzelpersonen gesehen und anerkannt werden, deren jeweilige personale Einzigartigkeit also nicht in der Wahrnehmung einer Gruppenmitgliedschaft untergeht, sondern öffentlich zur Geltung kommen kann – und zwar in genau dem Maße, wie sie frei zu sein scheinen von Gruppeninteressen und deshalb prädestiniert für die Verkörperung einer reinen Orientierung am Allgemeinen beziehungsweise am Gemeinwohl.

Man muss gar nicht auf die von Arendt bezeichnenderweise nicht angesprochene Gefahr einer Heuchelei der Gemeinwohlorientierung verweisen; denn es geht hier um den strukturellen Punkt, dass noch die tugendhaftesten Vertreterinnen und Vertreter öffentlicher Ämter in ihren Perspektiven und Prägungen beschränkt, in ihrer Endlichkeit

20 Die Weise, wie sich das Allgemeine der Norm auf je einzigartige Weise verkörpert, ist nicht zufällig häufig Gegenstand von Komödien. Vgl. Zupančič, *Der Geist der Komödie*, S. 35-38; zu der Auseinandersetzung mit Arendt in diesem Punkt siehe erneut oben, das Kapitel »Das Geschehen der Pluralität«.

angewiesen sind auf eine plurale Öffentlichkeit, durch deren Akzeptanz allein ihre Vorschläge eine gewisse Allgemeinverbindlichkeit erlangen können. Der Hinweis auf die Krisenanfälligkeit, von der die Universalitätsbehauptungen der öffentlichen, der von Identitätsfragen und Privatinteressen vermeintlich gereinigten *persona* strukturell heimgesucht werden, wäre angesichts dieses Zusammenhangs jedenfalls ausdrücklich von einer Politik aufzunehmen, in der Universalitätsbehauptungen befragt und kritisiert werden können. Im Bewusstsein, dass jede politische Bestimmung der das Gemeinwohl betreffenden Angelegenheiten sozusagen unrein, also durch soziale Hintergründe informiert und fallibel sind, gilt es dann, die repräsentative Dimension öffentlichen Sprechens und Handelns explizit zu machen. Im Moment einer Markierung des Privilegs zeigt sich notwendig zugleich, dass auch der öffentliche Raum seines Erscheinens als Ergebnis politischer Setzungen begriffen werden muss, die darüber bestimmen, wer Zugang zu ihm und folglich eine Stimme in ihm erhält, was in ihm als relevanter Gegenstand der Auseinandersetzung zählt und welche Sprache in ihm gesprochen wird. Er zeigt sich dann mit in seiner Spezifik und Beschränktheit, seiner Partikularität.

»Die Endlichkeit«, notiert Arendt in ihr Denktagebuch, »ist politisch gesprochen weder im Faktum des Todes noch im Faktum des Geschaffenseins gegeben [...], sondern nur in der Pluralität, die als Faktum nur durch absolute Beherrschung ›überwunden‹ werden kann«.[21] Alles Streben nach Allmacht muss, sagt sie in *Vita activa*, »ganz abgesehen von der Frage der Hybris, immer danach trachten [...], Pluralität zu vernichten« (VA 255). Der Versuch einer solchen

21 Vgl. Arendt, *Denktagebuch*, S. 84 f.

Vernichtung geschieht politisch dann, wenn ein Einzelner sich mit dem Platz des Allgemeinen identifiziert und behauptet, den Gemeinwillen bruchlos und unmittelbar zu verkörpern. Durch diesen Versuch schlägt die Herrschaft jedoch notwendig ins Partikulare um. Es gibt dann nur noch »die Willkür der Regeln und Entscheidungen, die enge Parteilichkeit des Urteilens und de[n] beständige[n] Rückgriff auf die brutale Gewalt«.[22] Der Anspruch auf Totalität kann sich nur als Tyrannei realisieren. Zweifellos situiert sich eine solche Form der Herrschaft am gegenüberliegenden Pol zu dem, was Arendt unter Macht versteht. Denn Macht nennt sie das, was die konkreten Bezüge des Miteinanders und also auch den öffentlichen Erscheinungsraum hervorbringt und erhält. Macht ist nach Arendt immer »Macht der Vielen«, die durch ebendie Pluralität, die ihr vorausgesetzt ist, zugleich begrenzt wie stabilisiert wird (vgl. VA 254). Aus ihrer Gebundenheit an die Bedingung der Pluralität erkläre sich nämlich die »merkwürdige Tatsache, daß Machtteilung keineswegs Machtminderung zur Folge hat« (ebd.). Während Stärke eine individuelle Eigenschaft sei, entstehe Macht zwischen den Menschen und könne daher von niemandem besessen werden. »Wegen dieser Eigentümlichkeit«, so Arendt weiter, »welche die Macht mit allen Potentialitäten teilt, die zwar aktualisiert, aber nicht materialisiert werden können«, sei ihre Existenz überdies »erstaunlich unabhängig von rein materiellen Faktoren« (VA 252f.). Zwar sind individuelle Stärke und materielle Überlegenheit häufig charakteristische

22 Claude Lefort, Marcel Gauchet, »Über die Demokratie: Das Politische und die Instituierung des Gesellschaftlichen«, in: Ulrich Rödel (Hg.), *Autonome Gesellschaft und libertäre Demokratie*, Frankfurt/M. 1990, S. 89-122, hier S. 102.

Faktoren von Herrschaft, aber sie sind in diesem Verständnis kein integraler Bestandteil von Macht.

Konsequenterweise ist die *tyrannis* – die Willkürherrschaft eines Einzelnen – für Arendt die einzige Staatsform, die unfähig ist, einen öffentlichen Erscheinungsraum zu schaffen, in dem sie sich halten kann, weil sie zerstört, was dafür die Bedingung wäre: das Miteinander. An seine Stelle tritt, wie Arendt im Anschluss an Montesquieu argumentiert, die Isolation des Herrschers von den Untertanen und der Untertanen voneinander. Statt Macht erzeuge die *tyrannis* mithin Ohnmacht – und damit zumindest latent auch »die Keime ihrer [eigenen] Vernichtung« (VA 256). Denn mit der Macht des Miteinanders schneide sich die Tyrannei oder Despotie von der einzigen Quelle ab, die ihr dauerhaft Stabilität verleihen könnte (vgl. ebd.). Sofern sich die Macht der Vielen überhaupt gegen die stets gewaltförmige Herrschaft einer entsprechenden Staatsform zu formieren vermag, könne sie deshalb auch und gerade dort, wo sie sich selbst der Gewalttätigkeit enthält, eine »fast unwiderstehliche Macht« (VA 253) entfalten. Die Bezeichnung »passiver Widerstand« sei im Ernstfall nicht ohne Ironie, denn über ihn könne kein Sieg errungen werden. Auf dem Höhepunkt des passiven Widerstands, dort, wo er der Gewalt nicht weiche, konfrontiere er die Herrschenden mit der Einsicht, dass die Vernichtung der Widerständigen einer Selbstvernichtung gleichkäme, »weil ja niemand über Tote herrschen kann« (ebd.).

Arendts Hinweis auf Widerstandsformen, die die gewaltsam verhängte Ohnmacht der desintegrierten Einzelnen in eine Macht des Miteinanders zu transformieren bestrebt sind, die dann überhaupt erst etwas wie Öffentlichkeit, einen Erscheinungsraum für Rede- und Handlungsfreiheit, zu etablieren imstande wäre, kommt sicher auch heute noch – angesichts autokratischer Regime, angesichts aber auch der postdemokratischen Unterminierung der politischen Öffentlichkeit – große Aktualität zu. In Situationen, in denen das politische Erscheinen überhaupt verhindert wird oder verstellt ist, erlangt die öffentliche Demonstration einer Macht der Vielen als potenzieller Macht des Miteinanders entscheidende Bedeutung. Das haben die »Arabellionen« ebenso wie die Occupy-Bewegung Anfang der 2010er Jahre demonstriert. Besonders in Letzterer ging es nicht zufällig – im Format der Besetzung – um das Erproben von Formen des Miteinanders selbst. Allerdings ist auch keine Macht des Miteinanders gegen die Bedingung ihrer eigenen Endlichkeit, gegen eine Infragestellung durch eine von ihr nicht erfasste Perspektive, kurz: gegen die Dynamiken der Pluralität gefeit. In der Macht eines spezifischen Miteinanders, die, wie Arendt sagt, auf Organisation angewiesen ist, um sich zu erhalten (vgl. VA 254), gewinnt menschliche Pluralität eine bestimmte Form, kann aber von dieser nie vollständig abgebildet werden. Dies zeigt sich im Blick auf soziale Bewegungen, die sich gegen eine etablierte Macht des Miteinanders ebenso wenden wie gegen den Erscheinungsraum, in dem sie sich einrichtet – wie heute die Black-Lives-Matter-Bewegung.

Auch Arendt war sich der Beschränkungen bewusst, die durch die Institutionalisierung einer Macht des Miteinanders eintreten können. Allerdings situiert sie das Problem erst auf der Ebene der Institutionalisierung und nicht bereits auf der des Miteinanders selbst. So war sie etwa mit Blick auf die Vereinigten Staaten von Amerika keineswegs zufrieden damit, wie sich die Dinge nach dem revolutionären Akt des *constitution making* entwickelt hatten. Zwar sei die Verfassung das Ergebnis eines Aktes der öffentlichen, politischen Freiheit, Ergebnis nämlich eines (sprech-)handelnden Miteinanders der *founding fathers*, in dem diese bestrebt waren, die Macht des Miteinanders durch Gewaltenteilung und eine Machtbalance zwischen Bundesregierung und den Bundesstaaten zu stabilisieren. Doch sei das Glück der Ausübung der politischen Freiheit, die Freude des gemeinsamen politischen Handelns, im Wesentlichen auf die Gründerväter beschränkt geblieben. Denn in der von ihnen gegründeten Republik sei »erstaunlicherweise kein Platz« gelassen worden »für gerade diejenigen Eigenschaften und Tätigkeiten, [denen] sie doch ihre Entstehung verdankte« (R 258). Nicht das Volk, sondern »nur seine gewählten Repräsentanten hatten Gelegenheit, sich wirklich politisch zu betätigen, was heißt, daß nur sie in einem positiven Sinne frei waren« (R 302). Gemessen an den vorrevolutionären Formen der Selbstregierung in *townhall meetings* habe man angesichts der neuen Situation, in der die politischen Angelegenheiten von der Bundesregierung in Washington und den Regierungen der einzelnen Bundesstaaten an sich gezogen wurden, vielmehr auf die Idee kommen können, so Arendt, dass »in der Republik der Vereinigten Staaten weniger Gelegenheit war, sich öffentlicher Freiheit zu erfreuen als in den Zeiten englischer Kolonialherrschaft« (ebd.). Thomas Jefferson wird von Arendt als derjenige unter den Gründervätern identifiziert, der die »Aporie« deutlich erkannte, dass »das Prinzip öffentlicher Freiheit und öffentlichen Glücks, ohne das keine Revolution auch nur denkbar ist, das Privileg der Gründergeneration bleiben könnte« (ebd.). In seinen letzten Lebensjahren machte er den Vorschlag, diesem »Fehler der neuen Republik« (ebd.) mit einem an den alten *townhall meetings* orientierten Plan für ein Rätesystem von Elementarrepubliken (vgl. R323-327) zu begegnen. Die Räte sollten »den Bürgern erlauben, weiterhin so zu handeln wie in den Jahren der Revolution, die gleiche politische Vitalität zu entfalten in der Teilnahme an öffentlichen Angelegenheiten und der Lösung politischer Probleme, wie sie sich von Tag zu Tag stellen« (R321f.).

Auch Arendt sieht im Rätesystem die Möglichkeit, den revolutionären Geist, das öffentliche Glück einer »möglichst unmittelbaren, weitgehenden und unbeschränkten Teilnahme des Einzelnen am öffentlichen Leben« (R338) in arbeitsfähige Strukturen zu überführen. Historische Beispiele für diesen »verlorenen Schatz der Revolution«,[23] den »Schatz des Politischen« (vgl. R361), sah sie neben den vorrevolutionären *townhall meetings* in den USA in den revolutionären *société populaires* sowie den 48 Sektionen der Pariser Kommune von 1871 (vgl. R307), in den russischen Sowjets, die 1905 und dann wieder 1917 in Erscheinung traten (vgl. R330f., 336f.), in den Soldaten- und Arbeiterräten im Deutschland der Jahre 1918 und 1919 (vgl. R337), in der französischen Résistance während des Zweiten Weltkriegs (vgl. LVZ 7f.) sowie in den Räten, die sich im Zuge der kurzen »Ungarischen Revolution« von 1956 bildeten (R337f., 343f.[24]). Solche spontanen politischen Organisationen aus dem Volk heraus, für Arendt zugleich Erscheinungsräume der Freiheit in der modernen Welt (vgl. R354), nennt sie auch »Inseln der Freiheit« (LVZ 10). Um Inseln handele es

23 Hannah Arendt, »Vorwort: Die Lücke zwischen Vergangenheit und Zukunft«, in: dies., *Zwischen Vergangenheit und Zukunft*, S. 7-19, hier S. 9. Im Folgenden zitiert als LVZ.

24 Hannah Arendt, »Die Ungarische Revolution und der totalitäre Imperialismus«, in: dies., *In der Gegenwart*, S. 73-126, hier bes. S. 102-109. Im Folgenden zitiert als UR.

sich vor allem deshalb, weil die revolutionären Räte zumeist ebenso schnell wieder verschwanden, wie sie sich gebildet hatten. Arendt führt das auf die Rolle von »Berufsrevolutionären« und ursprünglich mit der Revolution verbundenen Parteien zurück, die sich schließlich gegen die Räte gewendet hätten (vgl. R 338, 341). Im Kern sei es dabei immer um den Konflikt zwischen »bloßer Repräsentation auf der einen, um direktes Handeln und Teilnahme an öffentlichen Geschäften auf der anderen Seite« (R 351) gegangen.

Allerdings kann man sich fragen, wie Arendts Begeisterung für die spontanen »Aktionsorgane« (ebd.) der Räte, die, wie sie selbst sagt, räumlich begrenzt operieren, die wechselseitige Anerkennung der Mitglieder als Gleiche voraussetzen (vgl. R 354) und, wie man ergänzen muss, von einem gemeinsamen Interesse, ja zumeist von einer deutlichen Parteilichkeit gekennzeichnet sind, mit ihrer Betonung menschlicher Pluralität zusammengeht. Interessanterweise ist ihr Text über die »Ungarische Revolution« von 1956 einer der wenigen, in denen Arendt positiv über die »Atmosphäre einer überwältigenden Brüderlichkeit« (UR 101) spricht, die sich aus dem gemeinsamen Kampf um die Freiheit ergab. Entscheidend bleibt allerdings auch in diesem Text für Arendt nicht der Moment der Befreiung, sondern die Bewunderung für die Organisation der Situation danach, für die Einrichtung eines politischen Raums. Dabei unterscheidet sie, ganz in Übereinstimmung mit ihren sonstigen Überzeugungen, die revolutionären, auf die politische Organisation zielenden Räte von den Arbeiterräten und lässt es suggestiv offen, »ob wirtschaftliche Angelegenheiten, die ganz anderen Gesetzen unterstehen als die politischen, gleichfalls im Rahmen eines Rätesystems gehandhabt werden können« (UR 104). Das hier im Vorübergehen vorgenommene Herauskomplimentieren der Arbeiterräte aus der für Arendt relevanten revolutionären Tradition ist bezeichnend; und zwar nicht nur wegen der erneuten Aussonderung der »Lebensinteressen« (ebd.) aus dem Raum des Politischen. Vielmehr scheinen überhaupt weniger die in revolutionären Situationen hervortretenden Räte als die prärevolutionären *townships* in Amerika paradigmatisch für das zu sein, was Arendt im Blick hat, wenn sie nach einem historischen Modell für die direkte Beteiligung des Volkes an der Regelung der öffentlichen Angelegenheiten Ausschau hält.

Tatsächlich ist der horizontale Machtbegriff, der dann auch für die US-amerikanische Verfassung mit ihren Prinzipien der Gewaltenteilung und der Föderation prägend werden sollte, nach Arendts eigener historischer Rekonstruktion nicht »nur älter als die Revolution, sondern auch älter als die Kolonisationsgeschichte des Kontinents« (R 216). Noch auf dem Schiff nämlich hätten die Siedler einen Pakt geschlossen, der »von nichts getragen war als dem Vertrauen auf die Kraft gegenseitiger Versprechen« (R 217). Motiviert zu dem Mayflower-Vertrag seien sie, so Arendts Deutung, von der Angst vor dem gewesen, was sie nach der Landung des Schiffes in der neuen Welt erwartete. Sie hätten den »Naturzustand« einer »unberührten Wildnis« ebenso gefürchtet wie die »unbegrenzte Initiative von Menschen, die keine Gesetze mehr in Schranken hielten« (R 217). Der Pakt indes habe ein Verhältnis der Wechselseitigkeit von sich untereinander als solche anerkennenden Gleichen etabliert, für das nicht die »Einheitlichkeit von Motiven, Vergangenheit und Abstammung, den entscheidenden Prärequisiten des Nationalstaats«, entscheidend war, sondern einzig die »gemeinsame Anstrengung« (R 225). »Die Einzigartigkeit des nordamerikanischen, vorrevolutionären Siedlungsexperiments« besteht für Arendt darin, »daß ein gemeinsames Handeln zu der Bildung von Macht führte, die dann bewußt erhalten wurde vermittels gegenseitiger Versprechen und das Errichten eines Bundes« (R 227). Ein solches Bündnis versammele die isolierten Kräfte der Bündnispartner und binde »sie in eine Machtstruktur, die auf dem gegenseitigen Vertrauen in die ›freien und aufrichtigen Versprechungen‹ basiert« (R 220f.). Der Bund fußt mithin auf dem Konsens zwischen den Bündnispartnern; er funktioniert horizontal und inklusiv für alle, die sich ihm verpflichten. Unter solchen Bedingungen schließt noch der mögliche Dissens über die konkrete Regelung der gemeinsamen Angelegenheiten einen tiefergehenden Konsens ein. Dieser Konsens sollte laut Arendt für die Geschichte der Vereinigten Staaten bestimmend bleiben: »[N]ichts anderes als die klar zum Ausdruck gebrachte stillschweigende Zustimmung, die dem Gemeinwesen als Gegenleistung dafür, daß es die Neuankömmlinge [...] stillschweigend willkommen heißt, entgegengebracht wird« sei, wie Arendt an anderer Stelle sagt, der aus dem »vorrevolutionären Lebensabschnitt Amerikas« stammende »Geist des amerikanischen Rechts und die Quintessenz des amerikanischen Regierungssystems«.[25]

Die Grenzen dieser über gemeinsame Handlungsinteressen sich gründenden Bündnisstruktur treten jedoch bezeichnenderweise vollends in einem Arendt-Text zutage, in dem es um zivilen Ungehorsam geht. Gegen das heute gängige Verständnis bestimmt Arendt den zivilen Ungehorsam dort nicht als eine Angelegenheit eines in der Instanz des Gewissens fundierten individuellen Widerstands; vielmehr hande-

25 Hannah Arendt, »Ziviler Ungehorsam«, in: dies., *In der Gegenwart*, S. 283-321, hier S. 309f. Im Folgenden zitiert als ZU.

le es sich bei den Akteurinnen und Akteuren des zivilen Ungehorsams um durch geteilte Meinungen zusammengehaltene »organisierte Minderheiten«, die sich »gegen die Politik der Regierung« stellen, »wenn sie mit Grund annehmen können, daß eine Mehrheit diese Politik unterstützt« (ZU 286). Arendt verteidigt die entsprechenden Interventionen mit dem Argument, dass sie den Geist der amerikanischen Verfassung lebendig hielten. Denn der »consensus universalis« soll sich nur auf die Verfassung, nicht aber auf konkrete Verordnungen und Gesetze beziehen (vgl. ZU 310). Insofern Letztere der Gegenstand von Demonstrationen zivilen Ungehorsams sind, erscheint Arendt der zivile Ungehorsam als »neueste Form der freiwilligen Vereinigungen und von daher ganz im Einklang mit den ältesten Traditionen des Landes« (ZU 315 f.). Was der erste Zusatzartikel zur Verfassung der USA hingegen als Recht auf friedliche Versammlung verbürge, werde dem nur sehr bedingt gerecht. Konsequenterweise plädiert sie dafür, dem zivilen Ungehorsam durch einen neuen Verfassungszusatz ausdrücklich Rechnung zu tragen. Dies, schreibt sie 1970, »wäre vielleicht ein Ereignis, das nicht weniger bedeutend wäre als die Gründung der ›constitutio libertatis‹ vor fast zweihundert Jahren« (ZU 306).

Im gleichen Zug, in dem sie dem zivilen Ungehorsam einen Platz in der US-amerikanischen Verfassung einzuräumen empfiehlt, bekräftigt sie allerdings, dass dieser sich auf dem Boden jenes »consensus universalis« bewegen soll, der auf die Politik der Siedler zurückgeht. In der für Arendt typischen Mischung aus einer Aufmerksamkeit für das Problem der Sklaverei in den Vereinigten Staaten bei gleichzeitiger Unterschätzung seiner Implikationen für den eigenen Begriff öffentlicher Freiheit, erwähnt sie, dass die USA auch nach der Abschaffung der Sklaverei durch einen »*stillschweigende[n]* Ausschluss der Schwarzen aus dem *stillschweigenden* Konsens« (ZU 311) geprägt waren. Zwar, so Arendt, hatten »Bewegungen des zivilen Ungehorsams« den 14. Zusatzartikel erzwungen (vgl. ZU 305), aber der Schatten der Sklaverei habe weder durch den 14. noch auch durch den 15. Verfassungszusatz aus der Welt geschafft werden können:

> Im Lauf der Zeit, als eine Einwanderungswelle nach der anderen ins Land strömte, wurde sogar immer offenkundiger, daß die inzwischen befreiten, im Land geborenen und aufgewachsenen Schwarzen die einzigen waren, auf welche die Worte Bancrofts – »Die Aufnahme durch das Gemeinwesen war von einer nie gekannten Herzlichkeit« – nicht zutrafen. Das Ergebnis ist bekannt, und wir brauchen uns nicht darüber zu wundern, daß auf die gegenwärtigen verspäteten Versuche, die N****bevölkerung in den ansonsten stillschweigenden »consensus universalis« der Nation aufzunehmen, nicht viel gegeben wird. (ZU 312)

Jedoch verknüpft Arendt diesen Befund, dass am Ursprung der Vereinigten Staaten das Verbrechen der Sklaverei und also die Brutalität einer Macht des Miteinanders steht, die auf das Geschmeidigste mit der institutionalisierten Ohnmacht anderer einhergehen konnte, mit dem Vorwurf an die »schwarzen Organisationen«, die späten Integrationsversuche oft »harsch zurückgewiesen« zu haben (ebd.). Mehr noch: Mit dieser Zurückweisung hätten diese den Boden des Konsenses verlassen, vor dessen Hintergrund allein der zivile Ungehorsam nach Arendt als rechtmäßig ausgewiesen werden kann:

> [E]ine ganze Reihe [der] Wortführer [schwarzer Organisationen] kümmert sich wenig um die gewaltlosen Spielregeln des zivilen Ungehorsams und oft genauso wenig um die Streitfragen, die an der Tagesordnung sind – den Vietnamkrieg, die spezifischen Mängel un-

serer Institutionen –, weil sie sich in offener Rebellion gegen die amerikanische Gesellschaft als ganze befinden. (Ebd.)

Einmal abgesehen von den pauschalisierenden Aussagen darüber, worum sich Wortführer Schwarzer Organisationen angeblich in den 1960er Jahren, unter deren Eindruck Arendt schreibt, gekümmert oder nicht gekümmert haben:[26] Es ist klar, dass es zwischen diesen Organisationen und dem weißen Amerika in der Tat nicht zuletzt um einen Konflikt hinsichtlich des von weißer Macht soziopolitisch institutionalisierten »consensus universalis« ging. Im Lichte der bis heute, und nicht nur in den USA, virulenten Herausforderung an den weißen Erscheinungsraum und die ihn stützenden soziopolitischen Strukturen tritt an Arendts Modell einer horizontalen Macht des Miteinanders dessen exklusiver Charakter deutlich hervor; und zwar sowohl hinsichtlich der an dieser Macht Beteiligten als auch hinsichtlich der in ihrem Miteinander gebildeten Vorstellungen darüber, was öffentlich relevant und politisch legitim ist. Die Grenzen einer gegebenen Machtformation zum Gegenstand der Auseinandersetzung zu machen bedeutet, die Gestalt ebenso wie die materielle und geistige Substanz, also die soziopolitische Infrastruktur ebenso wie den tragenden Konsens eines »Erscheinungsraums der Freiheit« infrage zu stellen. Dies zu tun ist indes nichts anderes als eine Ausübung öffentlicher Freiheit jenseits ihrer Beschränkungen durch das Privileg. Eine solche Freiheit weiter zu entfalten erfordert einen Schritt über Arendt hinaus.

26 Immerhin lautete einer der bekanntesten, Muhammad Ali zugeschriebenen Slogans gegen den Vietnamkrieg »No Vietcong ever called me n*****«.

Dank

Das Buch ist in einem Forschungsfreisemester am Kulturwissenschaftlichen Kolleg Konstanz auf den Weg gekommen, durch das ich die Möglichkeit bekam, mich einen Sommer lang so in Arendt zu vertiefen, dass aus den ursprünglich geplanten zwei Aufsätzen das Vorhaben für ein Buch werden konnte. Mein besonderer Dank für diese Zeit geht an Christopher Möllmann, Svenia Schneider-Wulff und Marcus Twellmann für die Unterstützung sowie an Susanne Lüdemann und Juliane Vogel für die Einladung zu einem überaus anregenden Workshop über die Topologie der Öffentlichkeit bei Hannah Arendt. In der Folge hatte ich mehrfach Gelegenheit, Überlegungen zu Hannah Arendt vorzustellen. Für Fragen, Kritik und Hinweise danke ich meinen Kolleg:innen und Zuhörer:innen an der Princeton University, der Yale University, der Rutgers University, der Columbia University, der Aarhus Universitet, der Ludwig-Maximilians-Universität München, der Ruhr-Universität Bochum, dem Hamburger Institut für Sozialforschung, der Kunstakademie Düsseldorf sowie den Veranstalter:innen und Zuhörer:innen des Lausitz-Festivals. Viel gelernt habe ich auch von Studierenden an der Hochschule für Gestaltung in Offenbach am Main und an der Princeton University, mit denen ich Texte von Arendt in Seminaren diskutiert habe. In jeder Seminarsitzung gab es Arendt-Kritiker:innen und Arendt-Verteidiger:innen – und kaum Indifferenz. Nicht nur hat sich in den lebendigen Diskussionen sehr eindrücklich die besondere Qualität der Texte von Hannah Arendt demonstriert, einen Streit der Meinungen zu provozieren, an dem sich das eigene Urteil schärfen kann. Die Diskussionen in den Seminaren haben mich auch dazu bewegt, den Streit um Pluralität ins Zentrum meiner Auseinandersetzungen mit Hannah Arendt zu rücken. Durch ein weiteres, mir vom Frankfurter Institut für Sozialforschung ermöglichtes Forschungsfreisemester konnte ich schließlich erneut Schwung holen und das Buch in der vorliegenden Form schreiben. Ich danke Christa Scheld für ihre großzügige Hilfe bei der Literaturbeschaffung. Wertvolle Kommentare in unterschiedlichen Arbeitsphasen verdanke ich Andreas Huyssen, Christoph Menke und Kerstin Stakemeier. Diedrich Diederichsen danke ich für das kritische Mitlesen weiter Teile des entstehenden Manuskripts. Eva Gilmer vom Suhrkamp Verlag gilt mein Dank für ihre Geduld, ihr Vertrauen und ihre Genauigkeit. Am Ende steht mein Dank an Anna Kellermann – für alles.

Nachweise

In den vorliegenden Band sind – in jeweils stark überarbeiteter Form – Überlegungen aus meinen folgenden bereits publizierten Arbeiten eingegangen:

»Erscheinen. Bruchstücke einer politischen Phänomenologie«, in: Felix Trautmann (Hg.), *Das politische Imaginäre*, Berlin 2017, S. 217-230.

»Dark Play. Anne Imhofs Abstraktionen«, in: *Anne Imhof. Faust*, Ausstellungskatalog des deutschen Pavillons der 57. Biennale di Venezia, hg. von Susanne Pfeffer, Köln 2017, S. 25-33.

»Lessings Unruhe. Der Streit um die Wahrheit und seine Bestreitung«, in: *Soziopolis*, 06. 02. 2018, ⟨https://soziopolis.de/verstehen/wie-spricht-die-wissenschaft/artikel/lessings-unruhe/⟩.

»Erscheinen. Politische Öffentlichkeit nach Hannah Arendt«, in: *WestEnd. Neue Zeitschrift für Sozialforschung* 2 (2018), S. 29-44.

Siglen*

B Hannah Arendt, *Über das Böse. Eine Vorlesung zu Fragen der Ethik*, München 2007 [ursprünglich eine auf Englisch gehaltene, aber nicht publizierte Vorlesung aus dem Jahr 1965].

BN Fred Moten, »Blackness and Nothingness (Mysticism in the Flesh)«, in: *The South Atlantic Quarterly* 112:4 (2013), S. 737-780.

EJ Hannah Arendt, *Eichmann in Jerusalem. Ein Bericht von der Banalität des Bösen* [1964], München 1991.

EU Hannah Arendt, *Elemente und Ursprünge totaler Herrschaft. Antisemitismus, Imperialismus, totale Herrschaft* [1955], München 2001.

FP Hannah Arendt, »Freiheit und Politik« [1958], in: dies., *Zwischen Vergangenheit und Zukunft*, München 2012, S. 201-226.

GG Hannah Arendt, »Fernsehgespräch mit Günter Gaus« [1964], in: dies., *Ich will verstehen. Selbstauskünfte zu Leben und Werk*, München 1998, S. 44-70.

GL Hannah Arendt, »Gedanken zu Lessing. Von der Menschlichkeit in finsteren Zeiten« [1960], in: dies., *Menschen in finsteren Zeiten*, München 2019, S. 11-45.

K Hannah Arendt, »Konzentrationsläger«, in: *Die Wandlung. Eine Monatsschrift* 4 (1948), S. 309-330.

KE Hannah Arendt, »Die Krise in der Erziehung« [1958], in: dies., *Zwischen Vergangenheit und Zukunft. Übungen im politischen Denken I*, München 2012, S. 255-276.

KP Hannah Arendt, »Kultur und Politik« [1958], in: dies., *Zwischen Vergangenheit und Zukunft. Übungen im politischen Denken I*, München 2012, S. 277-304.

* So nicht anders spezifiziert, bezeichnen die in eckigen Klammern angegebenen Jahreszahlen das Jahr der Erstveröffentlichung in deutscher Sprache.

LP Hannah Arendt, »Die Lüge in der Politik. Überlegungen zu den Pentagon-Papieren« [1972], in: dies., *In der Gegenwart. Übungen im politischen Denken II* [2000], München 2017, S 322-353.

LR Hannah Arendt, »Little Rock. ›Ketzerische Ansichten über die N****frage und equality‹« [Orig. 1959], in: dies., *In der Gegenwart. Übungen im politischen Denken II*, München 2017, S. 258-279.

LVZ Hannah Arendt, »Vorwort: Die Lücke zwischen Vergangenheit und Zukunft« [1961], in: dies., *Zwischen Vergangenheit und Zukunft. Übungen im politischen Denken I*, München 2012, S. 7-19.

MCT Hannah Arendt, »The Modern Challenge to Tradition (July-December 1953)«, in: dies., *Kritische Gesamtausgabe*, hg. von Barbara Hahn u. a., Bd. 6: *The Modern Challenge to Tradition: Fragmente eines Buchs*, hg. von Barbara Hahn und James McFarland, Göttingen 2018, S. 243-460.

NFF James Baldwin, *Nach der Flut das Feuer. »The Fire Next Time«* [Orig. 1963], München 2019.

PV Hannah Arendt, *Was heißt persönliche Verantwortung in einer Diktatur?* [ursprünglich ein nicht publiziertes englisches Vortragsmanuskript aus der Jahren 1964/65], München 2018.

R Hannah Arendt, *Über die Revolution* [1965], München 2000.

RF Hannah Arendt, »Revolution und Freiheit« [1962], in: dies., *Zwischen Vergangenheit und Zukunft*, München 2012, S. 227-251.

RV Hannah Arendt, *Rahel Varnhagen. Lebensgeschichte einer deutschen Jüdin aus der Romantik* [1959], in: dies.: *Kritische Gesamtausgabe*, hg. von Anne Eusterschulte u. a., Bd. 2: *Rahel Varnhagen. Lebensgeschichte einer deutschen Jüdin/The Life of a Jewish Woman*, hg. von Barbara Hahn, Göttingen 2021, S. 129-309.

S Hannah Arendt, »Sokrates«, in: dies., *Sokrates. Apologie der Pluralität*, Berlin 2016, S. 34-85 [ursprünglich ein auf Englisch gehaltener, nicht publizierter Vortrag aus dem Jahr 1954].

SSD Orlando Patterson, *Slavery and Social Death. A Comparative Study*, Cambridge (Mass.), London 1982.

SPR Hannah Arendt, »Die Sonning-Preis-Rede. Kopenhagen 1975«, in: *Text und Kritik* 166/167 (2005), S. 3-12.

T Hannah Arendt, »Diskussion mit Freunden und Kollegen in Toronto« [ursprünglich eine im englischen Original 1979 publizierte Dokumentation einer Diskussion, die 1972 anlässlich einer Konferenz zum Werk von Hannah Arendt mit der Autorin in Toronto stattfand], in: dies., *Ich will verstehen. Selbstauskünfte zu Leben und Werk*, München 1998, S. 71-113.

U Hannah Arendt, *Das Urteilen. Texte zu Kants Politischer Philosophie*, München 1998 [ursprünglich eine auf Englisch gehaltene, aber nicht publizierte Vorlesung aus dem Jahr 1970 sowie Seminaraufzeichnungen aus demselben Jahr].

UR Hannah Arendt, »Die Ungarische Revolution und der totalitäre Imperialismus« [1958], in: dies., *In der Gegenwart. Übungen im politischen Denken II*, München 2012, S. 73-126.

VA Hannah Arendt, *Vita activa oder Vom tätigen Leben* [1960], München 2001.

WF Hannah Arendt, »Wir Flüchtlinge« [Orig. 1943], in: dies., *Wir Juden. Schriften 1932 bis 1966*, hg. von Marie Luise Knott, Ursula Ludz, München 2019, S. 37-52.

WS Robert Penn Warren, *Who Speaks for the Negro?*, New York 1965, S. 325-354.

ZDM Hannah Arendt, »Über den Zusammenhang von Denken und Moral« [Orig. 1971], in: dies., *Zwischen Vergangenheit und Zukunft. Übungen im politischen Denken I*, München 2012, S. 128-155.

ZU Hannah Arendt, »Ziviler Ungehorsam« [Orig. 1970], in: dies., *In der Gegenwart. Übungen im politischen Denken II*, München 2012, S. 283-321.

Literatur

Achebe, Chinua, »An Image of Africa: Racism in Conrad's *Heart of Darkness*«, in: ders. *Hopes and Impediments. Selected Essays*, London 2019, S. 1-20.

Adamczak, Bini, *Beziehungsweise Revolution. 1917, 1968 und kommende*, Berlin 2017.

Adorno, Theodor W., *Gesammelte Schriften*, hg. von Rolf Tiedemann, Frankfurt/M. 1997.

–, *Negative Dialektik*, in: ders., *Gesammelte Schriften*, Bd. VI.

–, *Zur Lehre von der Geschichte und von der Freiheit*, hg. von Rolf Tiedemann, Frankfurt/M. 2001.

Agamben, Giorgio, *Homo sacer. Die souveräne Macht und das nackte Leben*, Frankfurt/M. 2002.

Allen, Danielle S., *Talking to Strangers. Anxieties of Citizenship since Brown vs. Board of Education*, Chicago, London 2004.

Arendt, Hannah, *Der Liebesbegriff bei Augustin* [1929], Berlin, Wien 2003.

–, »Konzentrationsläger«, in: *Die Wandlung. Eine Monatsschrift* 4 (1948), S. 309-330.

–, *The Origins of Totalitarianism* [1951], London 2017.

–, »The Modern Challenge to Tradition (July-December 1953)«, in: dies., *Kritische Gesamtausgabe*, Bd. 6, S. 243-460.

–, *Elemente und Ursprünge totaler Herrschaft. Antisemitismus, Imperialismus, totale Herrschaft* [1955], München 2001.

–, *The Human Condition* [1958], Chicago 1998.

–, *Rahel Vanhagen. Lebensgeschichte einer deutschen Jüdin aus der Romantik* [1959], in: dies., *Kritische Gesamtausgabe*, Bd. 2, S. 129-309.

–, *Vita activa oder Vom tätigen Leben* [1960], München 2001.

–, »The Meaning of Love in Politics: A Letter by Hannah Arendt to James Baldwin, November 21, 1962«, ⟨www.hannaharendt.net/index.php/han/article/view/95/156⟩ (Stand: 20. 07. 2021).

–, *Eichmann in Jerusalem: A Report on the Banality of Evil*, New York 1963.

–, *Eichmann in Jerusalem. Ein Bericht von der Banalität des Bösen* [1964], München 1991.
–, *Über die Revolution* [1965], München 2000.
–, »A Letter to Ralph Ellison, July 29, 1965«, Library of Congress, Correspondence File, 1938-1976, Box 10.
–, *Macht und Gewalt* [1970], München 2017.
–, »Die Sonning-Preis-Rede. Kopenhagen 1975«, in: *Text und Kritik* 166/167 (2005), S. 3-12.
–, *Vom Leben des Geistes. Das Denken. Das Wollen*, hg. von Mary McCarthy [1979], München 1998.
–, *Das Urteilen. Texte zu Kants Politischer Philosophie* [1985], München, Zürich 1998.
–, *Menschen in finsteren Zeiten* [1989], München 2019.
–, *Zwischen Vergangenheit und Zukunft. Übungen im politischen Denken I* [1994], München 2012.
–, *Ich will verstehen. Selbstauskünfte zu Leben und Werk* [1996], München 1998.
–, *In der Gegenwart. Übungen im politischen Denken II* [2000], München 2012.
–, *Denktagebuch. 1950-1973*, 2 Bde., München, Zürich 2002.
–, *Über das Böse. Eine Vorlesung zu Fragen der Ethik* [2006], München 2007.
–, *Wahrheit gibt es nur zu zweien. Briefe an die Freunde*, hg. von Ingeborg Nordmann, München 2013.
–, *Sokrates. Apologie der Pluralität*, Berlin 2016.
–, *Wie ich einmal ohne dich leben soll, mag ich mir nicht vorstellen. Briefwechsel mit den Freundinnen Charlotte Beradt, Rose Feitelson, Hilde Fränkel, Anne Weil und Helen Wolff*, hg. von Ingeborg Nordmann und Ursula Ludz, München 2017.
–, *Die Freiheit, frei zu sein*, München 2018.
–, *Was heißt persönliche Verantwortung in einer Diktatur?*, München 2018.
–, *Kritische Gesamtausgabe*, hg. von Anne Eusterschulte u. a., Göttingen 2018ff.
–, *Wir Juden. Schriften 1932 bis 1966*, hg. von Marie Luise Knott, Ursula Ludz, München 2019.

– und Mary McCarthy, *Im Vertrauen. Briefwechsel 1949-1975*, München 1995.
Auchincloss, Eve, und Nancy Lynch, »Disturber of the Peace: James Baldwin – An Interview«, in: Fred L. Stanley, Louis H. Pratt (Hg.), *Conversations with James Baldwin*, Jackson, London 1989, S. 64-82.

Baldwin, James, *Nach der Flut das Feuer. »The Fire Next Time«*, München 2019.
Benhabib, Seyla, *Hannah Arendt. Die melancholische Denkerin der Moderne*, Frankfurt/M. 2006.
– (Hg.), *Politics in Dark Times. Encounters with Hannah Arendt*, Cambridge 2010.
Benjamin, Walter, *Gesammelte Schriften*, hg. von Rolf Tiedemann und Hermann Schweppenhäuser, Frankfurt/M. 1977 ff.
–, »Zur Kritik der Gewalt«, in: ders., *Gesammelte Schriften*, Bd. II: *Aufsätze, Essays, Vorträge*, Teilbd. 1, S. 179-203.
–, »Was ist das epische Theater?« [1], in: ders., *Gesammelte Schriften*, Bd. II: *Aufsätze, Essays, Vorträge*, Teilbd. 2, S. 519-531.
Berkowitz, Roger, »Zur Kritik an Hannah Arendts ›Reflections on Little Rock‹«, in: Blume, Boll, Gross (Hg.), *Hannah Arendt und das 20. Jahrhundert*, S. 137-146.
Bernasconi, Robert, »The Double Face of the Political and the Social: Hannah Arendt and America's Racial Devisions«, in: *Research in Phenomenology* 26 (1996), S. 3-24.
–, »When the Real Crime Began. Hannah Arendt's *The Origins of Totalitarianism* and the Dignity of the Western Philosophical Tradition«, in: Richard King, Dan Stone (Hg.), *Hannah Arendt and the Uses of History: Imperialism, Nation, Race, and Genocide*, New York 2007, S. 54-67.
Bernstein, Richard J., »Rethinking the Social and the Political«, in: ders., *Philosophical Profiles. Essays in a Pragmatic Mode*, Philadelphia 1986, S. 238-259.
–, *Denkerin der Stunde. Über Hannah Arendt*, Berlin 2020.
Bickford, Susan, »In the Presence of Others: Arendt and Anzaldúa

on the Paradox of Public Appearance«, in: Honig (Hg.), *Feminist Interpretations of Hannah Arendt*, S. 313-335.

Birmingham, Peg, *Hannah Arendt and Human Rights. The Predicament of Common Responsibility*, Bloomington 2006.

Bloom, Paul, »Beastly«, in: *The New Yorker*, November 27 (2017), S. 74-77.

Blume, Dorlis, Monika Boll, Raphael Gross (Hg.), *Hannah Arendt und das 20. Jahrhundert*, München 2020.

Boltanski, Luc, und Ève Chiapello, *Der neue Geist des Kapitalismus*, Konstanz 2003.

Bormuth, Matthias, »Einleitung«, in: Arendt, *Sokrates*, S. 7-33.

Brumlik, Micha, »Der transatlantische Sklavenhandel, das Entstehen des modernen Rassismus und der Antisemitismus. Plädoyer für eine auch pädagogisch folgenreiche Synthese«, in: Fritz Bauer Institut (Hg.), *Grenzenlose Vorurteile. Antisemitismus, Nationalismus und ethnische Konflikte in verschiedenen Kulturen* (= *Jahrbuch zur Geschichte und Wirkung des Holocaust*, Bd. 6), Frankfurt/M. 2002, S. 69-86.

–, »›The scramble for Africa‹. Hannah Arendts paradoxer Versuch, den Holocaust aus dem Kolonialismus abzuleiten«, in: Lothar Fritze (Hg.), *Hannah Arendt weitergedacht*, Göttingen 2008, S. 153-165.

Brunkhorst, Hauke, *Hannah Arendt*, München 1999.

Burckhardt, Jacob, *Griechische Culturgeschichte*, Bd. 1, München, Basel 2002.

Butler, Judith, »Hannah Arendt's Death Sentences«, in: *Comparative Literature Studies* 48:3 (2011), S. 280-295.

–, *Anmerkungen zu einer performativen Theorie der Versammlung*, Berlin 2018.

Butorac, Sean Kim, »Hannah Arendt, James Baldwin, and the Politics of Love«, in: *Political Research Quaterly* 71:3 (2018), S. 710-721.

Cavarero, Adriana, *Inclinations. A Critique of Rectitude*, Stanford 2016.

Césaire, Aimé, *Über den Kolonialismus*, Berlin 2017.

Cohen, Jean L., und Andrew Arato, *Civil Society and Political Theory*, Cambridge (Mass.) 1994.
Conant, James, *Friedrich Nietzsche. Perfektionismus & Perspektivismus*, Konstanz 2014.
Conrad, Joseph, *Heart of Darkness*, London, New York u.a. 2007.
Curtis, Kimberley, *Our Sense of the Real. Aesthetic Experience and Arendtian Politics*, Ithaca, London 1999.

Därmann, Iris, *Undienlichkeit. Gewaltgeschichte und politische Philosophie*, Berlin 2020.
Deleuze, Gilles, »Postskriptum über die Kontrollgesellschaften«, in: ders., *Unterhandlungen. 1972-1990*, Frankfurt/M. 1993, S. 254-262.
Derrida, Jacques, *Politik der Freundschaft*, Frankfurt/M. 2000.
Diederichsen, Diedrich, »Sachlichkeit und Weltlichkeit: Was wäre eine Kybernetik der Armen, wer sind die Armen, und was hat das mit Kunst zu tun?«, in: ders., Oier Etxeberria (Hg.), *Cybernetics of the Poor*, Berlin 2020, S. 27-40.
Du Bois, W. E. B., »The Talented Tenth«, in: Booker T. Washington (Hg.), *The Negro Problem. A Series of Articles by Representative Negroes of Today*, New York 1903, S. 31-75.
–, *The Souls of Black Folk*, New York, Toronto u.a. 1989.

Ehrmann, Jeanette, »Konstitution der Rassismuskritik. Haiti und die Revolution der Menschenrechte«, in: *Zeitschrift für Menschenrechte* 1 (2015), S. 26-40.
Eilenberger, Wolfram, *Feuer der Freiheit. Die Rettung der Philosophie in finsteren Zeiten 1933-1943*, Stuttgart 2020.
Ellison, Ralph, *Unsichtbar*, Herbstein 1984.
–, »The World and the Jug«, in: John F. Callahan (Hg.), *The Collected Essays of Ralph Ellison*, New York 2003, S. 155-188.
Eribon, Didier, *Betrachtungen zur Schwulenfrage*, Berlin 2019.

Fanon, Frantz, *Schwarze Haut, weiße Masken*, Wien 2013.

Fassin, Didier, *Humanitarian Reason. A Moral History of the Present*, Berkeley, Los Angeles, London 2012.

–, *Das Leben. Eine kritische Gebrauchsanweisung*, Berlin 2017.

Fischer, Sibylle, *Modernity Disavowed. Haiti and the Cultures of Slavery in the Age of Revolution*, Durham 2004.

Gaffney, Jennifer, »Memories of exclusion: Hannah Arendt and the Haitian Revolution«, in: *Philosophy and Social Criticism* 44:6 (2018), S. 701-721.

Gates, Henry Louis, Jr., »Who Really Invernted the ›Talented Tenth‹?«, ⟨https://www.theroot.com/who-really-invented-the-talented-tenth-1790895289⟩ (Stand: 01. 05. 2021).

Gessen, Masha, *Autokratie überwinden*, Berlin 2020.

Geulen, Eva, Kai Kauffmann, Georg Mein (Hg.), *Hannah Arendt und Giorgio Agamben. Parallelen, Perspektiven, Kontroversen*, München 2008.

Gines, Kathryn T., *Hannah Arendt and the Negro Question*, Bloomington, Indianapolis 2014.

Habermas, Jürgen, »Hannah Arendts Begriff der Macht«, in: ders., *Politik, Kunst, Religion. Essays über zeitgenössische Philosophen*, Stuttgart 1978, S. 103-126.

Harlan, Louis R. (Hg.), *The Booker T. Washington Papers*, Bd. 3, Urbana 1974.

Harney, Stefano und Fred Moten, *Die Undercommons. Flüchtige Planung und schwarzes Studium*, Wien 2016.

Hartman, Saidiya V., *Scenes of Subjection. Terror, Slavery, and Self-Making in Nineteenth-Century America*, New York, Oxford 1997.

–, *Lose Your Mother. A Journey Along the Atlantic Slave Route*, New York 2008.

Hegel, Georg Wilhelm Friedrich, *Werke in zwanzig Bänden*, hg. von Eva Moldenhauer und Karl Markus Michel, Frankfurt/M. 1969-1971.

–, *Grundlinien der Philosophie des Rechts*, in: ders., *Werke in zwanzig Bänden*, Bd. VII.

–, *Vorlesungen über die Geschichte der Philosophie I*, in: ders., *Werke in zwanzig Bänden*, Bd. XVIII.
–, *Vorlesungen über die Geschichte der Philosophie II*, in: ders., *Werke in zwanzig Bänden*, Bd. XIX.
Honig, Bonnie, »Agonaler Feminismus: Hannah Arendt und die Identitätspolitik«, in: Institut für Sozialforschung Frankfurt (Hg.), *Geschlechterverhältnisse und Politik*, Frankfurt/M. 1994, S. 43-71.
– (Hg.), *Feminist Interpretations of Hannah Arendt*, University Park 1995.
Honneth, Axel, »Unsichtbarkeit. Über die moralische Epistemologie von ›Anerkennung‹«, in: ders., *Unsichtbarkeit. Stationen einer Theorie der Intersubjektivität*, Frankfurt/M. 2003, S. 10-27.
–, und Ferdinand Sutterlüty, »Normative Paradoxien der Gegenwart – eine Forschungsperspektive«, in: *WestEnd. Neue Zeitschrift für Sozialforschung* 1 (2011), S. 67-85.
Max Horkheimer und Theodor W. Adorno, *Dialektik der Aufklärung. Philosophische Fragmente*, in: Adorno, *Gesammelte Schriften*, Bd. III.

Jaeggi, Rahel, *Welt und Person. Zum anthropologischen Hintergrund der Gesellschaftskritik Hannah Arendts*, Berlin 1997.

Kant, Immanuel, *Werkausgabe*, hg. von Wilhelm Weischedel, Frankfurt/M. 1977.
–, *Die Religion innerhalb der Grenzen der bloßen Vernunft*, in: ders., *Werkausgabe*, Bd. VIII, 645-879.
–, *Kritik der Urteilskraft*, in: ders., *Werkausgabe*, Bd. X.
Kateb, George, *Hannah Arendt. Politics, Conscience, Evil*, Oxford 1983.
King, Richard H., *Race, Culture, and the Intellectuals 1940-1970*, Washington, D. C., Baltimore u. a. 2004.
–, »On Race and Culture. Hannah Arendt and Her Contemporaries«, in: Benhabib (Hg.), *Politics in Dark Times*, S. 113-134.
Krimstein, Ken, *Die drei Leben der Hannah Arendt*, München 2019.

Latour, Bruno, *Das Parlament der Dinge. Für eine politische Ökologie*, Frankfurt/M. 2009.

Lazzarato, Maurizio, »The Concepts of Life and the Living in the Societies of Control«, in: Martin Fuglsang, Bent Meier Sørensen (Hg.), *Deleuze and the Social*, Edinburgh 2006, S. 171-90.

Lefort, Claude, »Hannah Arendt and The Question of the Political«, in: ders., *Democracy and Political Theory*, Minneapolis 1988, S. 45-55.

–, und Marcel Gauchet, »Über die Demokratie: Das Politische und die Instituierung des Gesellschaftlichen«, in: Ulrich Rödel (Hg.), *Autonome Gesellschaft und libertäre Demokratie*, Frankfurt/M. 1990, S. 89-122.

Lessing, Gotthold Ephraim, »Brief an Johann Albert Heinrich Reimarus vom 6.4.1778«, in: ders., *Sämtliche Schriften*, hg. von Karl Lachmann und Franz Muncker, Berlin 1968, Bd. 18, S. 269.

–, *Wie die Alten den Tod gebildet. Eine Untersuchung*, in: ders., *Werke in drei Bänden*, Bd. III, München 2003, S. 189-245.

Loidolt, Sophie, »Hannah Arendt und die *conditio humana* der Pluralität«, in: Reinhold Esterbauer, Martin Ross (Hg.), *Den Menschen im Blick. Phänomenologische Zugänge*, Würzburg 2012, S. 375-398.

–, *Phenomenology of Plurality. Hannah Arendt on Political Intersubjectivity*, New York, London 2018.

Lovink, Geert, *Das halbwegs Soziale. Eine Kritik der Vernetzungskultur*, Bielefeld 2013.

–, *Im Bann der Plattformen. Die nächste Runde der Netzkritik*, Bielefeld 2017.

Lüdemann, Susanne, »Vom Unterscheiden. Zur Kritik der politischen Urteilskraft bei Hannah Arendt und Giorgio Agamben«, in: Geulen, Kauffmann, Mein (Hg.), *Hannah Arendt und Giorgio Agamben*, S. 27-40.

Mantena, Karuna, »Genealogies of Catastrophe. Arendt on the Logic and Legacy of Imperialism«, in: Benhabib (Hg.), *Politics in Dark Times*, S. 83-112.

Marchart, Oliver, *Neu beginnen. Hannah Arendt, die Revolution und die Globalisierung*, Wien 2005.
–, *Die politische Differenz. Zum Denken des Politischen bei Nancy, Lefort, Badiou, Laclau und Agamben*, Berlin 2010.
Meier, Christian, *Die Entstehung des Politischen bei den Griechen*, Frankfurt/M. 1980.
–, *Kultur, um der Freiheit willen. Griechische Anfänge – Anfang Europas*, München 2009.
Menke, Bettine, »On/Off«, in: Juliane Vogel, Christopher Wild (Hg.), *Auftreten. Wege auf die Bühne*, Berlin 2014, S. 180-188.
Menke, Christoph, *Kraft. Ein Grundbegriff ästhetischer Anthropologie*, Frankfurt/M. 2008.
–, »Die ›Aporien der Menschenrechte‹ und das ›einzige Menschenrecht‹. Zur Einheit von Hannah Arendts Argumentation«, in: Geulen, Kauffmann, Mein (Hg.), *Hannah Arendt und Giorgio Agamben*, S. 131-147.
–, »Auf der Grenze des Rechts. Hannah Arendts Revision des Eichmann-Prozesses«, in: *Merkur. Deutsche Zeitschrift für europäisches Denken* 7 (2013), S. 573-588.
–, und Arnd Pollmann, *Philosophie der Menschenrechte zur Einführung*, Hamburg 2007.
Meyer, Thomas, »Hannah Arendt oder Die Revolution des Denkens«, in: Arendt, *Die Freiheit, frei zu sein*, S. 45-58.
Mill, John Stuart, *Über die Freiheit*, Stuttgart 1988.
Moten, Fred, »Blackness and Nothingness (Mysticism in the Flesh)«, in: *The South Atlantic Quarterly* 112:4 (2013), S. 737-780.
–, *The Universal Machine*, Durham 2018.
Müller, Jan-Werner, *Was ist Populismus? Ein Essay*, Berlin 2016.
Nietzsche, Friedrich, *Kritische Studienausgabe*, hg. von Giorgio Colli, Mazzino Montinari, München, Berlin 1967ff.
–, *Die Geburt der Tragödie*, in: ders., *Kritische Studienausgabe*, Bd. 1, S. 9-156.
–, *Zur Genealogie der Moral. Eine Streitschrift*, in: ders., *Kritische Studienausgabe*, Bd. 5, S. 245-412.
Norton, Anne, »›Heart of Darkness‹, Africa and African Ameri-

cans in the Writings of Hannah Arendt«, in: Honig (Hg.), *Feminist Interpretations of Hannah Arendt*, S. 247-263.

Offe, Claus, *Selbstbetrachtungen aus der Ferne. Tocqueville, Weber und Adorno in den Vereinigten Staaten*, Frankfurt/M. 2004.

Patterson, Orlando, *Slavery and Social Death. A Comparative Study*, Cambridge (Mass.), London 1982.

Pinkard, Terry, »Von Autonomie zu Spontaneität: Menke und Arendt«, in: Thomas Khurana u. a. (Hg.), *Negativität. Kunst, Recht, Politik*, Berlin 2018, S. 261-277.

Presbey, Gail, »Critic of Boers or Africans? Arendt's Treatment of South Africa in *The Origins of Totalitarianism*«, in: Emmanuel Chukwudi Eze (Hg.), *Postcolonial African Philosophy. A Critical Reader*, Cambridge (Mass.), Oxford 1996, S. 162-180.

Racked & Dispatched (Hg.), *Afro-Pessimism. An Introduction*, Minneapolis 2017.

Raimondi, Francesca, *Die Zeit der Demokratie. Politische Freiheit nach Carl Schmitt und Hannah Arendt*, Konstanz 2014.

Rancière, Jacques, *Das Unvernehmen. Politik und Philosophie*, Frankfurt/M. 2002.

–, *Zehn Thesen zur Politik*, Berlin 2008.

–, *Die Nacht der Proletarier. Archive des Arbeitertraums*, Wien, Berlin 2013.

Rebentisch, Juliane, *Die Kunst der Freiheit. Zur Dialektik demokratischer Existenz*, Berlin 2012.

–, »Kritik der Mittelmäßigkeit. Nietzsche und die Paradoxien der Gleichheit«, in: Axel Honneth u. a. (Hg.), *Normative Paradoxien. Verkehrungen des gesellschaftlichen Fortschritts*, Frankfurt/M. 2022, S. 63-82.

–, und Felix Trautmann, »Zerrbilder der Gleichheit. Demokratie und Massenkultur nach Tocqueville«, in: *WestEnd. Neue Zeitschrift für Sozialforschung* 1 (2017), S. 99-117.

Reckwitz, Andreas, *Die Gesellschaft der Singularitäten. Zum Strukturwandel der Moderne*, Berlin 2017.

Redecker, Eva von, *Gravitation zum Guten. Hannah Arendts Moralphilosophie*, Berlin 2013.
Rheinberger, Hans-Jörg, *Experimentalsysteme und epistemische Dinge. Eine Geschichte der Proteinsynthese im Reagenzglas*, Frankfurt/M. 2006.
Rosen, Jay, »Asymmetrie Between Major Parties Fries the Circuits of the Mainstream Press«, ⟨https://pressthink.org/2016/09/asymmetry-between-the-major-parties-fries-the-circuits-of-the-mainstream-press/⟩ (Stand: 28.10.2020).
Rothberg, Michael, *Multidirectional Memory. Remembering the Holocaust in the Age of Docolonization*, Stanford 2009.

Said, Edward W., *Kultur und Imperialismus. Einbildungskraft und Politik im Zeitalter der Macht*, Frankfurt/M. 1994.
Schulze Wessel, Julia, *Ideologie der Sachlichkeit. Hannah Arendts politische Theorie des Antisemitismus*, Frankfurt/M. 2006.
Shklar, Judith, »Antike und Moderne«, in: dies., *Über Hannah Arendt*, hg. von Hannes Bajohr, Berlin 2020, S. 30-48.
Spillers, Hortense J., »Mama's Baby, Papa's Maybe: An American Grammar Book«, in: dies., *Black, White, and in Color. Essays on American Literature and Culture*, Chicago, London 2003, S. 203-229.

Tarde, Gabriel, *Die Gesetze der Nachahmung*, Frankfurt/M. 2003.
Thomä, Dieter, *Erzähle Dich selbst. Lebensgeschichte als philosophisches Problem*, Frankfurt/M. 2007.
Thompson, Edward P., *Die Entstehung der englischen Arbeiterklasse*, 2 Bde., Frankfurt/M. 1987.
Tocqueville, Alexis de, *Über die Demokratie in Amerika. Beide Teile in einem Band*, München 1976.

Villa, Dana »Introduction: The Development of Arendt's Political Thought«, in: dies. (Hg.): *The Cambridge Companion to Hannah Arendt*, Cambridge 2000, S. 1-24.
Virno, Paolo, *Grammatik der Multitude. Untersuchungen zu gegenwärtigen Lebensformen*, Berlin 2005.

Volk, Christian, *Die Ordnung der Freiheit. Recht und Politik im Denken Hannah Arendts*, Baden-Baden 2010.

Warren, Robert Penn, *Who Speaks for the Negro?*, New York 1965.
Weber Samuel, »Vor Ort. Theater im Zeitalter der Medien«, in: Gabriele Brandstetter, Helga Finter, Markus Weßendorf (Hg.), *Grenzgänge. Das Theater und die anderen Künste*, Tübingen 1998, S. 31-51.
Wellmer, Albrecht, »Hannah Arendt on Revolution«, in: *Revue Internationale de Philosophie* 2 (1999), S. 207-222.
Wilderson, Frank B. III, *Red, White & Black. Cinema and the Structure of U. S. Antagonisms*, Durham, London 2010.
–, »Blacks and the Master/Slave Relation. Frank B. Wilderson, III Interviewed by C. S. Soong«, in: Racked & Dispatched (Hg.), *Afro-Pessimism*, S. 15-30.

Young-Bruehl, Elisabeth, *Hannah Arendt. Leben, Werk und Zeit*, Frankfurt/M. 1991.

Žižek, Slavoj, *Parallaxe*, Frankfurt/M. 2006.
Zupančič, Alenka, *Der Geist der Komödie*, Berlin 2014.

Namenregister